Change Communication

Axel Kaune · Ariane-Sissy Wagner

Change Communication

Die Rede als Instrument im Kontext von Theorie, Empirie und Praxis

mit einem Beitrag von Simon Kaupenjohann

Axel Kaune
FB Wirtschaftswissenschaften
Hochschule Harz
Wernigerode, Deutschland

Ariane-Sissy Wagner
Wernigerode, Sachsen-Anhalt, Deutschland

ISBN 978-3-658-11610-1   ISBN 978-3-658-11611-8 (eBook)
DOI 10.1007/978-3-658-11611-8

Die Deutsche Nationalbibliothek verzeichnet diese Publikation in der Deutschen Nationalbibliografie;
detaillierte bibliografische Daten sind im Internet über http://dnb.d-nb.de abrufbar.

Springer Gabler
© Springer Fachmedien Wiesbaden 2016

Lektorat: Juliane Wagner

Gedruckt auf säurefreiem und chlorfrei gebleichtem Papier

Springer Gabler ist Teil von Springer Nature
Die eingetragene Gesellschaft ist Springer Fachmedien Wiesbaden GmbH

Vorwort

Die professionelle Gestaltung von Veränderungsprozessen ist für viele Unternehmen in den letzten Jahren immer wichtiger und somit zu einem wesentlichen Faktor für wirtschaftlichen Erfolg geworden. Ein zentrales Element des Change Management ist die Change Communication, die kommunikative Begleitung und Unterstützung dieser betrieblichen Veränderungen. Genau dem Ansatz ist dieses Buch grundsätzlich, aber auch in Verbindung mit einem klassischen Kommunikationsinstrument (der Rede) gewidmet.

Change- bzw. Veränderungsmanagement bilden bereits seit vielen Jahren einen Schwerpunkt in Forschung und Lehre an der Hochschule Harz. So ist z. B. auch das sogenannte MOEW-Modell (Modell der modernen Organisationsentwicklung), auf das in den folgenden Ausführungen Bezug genommen wird, bereits vor über zehn Jahren hier entwickelt und in den Folgejahren (zumindest partiell) auch wissenschaftlich evaluiert worden. In diese Tradition reiht sich das diesem Buch zugrunde liegende Forschungsprojekt zur Change Communication ein. Es ist durch zwei zentrale Merkmale gekennzeichnet: Zum einen wird (in Abgrenzung zur traditionell engen Verknüpfung mit den Verhaltenswissenschaften) ein anderer interdisziplinärer Akzent gesetzt, indem primär kommunikations- und ansatzweise auch politikwissenschaftliche Erkenntnisse genutzt werden. Zum anderen wird aus methodischer Sicht ein qualitativer Forschungsansatz gewählt. Nicht zuletzt soll hierdurch untermauert werden, dass gerade im Bereich Change Management dieser methodische Forschungsansatz bei vielen Fragestellungen zielführend sein kann, auch wenn die Ergebnisse lediglich fallbezogen aussagekräftig sind.

Es ist uns ein wichtiges Anliegen, allen herzlich zu danken, die durch ihre engagierte und professionelle Mitarbeit diese Veröffentlichung überhaupt erst ermöglicht haben. An erster Stelle sehen wir in diesem Zusammenhang Katja Hansey, die zum Forscherteam gehörte und wichtige Beiträge leistete, aber aus privaten und beruflichen Gründen ihre Mitarbeit beenden musste. Weiterhin möchten wir Simon Kaupenjohann für seinen Beitrag zu Emotionen im Change Management danken, der eine fundierte und wichtige Ergänzung unserer Ausführungen darstellt. Im nächsten Schritt ist es uns wichtig, Julia Kuchenbaur und Sarah Specht zu nennen. Sie haben als studentische Mitarbeiterinnen nicht nur im formalen Bereich sehr professionell unterstützt, sondern durch ihr fundiertes Know-how und ihre konstruktiv-kritische Art wichtige Impulse (auch zu den Inhalten) gegeben. Nicht zuletzt gebührt unser Dank dem Springer-Verlag für die Bereitschaft, dieses Buch verlegerisch zu begleiten sowie dem Management der Hochschule Harz, das wissenschaftliche Forschung gezielt fördert und somit wichtige Rahmenbedingungen schafft.

Wernigerode   Axel Kaune
im Januar 2016   Ariane-Sissy Wagner

Inhaltsverzeichnis

Abkürzungsverzeichnis

BSC	Balanced Scorecard
DPRG	Deutsche Public Relations Gesellschaft
GMV	Gesunder Menschenverstand
HR	Human Resources
ICV	Internationaler Controller Verein
i. d. R.	in der Regel
Info-Markt	Informationsmarkt
i. W.	im Wesentlichen
MOEW	Moderne Organisationsentwicklung
VRdS	Verband der Redenschreiber deutscher Sprache

Abbildungsverzeichnis

Einleitung

Yes we can, Change it oder *Forward* waren die Kernaussagen des Wahlkampfes und damit auch des formulierten Anspruches von Barack Obama für seine Präsidentschaft. „Die Verwandlung eines ganzen Landes schien möglich: von der Arroganz zur Weltoffenheit, von der Verschwendung zum Umweltbewusstsein, vom Egoismus zu einem neuen, sozialen Gewissen" (Geldner 2010a).

Dieses Phänomen macht Obamas Ansatz auch für Wirtschaftsorganisationen interessant, da sie mit einer immer intensiver werdenden Veränderungsdynamik konfrontiert sind. Sie sind gezwungen, sich an Entwicklungen verschiedenster Art anzupassen oder selbst Trends zu setzen, die zum Teil gravierende Veränderungen in den Unternehmen nach sich ziehen. Für sie stellt sich nahezu dieselbe Frage wie bei einem politischen Führer: Wie kann das interne und das externe Umfeld des Unternehmens für die notwendigen Veränderungen gewonnen oder, besser noch, begeistert werden?

Beispielhaft sei an dieser Stelle der Trend zu Elektroautos genannt. Auf der einen Seite entwickeln sich Umweltstandards (z. B. die Reduzierung von Schadstoffemissionen), die diesen Trend gesellschafts- und umweltpolitisch forcieren. Auf der anderen Seite greifen die Automobilkonzerne diese Entwicklung aktiv auf, indem sie eigene markenspezifische Trends setzen. Nachhaltig erfolgreich werden alle Anbieter aber nur sein, wenn sie in der Lage sind, z. B. die eigenen Mitarbeiter und die potenziellen Kunden von dieser Entwicklung zu überzeugen und letztendlich zu begeistern.

„Change Management als Aufgabenfeld hat Karriere gemacht. Veränderungen sind zur Normalität und Change Communication zur alltäglichen Herausforderung von Firmen aller Branchen und Größen geworden" (Mast 2016, S. 453). Allerdings gewähren Unternehmen nur selten oder erst sehr spät nach Abschluss eines Projektes einen für die Forschung kostbaren Einblick in die Praxis. Konkrete Erfolgsfaktoren einzelner Projekte sind kaum bekannt (Mast 2016, S. 453 f.). Besonders politische Veränderungsprozesse

© Springer Fachmedien Wiesbaden 2016
A. Kaune und A.-S. Wagner, *Change Communication*,
DOI 10.1007/978-3-658-11611-8_1

verlaufen indes kaum unter Ausschluss der Öffentlichkeit. Es ist nahezu unvorstellbar, dass die Medien nicht von politischen Entwicklungen und Veränderungen berichten. Diese Art von Veränderungsprozessen lässt sich daher gut analysieren und erforschen.

Somit definiert sich die zentrale Zielsetzung dieses Buches quasi von selbst: Es soll herausgearbeitet werden, wie Obama es schafft (bzw. schaffte), Menschen für politische Veränderungen zu mobilisieren, und welche Konsequenzen daraus für die Gestaltung von Veränderungsprozessen in Wirtschaftsunternehmen abgeleitet werden können.

Antworten auf diese komplexe Fragestellung (im Bezugsrahmen der Disziplin Change Communication) liefert die fallbezogene Analyse eines Kommunikationsinstrumentes, das Obama scheinbar nahezu perfekt beherrscht: die Rede (Leanne 2009, S. 13). Der Untersuchungsgegenstand fokussiert sich somit nahezu ausschließlich auf dieses Instrument – auch, um nicht der Gefahr zu unterliegen, vieles aufzugreifen und dann letztendlich doch nur an der Oberfläche zu bleiben. Die Konzentration auf das Kommunikationsinstrument Rede ist somit eine bewusste Auswahl. Diese schließt jedoch nicht aus, im zweiten Teil des Buches auch kurz auf ausgewählte neue Medien einzugehen, welche ebenfalls einen Schwerpunkt der Veränderungskommunikation von Obama bilden.

Das Buch gliedert sich in zwei zentrale Teile. Der Erste konzentriert sich i. W. auf die theoretischen Grundlagen und Hintergründe der Change Communication, der (empirische) Zweite beinhaltet dann die eigentliche Fallstudie zu spezifischen Change Aktivitäten von Obama und die daraus abgeleiteten Handlungsempfehlungen.

So wird im ersten Teil zunächst Change Management grundsätzlich definiert, um anschließend eine Variante daraus, die Organisationsentwicklung, anhand des Modells der modernen Organisationsentwicklung (MOEW) konkreter darzustellen. Speziell für dieses Modell liegen empirische Erkenntnisse vor, welche die Verbindung von Change Management und Change Communication herausstellen. Darauf aufbauend folgt (in Verbindung mit der Erläuterung zentraler Beschreibungsmerkmale wie Zielsetzungen, Handlungsfelder und Erfolgsfaktoren) die Definition von Change Communication. Ergänzt werden diese grundsätzlichen Ausführungen durch zwei spezifische Themenfelder, die einen hohen Stellenwert für Change Communication haben bzw. zunehmend haben werden, nämlich die Bedeutung von Emotionen auf der einen Seite und die Möglichkeiten Kommunikationsprozesse zu steuern und zu evaluieren (Kommunikationscontrolling) auf der anderen Seite. Die theoretischen Grundlagen enden mit Ausführungen zum zentralen Kommunikationsinstrument des empirischen Teils: der Rede.

Als Hintergrund für den dann folgenden zweiten Teil ist festzuhalten, dass die Zwischenbilanz und die mittlerweile auch schon deutlich werdende Abschlussbilanz von Obamas Präsidentschaft eher nüchtern ausfällt. Geldner (2010a) bezeichnet Obama als „Manager des Machbaren" und trifft damit den Kern der Situation: enttäuschte Erwartungen auf allen Seiten. Dabei gibt es durchaus (historische) Erfolge, die Obama vorweisen kann (z. B. die Umsetzung der Gesundheitsreform). Diesen Erfolgen stehen allerdings Entwicklungen gegenüber, welche er in großen Teilen noch nicht einmal in Gänze selbst verantworten musste, ihn aber insbesondere während seiner ersten Präsidentschaftsphase massiv schwächten: die wirtschaftliche Entwicklung in den USA mit ihren gesellschaftspolitischen Folgen. Der Wirtschaftsabschwung und der damit verbundene Anstieg der Arbeitslosenzahlen sind im großen Umfang auf die Vorgängerregierungen zurückzuführen. Eine ökonomisch problematische Niedrigzinspolitik, stagnierende Löhne und eine stark ansteigende Verschuldung von Staats- und Privathaushalten haben dazu geführt, dass das gesellschaftspolitische und ökonomische Gleichgewicht der USA abhandengekommen ist. Eine zentrale Folge daraus ist, dass die sogenannte Mittelschicht hauptsächlich betroffen ist, in der Obama seinen größten Rückhalt hat. Mitglieder dieser Mittelschicht verloren z. B. ihre Arbeitsplätze und waren aufgrund der traditionell geringen staatlichen Absicherungen in den USA schnell dem materiellen Notstand ausgeliefert. Auf den Punkt gebracht bedeutet dies, dass diejenigen, die seine Wahl am stärksten forciert haben, während seiner Präsidentschaft zunächst die größten Verlierer waren. Neben anderen Aspekten ist das (zumindest im Rahmen seiner ersten Präsidentschaft) sicherlich die Kernursache für Obamas problematische Situation (Bringbäumer et al. 2010; Geldner 2010b).

Auffällig ist, dass die Unzufriedenheit der US-Amerikaner auch Anfang 2016 (zum Ende seiner zweiten Präsidentschaft) noch überwiegt, obwohl die USA zwischenzeitlich wieder ein anhaltendes Wirtschaftswachstum und niedrige Arbeitslosenzahlen haben. Möglicherweise ist das darauf zurückzuführen, dass sich die US-amerikanische Gesellschaft unter der gesamten Präsidentschaft von Obama gespalten hat und diese Entwicklung andauert (Koch 2016a). Bei einem Blick in die letzte Phase seiner zweiten Präsidentschaft fällt aber auch auf, dass er wieder nach vorn blickt. In seiner letzten Rede zur Lage der Nation als Präsident verbreitete Obama Optimismus. Er skizzierte ein Zukunftsszenario für die Zeit nach seiner Präsidentschaft, indem er den Umbau der Energiesysteme, die Bekämpfung des Klimawandels, die Bildung, die Einwanderung und die globale Sicherheit ansprach. Für diese neue Aufbruchsstimmung nach seiner Zeit als Präsident nutzte er wieder die Rede als Kommunikationsmittel (unterstützt durch werbende Aktivitäten in den sozialen Netzwerken) und belebte den Geist des *Yes we can* neu (Koch 2016b).

Insgesamt bleibt festzuhalten, dass es Obama (wie bereits eingangs erwähnt) besonders in seinem ersten Wahlkampf um das Amt des US-Präsidenten geschafft hat, bei nahezu einer ganzen Nation Veränderungssensibilität bzw. -bereitschaft zu erzeugen. Es wurden in den USA mehr Wähler als jemals zuvor bei Präsidentschaftswahlen mobilisiert – eine wichtige Voraussetzung, denn so gelang es, diese Bereitschaft zur Veränderung in vielen Bevölkerungsgruppen kommunikativ zu erzeugen. Auch politische Veränderungen wie die bereits angesprochene Gesundheitsreform können (unter Berücksichtigung aller Einschränkungen) eindeutig als erfolgreich eingestuft werden. Allein diese Erfolge rechtfertigen eine genauere Analyse der sie verursachenden Merkmale und das Ableiten von Schlussfolgerungen für Optimierungen von Change-Prozessen (unter besonderer Berücksichtigung der Change Communication) in Wirtschaftsorganisationen.

Auch der Zeitpunkt für eine derartige wissenschaftliche Expertise zum Ende der Präsidentschaft von Obama scheint sehr günstig, denn zeitversetzt zu den eigentlichen Ereignissen sind mögliche Interpretationen und damit Schlussfolgerungen für Wirtschaftsorganisationen

wesentlich rationaler und damit realistischer als in der Euphorie der Ereignisse beispielsweise unmittelbar nach dem Sieg bei der ersten Präsidentschaftswahl.

Das zentrale Forschungsanliegen der Studie (in Teil 2) besteht darin, kommunikative
Change-Strategien von Obama zu analysieren und zu überprüfen, in welchem Umfang
erfolgreiche Ansätze auf Wirtschaftsorganisationen übertragen werden können. Konkret
werden drei zentrale Reden von ihm vor dem Hintergrund eines kommunikationsspezi-
fischen Modells analysiert. Die Analyseergebnisse sollen als Grundlage dienen, Optimierungspotenziale für die Konzeption von top-down orientierter Kommunikation bei
Veränderungsprozessen in Wirtschaftsorganisationen zu entwickeln. Somit ergeben sich
folgende konkrete Forschungsfragen:

1. Welche Erfolgsparameter setzt Obama in seinen Reden ein, um Sensibilität für Veränderung zu schaffen und im Kontext der Konsolidierung eingeleiteter Veränderungen
   zu erhalten?
2. Wie lassen sich die ermittelten Erfolgsparameter auf Wirtschaftsorganisationen übertragen und welche Implikationen können für die Veränderungskommunikation in
   Unternehmen abgeleitet werden?

Um die Forschungsfragen zu bearbeiten, erfolgt im zweiten Teil die Thematisierung der
Change Communication von Obama. Die Darstellungen teilen sich in einen Überblick
über seine Person und Positionen sowie spezifische Gestaltungsmerkmale seiner Change
Communication (insbesondere bezogen auf Reden) auf. Im Rahmen der dann folgenden
Evaluation dreier zentraler Reden von Obama (die Siegesrede nach dem ersten Wahlsieg
am 4. November 2008, die Rede zur Gesundheitsreform am 22. März 2010 und die Siegesrede nach dem zweiten Wahlsieg am 7. November 2012) wird das Kommunikationsmodell nach Schulz von Thun (1998) vorgestellt, um danach vor dem Hintergrund dieses
Modells die eigentliche Analyse der Reden durchzuführen. Die aus den Ergebnissen
dieser Analyse resultierenden Schlussfolgerungen führen anschließend zu Handlungsempfehlungen für die Gestaltung der Kommunikationsprozesse von Wirtschaftsorganisationen bei Change-Projekten. Abgerundet wird die Studie durch eine Diskussion und
kritische Würdigung inhaltlicher wie auch methodischer Aspekte.

Literatur

Bringbäumer, K., Hujer, M., Müller, P., Schmitz, G. P., & Schulz, T. (2010). Good night. *America.
Der Spiegel, 2010*(44), 72–82.
Geldner, A. (2010a). Der Manager des Machbaren. *Hildesheimer Allgemeine Zeitung.*
Geldner, A. (2010b). Auf der Strecke geblieben: Die Generation Obama. *Hildesheimer Allgemeine
Zeitung.*
Koch, S. (2016a). Amerika wird europäischer. *Hildesheimer Allgemeine Zeitung.*
Koch, S. (2016b). Obama will den Pessimisten nicht das Feld überlassen. *Hildesheimer Allgemeine
Zeitung.*

Leanne, S. (2009). *Sag's wie Obama. Ausstrahlung, Rhetorik und Visionen des neuen US-Präsidenten*. Wien: Linde.

Mast, C. (2016). *Unternehmenskommunikation. Ein Leitfaden*. Konstanz: UVK.

Schulz von Thun, F. (1998). *Miteinander Reden 1. Störungen und Klärungen. Allgemeine Psychologie der Kommunikation*. Reinbek bei Hamburg: Rowohlt Taschenbuch Verlag.

Teil I

Change Communication als zentrales Element des Change Management

Change Management als Bezugsrahmen der Change Communication

2

Veränderungen stehen in Wirtschaftsunternehmen (und anderen gesellschaftlichen Organisationen) fast immer auf der Tagesordnung. Auf der einen Seite gilt es, sich an Entwicklungen wie technologische Neuerungen, neue gesellschaftliche Ansprüche oder gesetzliche Entwicklungen anzupassen. Auf der anderen Seite ist es Überlebensaufgabe von Unternehmen, neue Trends zu antizipieren oder Zukunftsszenarien zu entwickeln und die sich daraus ergebenden Entwicklungen voranzutreiben. Ganz egal, ob die reagierende, die agierende oder beide Varianten gleichzeitig zum Tragen kommen: Jedes Mal geht es darum, Veränderungen professionell zu managen. Da sich im Laufe der Zeit herauskristallisiert hat, dass dieses Managen eine höchst komplexe Aufgabe ist, ist seit einigen Jahrzehnten eine Managementdisziplin auf dem Vormarsch, die sich genau damit beschäftigt: das Change Management.

Dass in diesem Zusammenhang Kommunikation ein wichtiger Schlüsselfaktor für die Gestaltung von Veränderungsprozessen ist, erscheint logisch, denn je professioneller Veränderungen durch Kommunikationsmaßnahmen begleitet und unterstützt werden, desto erfolgreicher werden sie voraussichtlich sein.

Dieser Gesamtzusammenhang soll durch ein kleines Beispiel untermauert werden: Ein HR-Business-Partner[1] entwickelt mit einem kleinen Projektteam ein ausgeklügeltes und hochmodernes neues Entlohnungssystem. Dieses Entlohnungssystem hat aber erst einen wirtschaftlichen Nutzen für das Unternehmen, wenn es auch umgesetzt und bei Bedarf immer weiter verbessert (also diese Innovation im Sinne einer Veränderung mit Leben gefüllt) wird. Gezielte Kommunikationsmaßnahmen wie z. B. Informationen zur Gestaltung dieses Entlohnungssystems im firmeneigenen Intranet und dialogorientierte Diskussionsforen zwischen Unternehmensleitung und Mitarbeitern über Sinn und Zweck

---

[1]Im Folgenden wird ausschließlich aus Vereinfachungsgründen die männliche Form genutzt, welche aber die weibliche automatisch mit einschließt.

© Springer Fachmedien Wiesbaden, 2016
A. Kaune und A.-S. Wagner, *Change Communication,*
DOI 10.1007/978-3-658-11611-8_2

sowie Nutzen sowohl für das Unternehmen als auch die Mitarbeiter fördern diesen Einführungsprozess, da wichtige Hintergrundinformationen gegeben und Befürchtungen abgebaut werden.

Neben diesem (zugegebenermaßen recht grundsätzlichen und trivialen) Beispiel ist die Relevanz einer professionellen Kommunikation für erfolgreiche Veränderungsprozesse auch fundierter belegbar. So würden z. B. die acht Phasen, welche Kotter (2012) als zentrale Prozessschritte eines Veränderungsprozesses beschreibt (vgl. Abschn. 2.2.1), ohne Kommunikation gar nicht funktionieren. Das erfolgreiche Managen von Widerständen und Konflikten bei Veränderungen (vgl. Abschn. 2.2.3) wäre ohne den Einsatz informatorischer und kommunikativer Elemente nicht denkbar. Selbst der Aspekt der Mitarbeiterpartizipation ist ganz eng mit Information und Kommunikation verknüpft, da ab bestimmten Informations- und Kommunikationsintensitäten durchaus schon von Partizipation gesprochen werden kann (vgl. Abschn. 2.2.2). Nicht zuletzt zeigt die Organisationsstruktur einzelner Unternehmen, dass die Grenze zwischen Change Communication und Change Management mitunter fließend ist.

Vor dem Hintergrund dieser Überlegungen soll zunächst der Versuch unternommen werden, das Phänomen des Managens von Veränderungen definitorisch zu erfassen, um danach eine speziell mitarbeiterorientierte Variante der Gestaltung von Veränderungen darzustellen, beides mit dem Hintergrund, einen Bezugsrahmen für die dann folgenden theoretischen Aspekte der Kommunikation in Veränderungsprozessen zu beschreiben.

2.1   Change Management – Versuch einer Definition

Wie bei vielen Managementdisziplinen, die sich in einem relativ frühen Entwicklungsstadium befinden, verhält es sich auch beim Thema des Managements von Veränderungsprozessen: Es gibt eine Vielzahl von Erklärungs- und Definitionsansätzen, aber bis zum heutigen Tag keine allgemein akzeptierte und damit zumindest weitgehend verbindliche Definition.

Das fängt schon bei der Begrifflichkeit selbst an. Begriffe wie z. B. Change Management, Veränderungsmanagement, Organisationsentwicklung, Transformationsmanagement oder Business Reengineering stehen letztendlich alle grundsätzlich für das Managen von Veränderungen in Unternehmen und Organisationen.

Ein erster grundsätzlicher Differenzierungsansatz kann herausgearbeitet werden, wenn Business Reengineering von den anderen beispielhaft genannten Begriffen abgegrenzt wird. Business Reengineering verfolgt im Kern eine revolutionäre, top-down gesteuerte und stark technokratisch orientierte Vorgehensweise in Anlehnung an die ursprünglichen Überlegungen von Hammer und Champy (1994).

Die anderen Ansätze zielen i. W. auf eine evolutionäre, bottom-up gesteuerte und stark mitarbeiterorientierte Vorgehensweise. Diese Ansätze orientieren sich vornehmlich an den Forschungsarbeiten von Lewin (1947), der in seiner Grundstruktur einen Veränderungsprozess in drei Phasen einteilt: die Auftauphase, die Veränderungsphase und die Einfrierphase. In der Auftauphase erfolgt eine Sensibilisierung und Motivation für die Veränderung, in der Veränderungsphase wird die Veränderung umgesetzt und durch diverse Maßnahmen wie z. B. Trainings unterstützt und in der Einfrierphase wird die Veränderung letztendlich stabilisiert.

Beide Ansätze haben ihre Berechtigung. Sie sind in ihrer Anwendung abhängig vom grundsätzlichen Managementverständnis sowie von der zeitlich und inhaltlich notwendigen Radikalität der Veränderung. Vor dem Hintergrund dieser grundsätzlichen Überlegungen steht Change Management bzw. Veränderungsmanagement[2] für die strukturierte Planung, Umsetzung und Evaluation von (betrieblichen) Veränderungen. Diese Veränderungen können sowohl revolutionär, top-down gesteuert und technokratisch als auch evolutionär, bottom-up gesteuert und mitarbeiterbezogen gestaltet werden, wobei je nach Ausgangslage und Anlass jede Kombination zwischen diesen beiden extremen Ausprägungen denkbar und sinnvoll ist.

Soll die (betriebliche) Veränderung sozial und ökonomisch nachhaltig wirksam sein, ist ein schwerpunktmäßig evolutionär-partizipativer Ansatz empfehlenswert, da über das Einbeziehen und die aktive Einbindung der Mitarbeiter Identifikation mit dem Veränderungsobjekt geschaffen wird. Im Sinne dieser Überlegung, die eng mit dem Ansatz der Organisationsentwicklung verbunden ist, soll im Folgenden der Rahmen für Change Communication geschaffen und dessen Notwendigkeit für erfolgreiche Veränderungsprozesse herausgearbeitet werden.

2.2 Moderne Organisationsentwicklung (MOEW) als mitarbeiterorientierter Change-Management-Ansatz

Unter Organisationsentwicklung ist grundsätzlich ein längerfristig angelegter Entwicklungs- und Veränderungsprozess von Organisationen und den in ihr tätigen Menschen zu verstehen. Dieser Prozess stützt sich dabei auf das Lernen aller Betroffenen durch direkte Mitwirkung und praktische Erfahrungen der involvierten Menschen. Sein Ziel besteht in einer gleichzeitigen Verbesserung der Leistungsfähigkeit der Organisation und der Qualität des Arbeitslebens (Rieckmann 1983).

Diese in den 1970er-Jahren postulierte Grundidee bildet nach wie vor das zentrale Grundgerüst des Ansatzes. Allerdings haben sich in der Zwischenzeit viele Rahmenbedingungen geändert. Die Globalisierung der Wirtschaft ist nur ein Beispiel dafür. Sie hat aufgrund des stärker werdenden Wettbewerbsdrucks zu einer immer intensiver werdenden Veränderungsdynamik in den Unternehmen beigetragen. Dies findet z. B. in der international ausgerichteten Fusionshektik schon seit vielen Jahren seinen Niederschlag. Ein weiteres Beispiel ist die Digitalisierung der Informationsflüsse, die dazu führt, dass Informationen weltweit ohne zeitliche und inhaltliche Einschränkungen nutzbar sind und

---

[2]Die Begriffe Change Management und Veränderungsmanagement werden nachfolgend synonym verwendet.

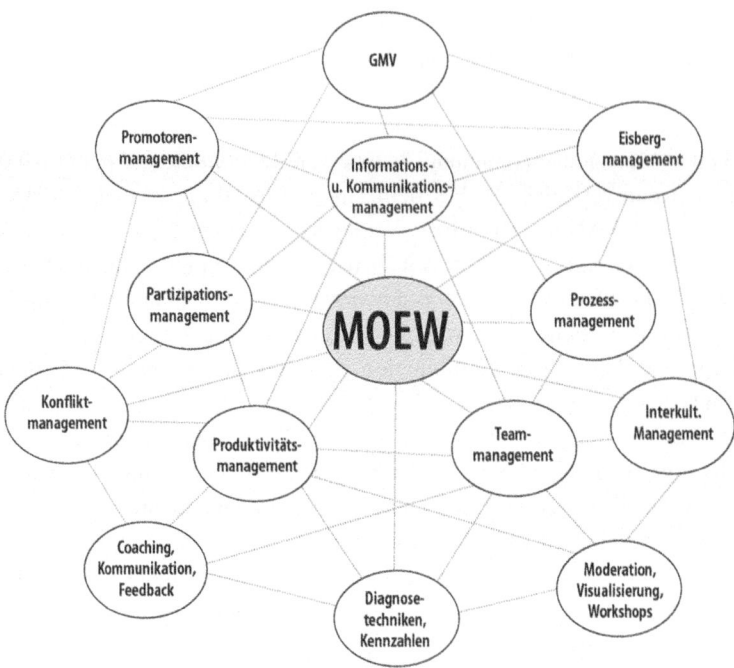

Abb. 2.1 Eckpunkte moderner Organisationsentwicklung (MOEW-Modell). (Kaune 2010, S. 16)

zusätzlich durch soziale Netzwerke ergänzt werden. Darüber hinaus sind einige Vorstellungen des traditionellen Organisationsentwicklungsansatzes aus heutiger Sicht zu sehr idealisiert, z. B. die Humanisierung des Arbeitslebens als eigenständige Zielsetzung zu betrachten. Ein Blick auf die betriebliche Praxis zeigt, dass die humanere Gestaltung des Arbeitslebens oft Mittel zum Zweck ist, um die Wirtschaftlichkeit zu erhöhen. Wenn diese beispielhaften Entwicklungen und Erfahrungen berücksichtigt und mit der Grundidee der Organisationsentwicklung kombiniert werden, dann lässt sich hieraus eine Weiterentwicklung des Ansatzes ableiten, die als moderne Organisationsentwicklung (MOEW) bezeichnet werden soll (Kaune 2010, S. 15).

Das MOEW-Modell (vgl. Abb. 2.1) verdeutlicht, dass Veränderungsmanagement aus einer Vielzahl verschiedenartiger Gestaltungsmerkmale besteht (wie z. B. Team- oder Konfliktmanagement). Diese einzelnen Merkmale sind voneinander abhängig, sodass sie in Verbindung mit Tools bzw. Techniken[3] (z. B. Diagnoseinstrumente), welche zur Umsetzung der Merkmale herangezogen werden, ein komplexes System bilden (Kaune 2010, S. 16 ff.).

---

[3]Auf die Tools bzw. Techniken des MOEW-Modells wird an dieser Stelle nicht weiter eingegangen. Interessierte Leser finden hierzu detaillierte Ausführungen bei (Kaune (Hrsg.). 2010, S. 67 ff.).

2.2.1 Prozessmanagement

Zentraler Ansatzpunkt nahezu aller Ablaufplanungen evolutionär orientierter Veränderungsprozesse ist die bereits unter Abschn. 2.1 angesprochene Dreiphasigkeit nach Lewin (1947). Sie besagt, dass es eine Auftauphase, eine Veränderungsphase und eine Einfrierphase gibt. In der Auftauphase erfolgt Sensibilisierung und Motivation für die Veränderung, in der Veränderungsphase wird die Veränderung umgesetzt und in der Einfrierphase letztendlich stabilisiert.

Auf dieser Systematik aufbauend sollen zunächst Prozessschritte erörtert werden, die sich vorrangig an den Phasen des klassischen Projektmanagements orientieren. Nach Kaune (2010, S. 17 ff.) gehört hierzu zunächst die Auftragsphase, in der eine klare Vereinbarung im Sinne eines Auftrages über das Veränderungsvorhaben geschlossen wird. Im Anschluss folgt die Diagnosephase. Hier werden Daten gesammelt und ausgewertet, um auf dieser Basis zu einer eindeutigen Diagnose der Ist-Situation zu kommen. Wichtig ist in diesem Zusammenhang, dass die gesammelten Daten zunächst keine objektive Beschreibung der Ist-Situation darstellen. Diesen objektiven Status erreichen sie erst, wenn sie im Rahmen einer Feedback-Schleife von den Informanten bestätigt werden. Wenn beispielsweise vor einer Reorganisation in einem Betriebsrundgang Eindrücke durch den Veränderungsmanager gesammelt werden, dann haben diese Daten zunächst subjektiven Charakter, da sie eine selektive Wahrnehmung desjenigen darstellen, der sie erhebt. Erst wenn diese Eindrücke zusammengefasst, visualisiert und mit Vertretern der betroffenen Abteilungen besprochen und von diesen als angemessen eingestuft werden, kann von verwendbaren Diagnosedaten gesprochen werden.[4] Danach werden die Maßnahmen des Veränderungsprozesses geplant (Planungsphase) und umgesetzt (Umsetzungsphase). Den Abschluss bildet die Auswertungsphase, in welcher die erreichten Ergebnisse und der abgelaufene Prozess ausgewertet werden. Bei Nichterreichung der gesteckten Ziele sind Folgemaßnahmen zu planen, umzusetzen und auszuwerten.

Veränderungsmanagement ist dabei ein geplanter Prozess, der auf einer bestimmten Vorgehensweise beruht. Der Ablauf des gesamten Prozesses wird grob geplant, während die Feinplanung von Schritt zu Schritt aufgrund der Reflexion der jeweils erzielten Ergebnisse erfolgt. Durch diese Vorgehensweise wird sichergestellt, dass Fehler, die in der vorgelagerten Phase gemacht wurden, bei der Planung und Umsetzung der Folgephase vermieden werden und somit Lernpotenzial für den Veränderungsprozess sind. Gleichzeitig gibt es aber eine klare Vorstellung über die zeitlichen und inhaltlichen Eckpunkte des gesamten Projektes.

Bezogen auf die Systematik von Lewin (1947) lassen sich die Auftrags- und die Diagnosephase dem Auftaubereich, die Planungs- und die Umsetzungsphase dem eigentlichen Veränderungsbereich und die Auswertungsphase dem Einfrierbereich zuordnen.

---

[4]Diese Vorgehensweise beim Prozessschritt Diagnose unterscheidet sich von der beim klassischen Projektmanagement.

Der zuletzt genannte Ansatz der rollierenden Vorgehensweise orientiert sich zudem am Aktionsforschungsansatz von Lewin (1947).

Als zweites Beispiel für die Gestaltung der Ablaufschritte eines Veränderungsprojektes werden die acht Phasen nach Kotter (2012) diskutiert und zum Schluss auch wieder den Grundüberlegungen von Lewin (1947) zugeordnet. Im Unterschied zu den zuvor dargestellten fünf Schritten, die sich am klassischen Projektmanagement orientieren, kleidet Kotter (2012) seine acht Phasen wesentlich stärker mit inhaltlichen Bezügen zum organisationsentwicklungsorientierten Change Management aus. Nach Kotter (2012, S. 18 f.) und Jenewein (2008) sind folgende Phasen für die Ablaufgestaltung von Change-Management-Projekten relevant:

- Ein Gefühl der Dringlichkeit erzeugen,
- Eine Führungskoalition aufbauen,
- Eine Vision und Strategie entwickeln,
- Die Vision des Wandels kommunizieren,
- Mitarbeiter auf breiter Basis befähigen,
- Schnelle Erfolge erzielen,
- Erfolge konsolidieren und weitere Veränderungen einleiten und
- Neue Ansätze in der Kultur verankern.

Bei der *Erzeugung eines Gefühls der Dringlichkeit* geht es i. W. darum, Markt- und Wettbewerbsrealitäten zu untersuchen und damit Krisen, potenzielle Krisen und grundsätzliche Chancen herauszuarbeiten. Das Problem in vielen Unternehmen besteht oft darin, das Phänomen der Selbstgefälligkeit in den Griff zu bekommen. Viele Ursachen wie z. B. zu viele Beschönigungen aus dem Top-Management oder das Fehlen einer größeren und sichtbaren Krise stärken dieses Phänomen. Daher ist es in dieser Phase elementar, Probleme und unbequeme Wahrheiten offen und immer wieder anzusprechen sowie die Notwendigkeit des Wandels in den Mittelpunkt zu stellen (z. B. in Reden auf Betriebsversammlungen). Kotter (2012, S. 38) formuliert es sehr markant: „Bombardieren Sie die Mitarbeiter mit Informationen über zukünftige Chancen, über die wunderbaren Erträge, die sich daraus ergeben würden, und über die gegenwärtige Unfähigkeit des Unternehmens, diese Chancen wahrzunehmen."

Entscheidet sich ein Unternehmen für den Wandel, dann geht es im nächsten Schritt darum, *eine Führungskoalition aufzubauen*. Es gilt ein Team zu nominieren, das auch die nötigen menschlichen Qualitäten mitbringt und ausschließlich aus Teammitgliedern besteht, welche die Kompetenz haben, den Wandel zu managen. Dieses Team muss von dem Change überzeugt sein. Um die Wertschätzung gegenüber den Teammitgliedern zu dokumentieren, sollten möglichst viele Aufgaben an Einzelne delegiert werden.

Mit den nächsten beiden Schritten (eine *Vision und Strategie entwickeln* sowie *die Vision des Wandels kommunizieren*) geht es darum, richtungsweisende Signale zu setzen und einen Zukunftszustand zu erarbeiten, der alle begeistert. Wichtig ist, dass diese Vision nicht nur auf dem Papier steht, sondern insbesondere auch von der

Führungskoalition vorgelebt und ins Unternehmen (und möglicherweise dessen Umfeld) getragen wird. Letzteres kann erfolgen, indem alle zur Verfügung stehenden Kommunikationskanäle dafür genutzt werden. Hier können z. B. begeisternde Reden der Führungskräfte wieder einen wichtigen Beitrag leisten.

Um die jetzt im Idealfall entstandene Motivation für die Veränderung nicht wieder verpuffen zu lassen, müssen *die Mitarbeiter auf breiter Basis befähigt werden,* ihren Beitrag zur Umsetzung zu leisten. Dazu sind mögliche Hindernisse (z. B. zu geringe Qualifikationen) zu beseitigen und Systeme bzw. Strukturen, welche der Vision nicht entsprechen, zu ändern. Die Mitarbeiter sollten ermutigt werden, unkonventionelle Wege zu gehen und insgesamt ihre Risikobereitschaft zu erhöhen. Dazu muss ihnen der Rücken freigehalten werden und sie dürfen nicht für evtl. Machtkämpfe instrumentalisiert werden. Hilfreich ist es, dabei die Inhalte in den Vordergrund zu stellen und nicht Personen.

Die Change-Aktivitäten sollten *mit schnellen Erfolgen* untermauert werden. Somit ist es wichtig, derartige Erfolge oder auch erfolgreich abzuschließende Meilensteine des Projektes von vornherein mit einzuplanen, diese mit hoher Dringlichkeit zu erreichen und dann auch öffentlichkeitswirksam zu vermarkten. Es empfiehlt sich, die Menschen, welche für diese Erfolge stehen, hervorzuheben, für alle erkennbar zu loben oder ggf. auch auszuzeichnen.

In der (zunächst) letzten Phase des Veränderungsprojektes geht es darum, *Erfolge zu konsolidieren und weitere Veränderungen einzuleiten, aber auch die neuen Ansätze in der (Unternehmens-) Kultur zu verankern.* Die wachsende Glaubwürdigkeit aufgrund der schnellen Erfolge kann jetzt dazu genutzt werden, alle Systeme, Strukturen und Verfahren so zu ändern, dass sie konform mit der Vision des Wandels sind. Die Konsolidierung sollte auch personell untermauert werden, indem Mitarbeiter eingestellt oder befördert werden, die den Change aktiv unterstützen. So ist es auch möglich, den Veränderungsprozess z. B. mit neuen Projekten oder auch neuen Personen immer wieder zu (re-) aktivieren. Das Change-Projekt in seiner Gesamtheit sollte somit nicht nur auf eine Person zugeschnitten sein. Gewiss sind einzelne Personen verantwortlich für einzelne Abschnitte oder das Erreichen bestimmter Meilensteine, aber nicht zwangsläufig für ein z. B. über mehrere Jahre andauerndes Veränderungsvorhaben. Sicherlich ist für eine nachhaltige Verankerung der Neuerung in der Kultur des Unternehmens auch wichtig, die Beziehung zwischen neuem Verhalten und Unternehmenserfolg herauszustellen.

Auch das Modell von Kotter (2012) lässt sich letztendlich in die drei Phasen von Lewin (1947) integrieren. So können die Phase, in welcher ein Gefühl der Dringlichkeit erzeugt wird, eindeutig dem Auftaubereich und die beiden zuletzt genannten Phasen (Erfolgskonsolidierung und Einleitung weiterer Veränderungen als auch die Verankerung der Ansätze in der Unternehmenskultur) dem Einfrierbereich zugeordnet werden. Die dazwischen liegenden Phasen stellen die eigentliche Veränderung dar.

Abschließend bleibt festzuhalten, dass das Prozessmanagement im Rahmen der Organisationsentwicklung ganz eng an das Dreiphasenmodell von Lewin (1947) gekoppelt ist. Die Ausführungen mit den beiden beispielhaften Prozessabläufen zeigen auch, dass

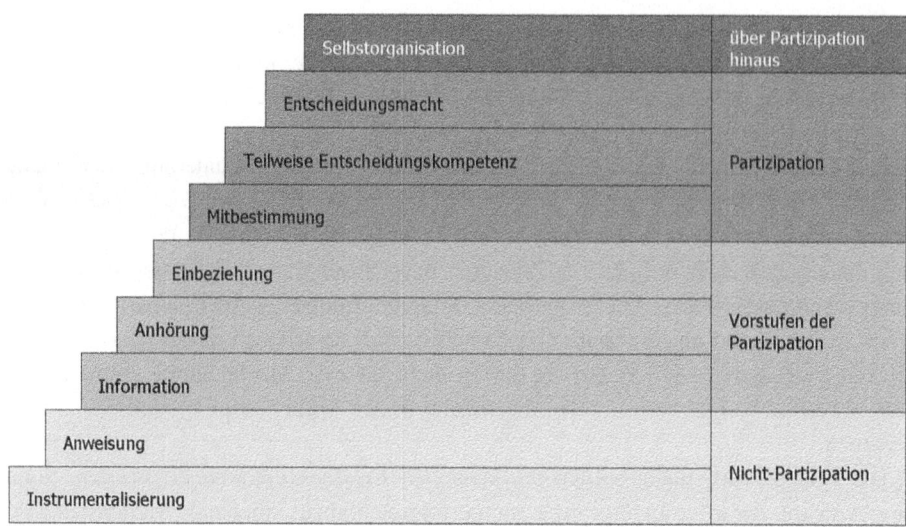

Abb. 2.2 Information und Partizipation. (Wright et al. 2010, S. 42)

Lewins (1947) Modell so grundsätzlich ist, dass es genug Spielraum für Konkretisierungen in verschiedene Richtungen bietet.

2.2.2 Informations- und Partizipationsmanagement

Wichtige Grundlagen für ein professionelles Veränderungsmanagement sind nach Kaune (2010, S. 24 f.) umfassende Informationsflüsse. Diese Informationsflüsse können dabei einseitig, zweiseitig oder komplex vernetzt sein. Somit steht Informationsmanagement gleichzeitig auch für Kommunikationsmanagement. „Die beteiligten Mitarbeiter als auch die Mitarbeiter des gesamten Unternehmens müssen umfassend über Hintergründe, Ziele, Vorgehensweisen u. ä. informiert werden. Gerade bei problematischen Veränderungsprozessen sollte zusätzlich darauf geachtet werden, dass auch ein offener Informations- und Meinungsaustausch zwischen einzelnen Personen und Gruppen sichergestellt wird, der sich auf Sachfragen, idealerweise aber auch auf Verhaltens- und Wertfragen bezieht" (Bieler et al. 2001, S. 83 f.). Dass bei einer betrieblichen Veränderung die Mitarbeiter z. B. über Intranet, Betriebszeitung oder Aushänge informiert werden, ist ein wesentlicher Ansatz. Der ebenfalls angesprochene Informations- und Meinungsaustausch könnte z. B. in moderierten Diskussionsrunden mit der Geschäftsführung oder dem Vorstand eines Unternehmens umgesetzt werden.

Der Übergang vom Informations- zum Partizipationsmanagement ist i. d. R. fließend, wie die Abb. 2.2 beispielhaft zeigt. Somit kann die Information (z. B. durch eine Rede) durchaus auch schon als Vorstufe der Partizipation eingestuft werden. Von Partizipation kann nach Bieler et al. (2001, S. 82 f.) gesprochen werden, wenn die einzelnen Schritte eines Veränderungsprozesses unter aktiver Mitwirkung der Betroffenen erfolgen. „Grundlage hierfür ist die Erkenntnis, dass sich die Menschen am ehesten mit dem identifizieren, was sie selbst mitgestalten können. Um einen möglichst hohen Wirkungsgrad zu erzielen, sollten vorrangig die Mitarbeiter einbezogen werden, die (informelle) Meinungsbildner in ihrem Arbeitsumfeld sind. Die Beteiligung der Betroffenen sollte somit im Wesentlichen nach dem Prinzip der gelenkten Partizipation erfolgen" (Bieler et al. 2001, S. 82 f.).

Partizipationsmanagement bedeutet demzufolge, dass ein Projektteam z. B. aus Vertretern aller beteiligten Fachabteilungen (Personalwesen, Vertrieb usw.) zusammengesetzt wird. Die Auswahl dieser Vertreter sollte aber nicht dem Zufall überlassen werden, sondern unter Berücksichtigung der Überzeugungskompetenz erfolgen. Es gibt in nahezu allen Abteilungen eines Unternehmens Meinungsbildner oder auch informelle Führer, welche ihr betriebliches Umfeld beeinflussen können. Genau diese Zielgruppe sollte bei der Auswahl primär berücksichtigt werden, da sie am ehesten dazu fähig ist, eine positive Stimmung zum Veränderungsprojekt in ihren jeweiligen Arbeitsumfeldern zu verbreiten. Diese Mitarbeitergruppe sorgt (ohne direkte Beteiligung aller betroffenen Mitarbeiter) für eine hohe Einbindung, da sie in umgekehrter Richtung auch ein Sprachrohr dieser Mitarbeiter ist. Wichtig ist, dass der Veränderungsmanager in der Lage ist, bei den Meinungsbildnern eine positive Stimmung zum Veränderungsprojekt zu erzeugen (Bieler et al. 2001, S. 83).

2.2.3   Konfliktmanagement

Veränderungsprozesse sind oft eine Ursache für Spannungen, Meinungsunterschiede, Widerstände, Machtgelüste und vieles mehr. Das Konfliktmanagement macht es sich zur Aufgabe, diese Phänomene im Rahmen eines Veränderungsprozesses konstruktiv zu managen (Kaune 2010, S. 38).

Im Vorfeld des eigentlichen Ausbruchs von Konflikten besteht die Möglichkeit, präventiv dafür Sorge zu tragen, dass die Voraussetzungen für eine mögliche (dann oft auch negative) Konfliktentwicklung gar nicht erst entstehen, indem mögliche Widerstände berücksichtigt und idealerweise an ihrer Entstehung gehindert werden (Kaune 2006, S. 245 ff.). Als Widerstand wird allgemein eine Art Auflehnung oder Verweigerung bezeichnet. Fröhlich (2000, S. 474) definiert Widerstand „als eine Tendenz einer Person, Anordnungen, Empfehlungen oder empfohlene Handlungen anderer zu verweigern". Widerstand wird in diesem Zusammenhang somit als „prinzipiell ablehnende Haltung gegenüber Regeln, Befehlen und/oder Normen verstanden. Er resultiert aus Unvereinbarkeiten zwischen Person und Umfeld und ist damit im weiteren Sinne ein Teilaspekt eines (sozialen) Konfliktes. Zeitlich gesehen ist die Entstehung von Widerstand der Entstehung von sozialen Konflikten in der Regel vorgelagert. Eine Nichtbearbeitung von Widerständen kann zu sozialen Konflikten führen" (Kaune 2010, S. 39).

Ein Widerstand kann zum einen als eine bequeme Ablehnung einer Veränderung gesehen werden, aber häufig steckt eine ernstzunehmende Angst dahinter (Adam 2006, S. 312). Widerstände sind normale Begleiterscheinungen bei Veränderungen in Organisationen.

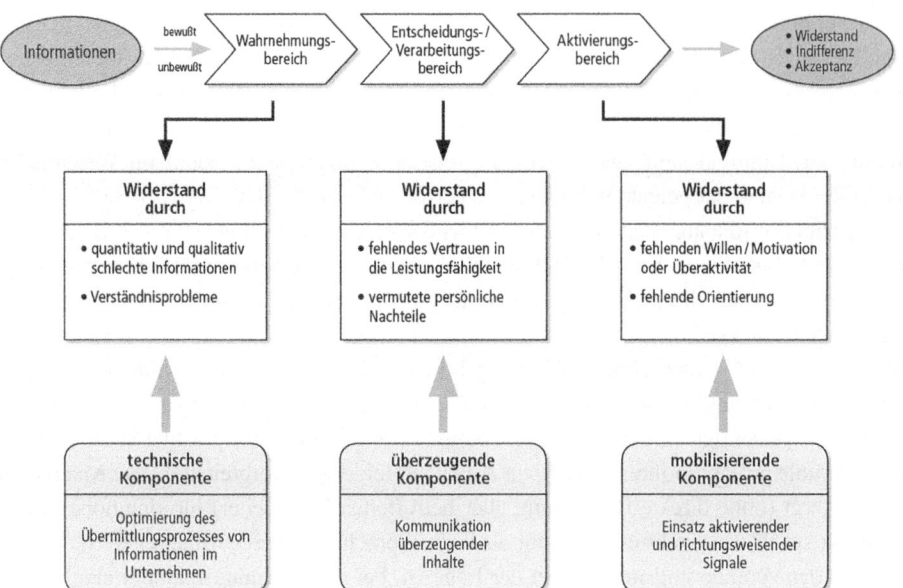

Abb. 2.3 Komponenten effizienten Kommunikationsmanagements. (Mohr 1997, S. 259; nach Mohr und Woehe 1998, S. 77)

Grundlage für Widerstandshandlungen können unterschiedliche Auffassungen oder Ängste vor unbekannten Folgen sein (Doppler und Lauterburg 2008, S. 336 ff.).

Nach der Entstehung lassen sich verschiedene Ausdrucksformen von Widerständen in Veränderungsprozessen beobachten. Doppler und Lauterburg (2008, S. 339) unterscheiden vier verschiedene Erscheinungsformen, indem die beiden Dimensionen aktiv vs. passiv und verbal vs. nonverbal gebildet werden. Den aktiven und verbalen Widerstand betiteln Doppler und Lauterburg (2008, S. 339) als Widerspruch, der sich in Form von Gegenargumentationen, Vorwürfen oder sogar Drohungen äußern kann. Der aktive und nonverbale Widerstand äußert sich durch Unruhe, Streit sowie Intrigen und wird als Aufregung bezeichnet. Der passive Widerstand (das Ausweichen) ist daran zu erkennen, dass bagatellisiert wird und unwichtige Debatten stattfinden. Der passive und nonverbale Widerstand äußert sich in Form von Unaufmerksamkeit oder Müdigkeit und wird als Lustlosigkeit bezeichnet. Weitere Ausdrucksformen äußern sich in der Zunahme von Krankheiten oder einer Erhöhung der Fluktuationsrate (Hermann 1984; nach M. Schmidt 1996, S. 36). Nach Kuster et al. (2011, S. 276) drücken sich Formen von Widerständen zudem in Sabotage oder Zurückhalten von Informationen aus.

Gemäß Kuster et al. (2011, S. 276) sind betroffene Personen, die Widerstand leisten, eher bereit sich zu ändern, wenn ein gutes Vertrauensverhältnis herrscht, ihre bisherigen Leistungen anerkannt werden und eine offene Kommunikation vorhanden ist. Um potenziellen oder tatsächlichen Widerstand zu bearbeiten, ist somit u. a. eine gezielte Informations- und Kommunikationsstrategie sinnvoll. Ein mögliches Modell, das diesen Aspekt aufgreift, ist das Modell eines effizienten Kommunikationsmanagements nach Mohr und Woehe (1998, S. 73 ff.; vgl. Abb. 2.3).

Die Informationen, die z. B. über betriebliche Veränderung gegeben werden, durchlaufen bei den Empfängern (bewusst oder unbewusst) den Wahrnehmungsbereich, den Entscheidungs- und Verarbeitungsbereich sowie den Aktivierungsbereich. Die Gestaltung dieser drei Bereiche beeinflusst, ob die gegebenen Informationen Akzeptanz, Indifferenz oder Widerstand bei den Empfängern auslösen. Somit sollte es Ziel eines jeden Informations- und Kommunikationsprozesses sein, diese drei Bereiche so zu gestalten, dass die Informationen möglichst keinen Widerstand auslösen (bzw. verstärken).

Quantitativ und/oder qualitativ schlecht übertragene Informationen sowie grundsätzliche Verständnisprobleme können im Wahrnehmungsbereich Widerstände auslösen. Dies können z. B. unterschiedliche Sprachen der Kommunikationspartner sein, genauso wie zu viele oder zu wenige Informationen über das Veränderungsvorhaben oder auch technische Probleme (z. B. die Akustik bei einer Rede). Somit hängt die optimale Gestaltung des Wahrnehmungsbereiches weitgehend mit technischen Aspekten zusammen.

Fehlendes Vertrauen in die eigene Leistungsfähigkeit und befürchtete persönliche Nachteile, die mit der Veränderung in Verbindung gebracht werden, können Widerstände im Entscheidungs- und Verarbeitungsbereich hervorrufen. Es betrifft somit in erster Linie Aspekte des persönlichen Bereichs der Mitarbeiter. Eine positive Bearbeitung des Entscheidungs- und Verarbeitungsbereiches kann demzufolge durch die Kommunikation überzeugender Inhalte von gleichzeitig überzeugenden Informationsübermittlern erfolgen (z. B. Führungskräfte in einer Organisation, die positive Eigenschaften wie Glaubwürdigkeit und Verbindlichkeit verkörpern).

Im Aktivierungsbereich können Widerstände z. B. durch fehlende Motivation oder fehlende Orientierung der beteiligten Mitarbeiter entstehen. Hier helfen eine glaubwürdige Vision, welche für die Veränderung begeistert, und eine professionelle Mitarbeiterführung.

Zusammenfassend bleibt somit festzuhalten, dass Kommunikation ein zentraler Ansatzpunkt ist, Widerstände erst gar nicht entstehen zu lassen, aber auch um vorhandene Widerstände gezielt zu bearbeiten.

Grundsätzlich ist aber realistisch gesehen davon auszugehen, dass nicht alle Widerstände verhindert werden können. Für die folgenden Ausführungen wird daher unterstellt, dass Konflikte im Zusammenhang mit einem Veränderungsprozess immer wieder relevant sind und auch kuratives Konfliktmanagement notwendig machen. Dabei sind in erster Linie soziale Konflikte in ihren unterschiedlichen Ausprägungen gemeint. Ein „sozialer Konflikt ist eine Interaktion zwischen Aktoren (Individuen, Gruppen, Organisationen usw.), wobei wenigstens ein Aktor eine Differenz bzw. Unvereinbarkeiten im Wahrnehmen und im Denken bzw. Vorstellen und im Fühlen und im Wollen mit dem anderen Aktor (den anderen Aktoren) in der Art erlebt, dass beim Verwirklichen dessen, was der Aktor denkt, fühlt oder will eine Beeinträchtigung durch einen anderen Aktor (die anderen Aktoren) erfolge" (Glasl 2011, S. 17). Wesentliche Elemente eines sozialen Konfliktes sind somit wahrgenommene Unvereinbarkeiten und die wahrgenommene Beeinträchtigung durch die jeweils andere Konfliktpartei bzw. die anderen Konfliktparteien bei der Durchsetzung eigener Interessen.

Aus prozessorientierter Sicht kann ein sozialer Konflikt bezogen auf die einzelnen Eskalationsmöglichkeiten nach Glasl (2011, S. 234) maximal neun Stufen durchlaufen, die wiederum in drei Hauptphasen (die „win-win"-Phase, die „win-lose"-Phase und die „lose-lose"-Phase) zusammengefasst werden können. Bezogen auf diese Phasen können die Konfliktparteien den Konflikt entweder beide als Gewinner, als Gewinner und Verlierer oder beide als Verlierer beenden. Im Hinblick auf die neunstufige Skala lassen sich folgende Eskalationsstufen eines Konfliktes unterscheiden (Glasl 2011, S. 233 ff.; Kaune 2010, S. 43 ff.).

Die erste Stufe (Verhärtung der Standpunkte) beginnt, wenn sich mindestens zwischen zwei Parteien Spannungen entwickeln. Der ursprüngliche Widerstand wird zu einem sozialen Konflikt, da z. B. eine Person eine andere Person als Gegner identifiziert, weil sie ein Thema befürwortet, das diese Person ablehnt. In dieser Stufe sind beide Konfliktparteien noch davon überzeugt, dass diese Spannungen durch unkomplizierte Kommunikation abgebaut werden können.

Mit Beginn der zweiten Stufe (Polarisierung und Debatten) rücken die Parteien zunehmend vom eigentlichen Auslöser des Konfliktes ab. Bisher weitgehend konstruktive Gespräche werden zu härteren Konfrontationen oder Debatten, bei denen das eigentliche Thema immer unwichtiger wird. Scheinbar rationale Argumente zielen oft auf das Gefühl der jeweiligen Gegenpartei, sodass diese emotional gereizt wird. Es wird versucht, die Oberhand zu gewinnen. Dies treibt den Konflikt insgesamt weiter voran.

In der dritten Stufe (Taten statt Worte) geht die verbale Kommunikation zwischen den Beteiligten zunehmend zurück und der nonverbale Anteil steigt, sodass Taten das Geschehen bestimmen. D. h., Fakten werden geschaffen. Diese Vorgehensweise ist oft vielschichtig und damit mehrdeutig, was zu zusätzlichen Irritationen führt. Damit ist die Schwelle zu Phase vier erreicht. Es geht im Folgenden nur noch um Sieg oder Niederlage. Das bedeutet, dass die „win-win"-Situation endgültig verlassen und der Konflikt immer problematischer wird.

Mit dem Übergang in Stufe vier (Koalitionsbildung und Schaffung stereotyper Feindbilder) ist der Streitpunkt selbst nicht mehr relevant. Es geht nicht mehr um Kompromisslösungen, sondern i. W. darum, die stereotypen Bilder, die beide Konfliktparteien voneinander haben, zu festigen. Die Parteien suchen Verstärkung und bilden Koalitionen. Durch Provokationen, Kritik und Beschimpfungen der Gegenseite werden Reaktionen hervorgerufen, welche die Stereotype bestätigen.

Die fünfte Eskalationsstufe steht dann für die öffentliche Bloßstellung, den sogenannten Gesichtsverlust. Intimste Informationen der jeweils gegnerischen Konfliktpartei gelangen in die Öffentlichkeit. Durch den provozierten Gesichtsverlust der anderen Partei erscheint diese mit einem Mal in einem ganz anderen Licht. Sie war schon immer schlecht. Die Parteien verwenden somit ihre Energie weitgehend darauf, ihr verlorenes Gesicht (also ihren Ruf und ihre Integrität) zurückzugewinnen.

Die sechste Stufe (Drohstrategien) ist gekennzeichnet durch Gewaltdenken und Gewalthandeln der Konfliktparteien. Basis hierfür ist die Festigung der gegenseitigen Feindbilder. Die Betroffenen möchten die jeweils gegnerische Partei und die Gesamtsituation unter absolute Kontrolle bekommen. Dafür sind Drohungen ein wichtiges Mittel. Hier gilt es, den Zusammenhang zwischen Drohung und dem damit verbundenen

Sanktionspotenzial zu beachten, denn eine Drohung wird wirken, wenn die Gegenpartei weiß, dass die drohende Partei über ein ausreichendes Sanktionspotenzial verfügt. Die Drohstrategien sollen zeigen, wozu eine Partei fähig wäre.

Mit dem Eintritt in die siebte Stufe steht die tatsächliche Schädigungsabsicht der jeweils anderen Partei klar im Vordergrund (begrenzte Vernichtungsschläge). Durch die Drohszenarien aus Stufe sechs ist eine Umkehr (selbst wenn eine Konfliktpartei es jetzt wollte) kaum noch möglich, sodass einzelne Drohungen begrenzt umgesetzt werden, um ihre Nachhaltigkeit zu untermauern.

In Stufe acht (Zersplitterung) werden die Vernichtungsaktionen noch brutaler, da die Beteiligten gezielt die Macht- und Existenzgrundlage des Gegners vernichten möchten. Lediglich die Angst um das eigene Überleben verhindert die totale Gewalt.

Diese setzt dann aber in der neunten und letzten Stufe (gemeinsam in den Abgrund) ein. Beide Parteien treiben unaufhaltsam in den Abgrund und finden ihre Befriedigung dadurch, dass die jeweils andere Partei ebenfalls vernichtet wird.

Die dargestellten Eskalationsstufen sollen es Veränderungsmanagern ermöglichen, soziale Konflikte in Change-Prozessen möglichst rechtzeitig zu erkennen und zu bearbeiten. Ein wichtiger erster Schritt hierzu ist die Konfliktdiagnose. Im Rahmen der Diagnosephase gilt es nach Kaune (2010, 51 f.) z. B. abzuklären, wer die Konfliktparteien sind, welche Streitpunkte existieren, welche Eskalationsstufe dauerhaft erreicht ist und welche Bedürfnisse die Konfliktparteien durch den Konflikt befriedigen wollen. Antworten auf diese Fragen führen oft schon zu Konfliktlösungsansätzen.

Wichtig ist jedoch, dass ein Veränderungsmanager fähig ist, eine gleiche Sicht aller Beteiligten auf die Konfliktsituation herzustellen. Durch eine gemeinsame Sicht werden oft schon eigeninitiativ Lösungsprozesse eingeleitet. Dies trifft jedoch in erster Linie für die Stufen der „win-win"-Situation zu, da hier die Möglichkeit einer sachlichen Auseinandersetzung mit der Konfliktsituation noch am ehesten möglich ist.

Grundsätzlich sind für die einzelnen Hauptphasen folgende Interventionstechniken angemessen (Glasl 2011, S. 393 ff.; Kaune 2010, S. 52 f.):

- Moderation, Gesprächsführung, aktive Prozessintervention („win-win"-Phase),
- soziotherapeutische Prozessintervention, Vermittlung, Schiedsverfahren („win-lose"-Phase) und
- Vermittlung, Schiedsverfahren, Machteingriff („lose-lose"-Phase).

Bei den Moderations- und Gesprächsführungstechniken wird grundsätzlich unterstellt, dass die Konfliktparteien sich selbst helfen können. Bei der Gesprächsführungsintervention wird sogar davon ausgegangen, dass eine Konfliktpartei die Initiative ergreift und ein neutraler Moderator gar nicht notwendig ist.

Mit der aktiven Prozessintervention wird die direkte Steuerung der Konfliktbearbeitung stärker in den Mittelpunkt gerückt. Es wird versucht, sowohl einzeln an Verhaltensänderungen der Konfliktparteien zu arbeiten als auch die Beteiligten durch Moderation zu unterstützen. Insbesondere sind aber auch inhaltliche Lösungsvorschläge durch den

Moderator möglich. Hierdurch unterscheidet sich die aktive Prozessintervention eindeutig von der klassischen Moderation.

Die soziotherapeutische Prozessintervention ist gekennzeichnet durch eine intensive Arbeit mit den am Konflikt beteiligten Individuen auf der psychologischen Ebene. Hierdurch sollen die durch die oft zwischenmenschliche Härte des Konfliktes ins Wanken geratenen Selbstbilder der beteiligten Personen wieder hergestellt werden, um die eigentlichen Streitpunkte des Konfliktes danach wieder bearbeiten zu können. Der Begriff soziotherapeutisch deutet an, dass der Fokus dieses Ansatzes nicht auf dem Individuen grundsätzlich liegt, sondern lediglich auf dem Individuum in Verbindung mit der Konfliktsituation, also der spezifischen sozialen Situation.

Bei der Vermittlung geht es darum, Kompromisse zu finden, mit denen beide Konfliktparteien leben können. Es gibt dafür keine standardisierten Spielregeln.

Das Schiedsverfahren beinhaltet eine Lösung, die ein Schiedsrichter aufgrund einer eigenen Beurteilung der Situation findet. Sie basiert allerdings auf offiziell bestehenden Spielregeln. Somit ist die Lösung gleichzusetzen mit einem richterlichen Entscheid für beide Konfliktparteien.

Bei einem Machteingriff setzt eine überlegene Machtinstanz (z. B. die Geschäftsführung) ihre Konfliktlösung durch (auch gegen den Willen der Betroffenen). Die Machtinstanz muss dann aber in der Lage sein, die neue Situation langfristig zu beherrschen.

Nach der Konfliktlösung sollte ein Veränderungsmanager die erzielten Ergebnisse in einer Konsolidierung vertiefen und verfestigen. Die De-Eskalation eines Konfliktes kann durch die Evaluation der Wirksamkeit der angewandten Interventionstechnik bspw. der Konfliktlösungsstrategie (langfristig) weiter sichergestellt werden (Glasl 2011, S. 447 ff.).

Abschließend bleibt festzuhalten, dass es für ein erfolgreiches Management sozialer Konflikte entscheidend ist, dass ein Veränderungsmanager eine Konfliktsituation rechtzeitig erkennt, denn je niedriger ein Konflikt auf den Eskalationsstufen angesiedelt ist, desto besser ist er für einen Veränderungsmanager regelbar.

2.2.4   Weitere Merkmale Im Überblick

Um die Erläuterung des MOEW-Modells abzurunden, werden auch die noch nicht erwähnten Merkmale in ihren wesentlichen Grundzügen kurz erläutert.[5]

Eisbergmanagement
Eisbergmanagement ist mit der Erkenntnis verbunden, dass das Managen von formalen Aspekten wie z. B. Zielen, Aufgaben sowie Organisationsstrukturen und -abläufen immer nur eine Seite der Medaille bei Veränderungsprojekten ist. Mindestens genauso

---

[5]Eine ausführliche Darstellung des MOEW-Modells findet sich bei Kaune (2010, S. 16 ff.).

Abb. 2.4 Eisberg-Modell. (In
Anlehnung an French und Bell
1994)

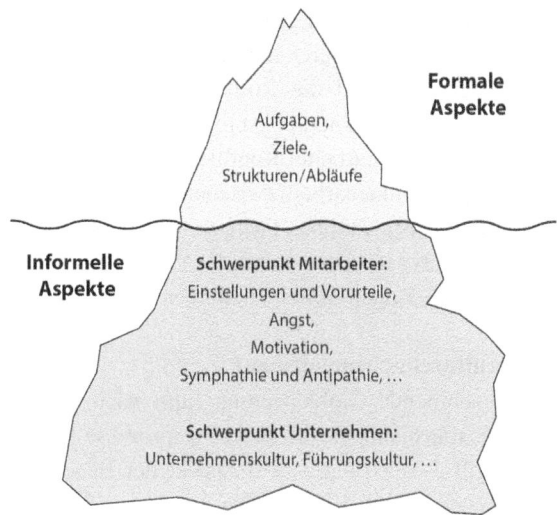

wichtig ist die Beachtung der informellen Aspekte wie z. B. Motivation, Einstellungen
oder Ängste der betroffenen Mitarbeiter zum Veränderungsobjekt und auch kollektiver
Merkmale wie z. B. der Unternehmens- und Führungskultur (Kaune 2010, S. 29 f.).

Symbolisiert wird dieser ganzheitliche Ansatz sehr schön durch das sogenannte Eisberg-Modell (vgl. Abb. 2.4). Dieses ist in Verbindung mit dem Untergang des Luxus-
dampfers Titanic zu sehen, denn die Titanic ist angeblich bei ihrem Aufprall auf einen
Eisberg nicht an den sichtbaren (d. h. an den über der Wasseroberfläche liegenden) Elementen des Eisberges gescheitert, sondern an den nicht sichtbaren, die unterhalb der
Wasseroberfläche liegen und in ihren Dimensionen somit kaum erkennbar und zudem
wesentlich größer als der sichtbare Teil sind (Kaune 2010, S. 29 f.).

Promotorenmanagement
Verschiedene Promotoren sind bei Veränderungsprozessen notwendig, da oft menschliche Barrieren wie Trägheit, Desinteresse oder auch Wissensdefizite diese behindern.
Nach Witte (1999) sind hauptsächlich Willens- und Fähigkeitsbarrieren zu unterscheiden, denen durch mindestens einen Machtpromotor und möglichst mehrere Fachpromotoren entgegengewirkt werden sollte.

Machtpromotoren beziehen ihre Legitimität schwerpunktmäßig aus ihrer hierarchi-
schen Stellung und sind dadurch in der Lage, Willensbarrieren bei Organisationsmitglie-
dern durch den Einsatz finanzieller, personeller oder technischer Ressourcen abzubauen.
Weiterhin können sie wichtige Entscheidungen treffen, welche das Veränderungsprojekt
unterstützen (Hauschildt und Chakrabarti 1999).

Die konstruktive Bearbeitung von Fähigkeitsbarrieren in einem Veränderungsprozess ist Aufgabe der Fachpromotoren, deren Machtquelle das Fachwissen ist. Sie haben
meistens einen einschlägigen Wissensvorsprung und besitzen gleichzeitig die kognitiven

Fähigkeiten, ihr Wissen gezielt zu erweitern (Hauschildt 1999). Wichtig ist zusätzlich, dass sie andere motivieren können, ihr Wissen auch einzusetzen (Witte 1999).

Abschließend soll die Rolle des Prozesspromotors als Bindeglied zwischen allen Beteiligten des Veränderungsprozesses kurz angerissen werden. Dieser führt Meinungen zusammen, bearbeitet Konflikte und übernimmt eine Vermittlungsfunktion, wobei er i. W. die Zusammenarbeit zwischen Macht- und Fachpromotor(en) optimiert, indem er z. B. die Fachsprache des Fachpromotors in eine für den Machtpromotor nachvollziehbare Form übersetzt und somit die Voraussetzungen beim Machtpromotor schafft, wichtige Entscheidungen treffen zu können (Hauschildt und Chakrabarti 1999).

Interkulturelles Management
Die zunehmende Globalisierung führt nach Kaune (2010, S. 25 f.) dazu, dass immer häufiger transnationale Veränderungsprozesse (z. B. internationale Fusionen) stattfinden. Diese gilt es auch unter dem Aspekt der Beachtung verschiedener nationaler Kulturen bzw. geografischer Kulturkreise zu planen und umzusetzen, wenn sie erfolgreich sein sollen.

Die Berücksichtigung kultureller Unterschiede ist grundsätzlich über sogenannte Kulturstandards möglich, die als Bewertungsgrundlagen darüber informieren, welches Verhalten zu einer Kultur passt und als adäquat angesehen wird (Thomas 1991).[6]

Produktivitätsmanagement
Gerade in gewinnmaximierenden Unternehmen werden Veränderungsprozesse auch daran gemessen, in welchem Umfang kurz-, mittel- oder langfristig die Produktivität hierdurch verbessert wird. Nach Doppler und Lauterburg (2008) ist dabei insbesondere darauf zu achten, dass die zu optimierenden Relationen durch quantitative Größen (z. B. Kennzahlen) oder qualitative Größen (z. B. Fakten) klar definiert und die Produktivitätsziele realistisch geplant sind. Weiterhin sollten ein begleitendes Controlling implementiert sein und sowohl Maßnahmen zur Kostensenkung als auch Leistungssteigerung berücksichtigt werden.

Teammanagement
Teammanagement (insbesondere im Zusammenhang mit Projektteams) hat für die Umsetzung von betrieblichen Veränderungen einen hohen Stellenwert. Hierzu gehören eine richtige Teambildung, eine professionelle Teamentwicklung und eine ergebnisorientierte Steuerung von Teams (z. B. des Projektteams) (Kaune 2010, S. 57 ff.).

---

[6]In Verbindung mit dem Merkmal „Interkulturelles Management" sei an dieser Stelle der Hinweis gestattet, dass die inhaltliche Ausrichtung dieses Buches ausschließlich an der Perspektive des westlichen Kulturkreises orientiert ist, also nicht den Anspruch hat, unterschiedliche kulturelle Sichtweisen einzunehmen.

Teams sollten unter Berücksichtigung unternehmenspolitischer, individueller und sachlicher Aspekte gebildet werden. Bei der Teamentwicklungsperspektive gilt es einzubeziehen, dass ein Team bestimmte Entwicklungsphasen, welche aber gesteuert werden können, benötigt, bis es eine hohe Leistungsfähigkeit erreicht hat. Abschließend ist die Teamsteuerung zu beachten. Darunter fallen z. B. klare Commitments hinsichtlich Zielsetzung(en) und Ressourcen für die Teamarbeit und eine ergebnisorientierte Moderation des Teams (Kaune 2010, S. 57 ff.).

GMV-Prinzip
Mit dem gesunden Menschenverstand (GMV) fällt der Blick abschließend auf ein Merkmal, das möglicherweise schnell übersehen wird, für die erfolgreiche Gestaltung und Durchführung von Veränderungsprozessen aber einen hohen Stellenwert haben kann. Die Durchführung bzw. Steuerung von Veränderungsprozessen erfolgt durch Menschen. Jeder Mensch zeichnet sich dabei z. B. durch Intuitionen, ganz persönliche Erfahrungen oder auch konkrete Wertvorstellungen aus. Der Kern des GMV-Prinzips steht dafür, genau diese Aspekte beim Veränderungsmanagement (neben den anderen angesprochenen Merkmalen) nicht zu vernachlässigen (Kaune 2010, S. 61).

2.2.5   Zusammenfassung

Moderne Organisationsentwicklung zeichnet sich als mitarbeiterorientierter Ansatz des Veränderungsmanagements durch eine Vielzahl von Gestaltungsmerkmalen aus. Die enge Wechselwirkung zwischen den einzelnen Merkmalen unterstreicht die starke Vernetzung des Modells. Aus der Perspektive der Change Communication ist neben dem Informations- und Partizipationsmanagement insbesondere das Konfliktmanagement von besonderer Bedeutung. Hierunter ist im Sinne der Konfliktprävention der konstruktive Umgang mit (potenziellen) Widerständen und im Sinne des kurativen Konfliktmanagements die konsequente Bearbeitung von auftretenden sozialen Konflikten innerhalb eines Veränderungsprozesses zu verstehen.

2.3   Relevanz des Kommunikationsmanagements für das Modell der modernen Organisationsentwicklung

Ergänzend zu den grundsätzlichen Überlegungen hinsichtlich des Zusammenhanges zwischen Change Management und Change Communication (einleitend zu diesem Kapitel) lässt sich die Relevanz der Kommunikation auch speziell für das MOEW-Modell (vgl. Abschn. 2.2) darstellen, denn die Gestaltungsmerkmale dieses Modell sind nicht unabhängig voneinander. Sie stehen in mehr oder wenigen intensiven Wechselwirkungen. Das führt dazu, dass professionelle Kommunikation für dessen Wirksamkeit eine zentrale Voraussetzung ist.

Abb. 2.5 Fließender Übergang zwischen aktiv-wechselseitiger Kommunikation und Partizipation. (Wagner 2014, S. 206)

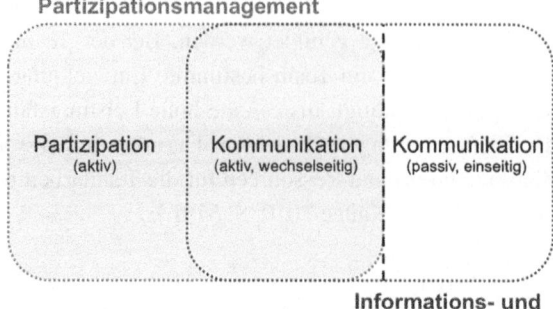

Diese Annahme wird von Wagner (2014) in ihrer Arbeit zur Überprüfung modelltheoretischer Strukturen des MOEW-Modells grundsätzlich bestätigt.[7] So kommt sie (empirisch gestützt) zu der Erkenntnis, dass eine intensive Kommunikation mit von der Veränderung betroffenen Mitarbeitern zu einer starken Beteiligung dieser an der Veränderung führt. Weiterhin kann empirisch nachgewiesen werden, dass mit steigender Beteiligung der Mitarbeiter am Veränderungsprozess das Auftreten von Widerständen und Konflikten während des Wandels verringert wird. Eine direkte Kausalität aus intensiver Kommunikation und damit einhergehenden geringeren Widerständen und Konflikten kann daraus allerdings (zumindest statistisch eindeutig) nicht abgeleitet werden (Wagner 2014, S. 203 f.). Das bedeutet, dass Kommunikation ein ganz wichtiger, aber nicht ausschließlich relevanter Ansatzpunkt für die Reduzierung von Widerständen und damit Konflikten in Veränderungsprozessen ist (vgl. Abschn. 2.2.3). Diese Schlussfolgerung ist nachvollziehbar, denn z. B. bei immer häufiger werdenden Veränderungsprozessen mit internationalem Charakter ist die Berücksichtigung interkultureller Aspekte zusätzlich wichtig, um Widerstände zu minimieren (Wagner 2014, S. 209).

Weiterhin stellt Wagner (2014, S. 205 ff.) fest, dass die Merkmale Informations- und Kommunikationsmanagement sowie Partizipationsmanagement nicht immer eindeutig voneinander zu trennen und somit zumindest teilweise durch einen fließenden Übergang gekennzeichnet sind (vgl. Abschn. 2.2.2). Dies trifft insbesondere dann zu, wenn die Mitarbeiter bei der Kommunikationsgestaltung im Veränderungsprozess eine aktive Rolle haben, also nicht nur Empfänger von Botschaften sind, sondern gleichzeitig auch aktiv als Kommunikatoren agieren (z. B. bei Strategiediskussionen in Workshops). Aus Sicht der Mitarbeiter passiv-einseitige Vorgehensweisen der Kommunikationsgestaltung (z. B. bei Reden) führen allerdings zu einer klaren Trennung der Merkmale (vgl. Abb. 2.5).

---

[7]Wagner (2014) untersucht dabei nicht die Wechselwirkungen aller MOEW-Merkmale zueinander, sondern beschränkt sich auf Informations- und Kommunikations-, Partizipations- sowie Konfliktmanagement.

Bezogen auf das MOEW-Modell können Information und Kommunikation somit sowohl als eigenständiges Merkmal als auch als Mittel zum Zweck für die Gestaltung von Partizipation und die Bearbeitung von Widerständen und Konflikten gesehen werden.

Auch wenn die beschriebenen Zusammenhänge keinen Anspruch auf Vollständigkeit erheben, stellt Wagner (2014, S. 203) folgerichtig fest, dass ihre Studie „aus wissenschaftstheoretischer […], qualitativer […] und quantitativer […] Sicht [belegt], dass das Gestaltungsmerkmal Informations- und Kommunikationsmanagement respektive die interne Veränderungskommunikation ein äußerst wichtiger – wenn nicht *der* gewichtigste – Schlüsselfaktor für die erfolgreiche Gestaltung und Umsetzung von Veränderungsprozessen ist."

Literatur

Adam, K. U. (2006). *Therapeutisches Arbeiten mit Träumen. Theorie und Praxis der Traumarbeit.* Heidelberg: Springer.

Bieler, F., Cordes, J., Kaune, A., Lammich, K., & Westermann, G. (2001). *Organisation von Telearbeit. Rechtliche und betriebswirtschaftliche Lösungen.* Berlin: Schmidt.

Doppler, K., & Lauterburg, C. (2008). *Change Management. Den Unternehmenswandel gestalten.* Frankfurt a. M.: Campus.

French, W. L., & Bell, C. H., Jr. (1994). *Organisationsentwicklung.* Bern: Haupt.

Fröhlich, W. D. (2000). *Wörterbuch Psychologie.* München: Deutscher Taschenbuch Verlag.

Glasl, F. (2011). *Konfliktmanagement. Ein Handbuch für Führungskräfte, Beraterinnen und Berater.* Bern: Haupt.

Hammer, M., & Champy, J. (1994). *Business Reengineering: Die Radikalkur für das Unternehmen.* Frankfurt a. M.: Campus.

Hauschildt, J. (1999). Zur Weiterentwicklung des Promotorenmodells. In J. Hauschildt & H. G. Gemünden (Hrsg.), *Promotoren – Champions der Innovation* (S. 255–282). Wiesbaden: Gabler.

Hauschildt, J., & Chakrabarti, A. K. (1999). Arbeitsteilung im Innovationsmanagement. In J. Hauschildt & H. G. Gemünden (Hrsg.), *Promotoren – Champions der Innovation* (S. 61–88). Wiesbaden: Gabler.

Jenewein, W. (2008). Das Klinsmann-Projekt. *Harvard Business Manager, 30*(6), 16–28.

Kaune, A. (2006). Widerstände und soziale Konflikte in Organisationen ganzheitlich managen. *Die Personalvertretung, 7,* 244–254.

Kaune, A. (2010). Moderne Organisationsentwicklung – ein Konzept zur mitarbeiterorientierten Gestaltung von Veränderungsprozessen. In A. Kaune (Hrsg.). *Change Management mit Organisationsentwicklung. Veränderungen erfolgreich durchsetzen* (S. 11–65). Berlin: Erich Schmidt Verlag.

Kaune, A. (Hrsg.). (2010). *Change Management mit Organisationsentwicklung. Veränderungen erfolgreich durchsetzen.* Berlin: Schmidt.

Kotter, J. P. (2012). *Leading Change – Wie Sie Ihr Unternehmen in acht Schritten erfolgreich verändern.* München: Vahlen.

Kuster, J., Huber, E., Lippmann, R., Schmid, A., Schneider, E., Witschi, U., & Wüst, R. (2011). *Handbuch Projektmanagement.* Berlin: Springer.

Lewin, K. (1947). Frontiers in group dynamics. *Human Relations, 1,* 5–41.

Mohr, N., & Woehe, J. M. (1998). *Widerstand erfolgreich managen. Professionelle Kommunikation in Veränderungsprojekten.* Frankfurt a. M.: Campus.

Rieckmann, H. (1983). Was ist Organisationsentwicklung und wo kann sie was leisten? *Fortschrittliche Betriebsführung und Industrial Engineering, 32*(3), 151–155.

Schmidt, M. (1996). *Widerstände bei organisatorischem Wandel. Mechanismen bei Veränderungsprozessen in Unternehmensorganisationen.* Frankfurt a. M.: Lang.

Thomas, A. (1991). *Kulturstandards in der internationalen Begegnung.* Saarbrücken: Breitenbach.

Wagner, A.-S. (2014). *Das Modell moderner Organisationsentwicklung. Theoriegeleitete Strukturgleichungsmodellierung ausgewählter Modellbestandteile.* Wiesbaden: Springer Gabler.

Witte, E. (1999). Das Promotoren-Modell. In J. Hauschildt & H. G. Gemünden (Hrsg.), *Promotoren – Champions der Innovation* (S. 9–42). Wiesbaden: Gabler.

Wright, M. T., Unger, H. von, & Block, M. (2010). Partizipation der Zielgruppe in der Gesundheitsförderung und Prävention. In M. T. Wright (Hrsg.). *Partizipative Qualitätsentwicklung in der Gesundheitsförderung und Prävention* (S. 35–52). Bern: Huber.

Grundlagen der Change Communication

3

Im Bereich dieses Grundlagenteils geht es darum, Change Communication[1] zunächst inhaltlich zu definieren sowie Zielsetzungen, Handlungsfelder und Erfolgsfaktoren in ihren Grundzügen darzustellen. Da Emotionen im Kontext der Erfolgsfaktoren eine besondere Bedeutung zukommt, wird diesem Thema zusätzlich ein separater Abschnitt gewidmet.

3.1 Change Communication – Versuch einer Definition

In Analogie zu den Definitionsmerkmalen von Change Management (vgl. Abschn 2.1) ist auch bei der Definition von Change Communication zu berücksichtigen, dass unterschiedliche Vorstellungen von Change Management oft unterschiedliche Vorstellungen von Change Communication implizieren (Wendt 2015, S. 3). So korrespondiert ein vorrangig top-down gesteuertes Change Management in vielen Fällen mit einem top-down gesteuerten (und praktizierten) Verständnis von Veränderungskommunikation. Dies orientiert sich i. W. daran, Effizienz und Effektivität zu maximieren. Kommunikation unterstützt damit funktional die Zielerreichung der Veränderung. Dem gegenüber steht der Bottom-up-Ansatz, welcher Wandel eng mit kommunikativen Netzwerken verknüpft (Stumpf und Wehmeiser 2014, S. 13 ff.; Gaffney 2010, S. 75; nach Wendt 2015, S. 3).

Ähnlich wie bei der Definition zu Change Management ist es auch hier so, dass sich Change Communication in ihrer Ausrichtung nicht ausschließlich an diesen beiden Polen orientiert, sondern mit bestimmten Ausprägungen auf jedem Punkt zwischen diesen beiden Polen angesiedelt sein kann. In Verbindung mit diesen strategischen und operativen

---

[1]Die Begriffe Change Communication und Veränderungskommunikation werden in Folge synonym verwendet.

© Springer Fachmedien Wiesbaden 2016
A. Kaune und A.-S. Wagner, *Change Communication*,
DOI 10 1007/978-3-658-11611-8_3

Abb. 3.1 Kreislauf der
Kommunikation. (Müller 2010,
S. 69)

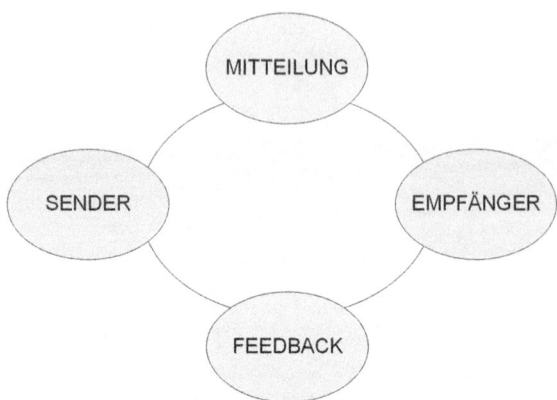

Variabilitätsoptionen sollen wesentliche Auszüge der Definition von Pfannenberg (2009, S. 12) als Basis für die weiteren Ausführungen genutzt werden: „Veränderungskommunikation ist die Kommunikation in Change-Prozessen. Als Schlüsselfunktion des Change Management liegt ihr Ziel darin, die kommunikativen Hindernisse für Veränderungen in Unternehmen aus dem Weg zu räumen."[2]

Zum besseren Verständnis dieser grundsätzlichen Definition sollen zentrale kommunikationstheoretische Aspekte und Zusammenhänge kurz erläutert werden.

Nach Müller (2010, S. 69 ff.) ist Kommunikation vielfältig beschreibbar. Unter der Prämisse, dass die Übertragung von Botschaften als zentrales Anliegen gesehen wird, bei dem die Weitergabe einer Mitteilung von einem Sender zu einem Empfänger erfolgt, ist Kommunikation als ein Kreislauf darstellbar (vgl. Abb. 3.1). Die Kreislauffunktion ergibt sich aus dem Feedback des Empfängers der Mitteilung zurück zum Sender, der jetzt selbst zum Empfänger wird, wobei die Qualität des Feedbacks abhängig von der Art der Kommunikation ist.

Zu beachten ist, dass beim Übertragungsprozess der Mitteilung und auch des Feedbacks Missverständnisse entstehen können, die möglicherweise durch individuelle Einstellungen, Vorurteile oder Ängste verursacht werden. So ist z. B. die Wahrscheinlichkeit sehr hoch, dass ein Mitarbeiter, der bestimmte Vorurteile gegenüber einer neuen Informationstechnologie hat, in einem Vortrag dargestellte Vorteile ganz anders bewertet als jemand, der davon begeistert ist.

---

[2]Die eher Top-down-Perspektive dieser Definition ist im Kontext des empirischen Teils dieses Buches zielführend, denn das Kommunikationsinstrument Rede steht – isoliert betrachtet – grundsätzlich für eine top-down gesteuerte Veränderungskommunikation. Da Reden aber in den meisten Fällen nur ein Teil eines Gesamtkonzeptes der Veränderungskommunikation sind (vgl. Kap. 5), entsteht mit ihrer Nutzung kein Widerspruch zu einem tendenziell partizipativen und damit in vielen Teilen auch bottom-up orientierten Grundverständnis von Change Management (vgl. Abschn. 2.1). Die angesprochenen Variabilitätsoptionen erlauben es zudem, die dargestellte Definition flexibel zu interpretieren.

Hiermit hängt auch ein zweiter wesentlicher Kommunikationsaspekt eng zusammen: Kommunikation erfolgt i. d. R. auf mindestens zwei unterschiedlichen Ebenen, der Sachebene und der Beziehungsebene (Müller 2010, S. 70 f.). Auf der Sachebene werden z. B. Fakten, Maßnahmen, Vorschläge oder Kritik, auf der Beziehungsebene z. B. Normen, Ängste, Gefühle oder Bedürfnisse transportiert (Seifert 1999, S. 17 f.; nach Müller 2010, S. 70). Dieser zunächst recht einfach klingende Sachverhalt hat zentrale Auswirkungen auf die Kommunikation, insbesondere auch auf die damit verbundene Wirkung. Wenn bspw. zwischen Führungskraft und Mitarbeiter die Beziehung gestört ist (z. B. aufgrund einer vom Mitarbeiter als ungerecht empfundenen Leistungsbeurteilung), dann ist davon auszugehen, dass die Aufforderung des Vorgesetzten, sich aktiv bei einem Veränderungsprozess (z. B. der Einführung einer neuen Software) einzubringen, nicht zwangsläufig zielkonform umgesetzt wird. Der Mitarbeiter ist verärgert und versucht, den Erfolg der IT-Umstellung mit seinen nur scheinbar guten Ideen eher zu gefährden als zu unterstützen. Sehr wahrscheinlich sendet er auch schon während des Gespräches mit dem Vorgesetzten diverse nonverbale Signale (z. B. durch ein hämisches Grinsen). Wenn der Vorgesetzte diese Signale erkennt oder – noch besser – hinterfragt, dann könnte über die gestörte Beziehungsebene gesprochen und ggf. die Störung behoben werden. Wenn nicht, dann ist es wahrscheinlich, dass der zuvor genannte beispielhafte Effekt eintritt.

Die kommunikationstheoretischen Überlegungen sollen an dieser Stelle nicht weiter vertieft werden. Ein auf diesen basalen Aussagen aufbauendes Modell, das Kommunikationsmodell von Schulz von Thun (1998), ist Bestandteil des empirischen Teils dieses Buches und wird im Kontext des Untersuchungsdesigns vorgestellt (vgl. Abschn 7.2).

3.2   Zielsetzungen und Handlungsfelder

Pfannenberg (2009, S. 14 ff.) konkretisiert die grundsätzliche Zielsetzung in seiner Definition von Change Communication (vgl. Abschn 3.1) dahingehend, dass die Komplexität des Veränderungsvorhabens für die internen und externen Stakeholder[3] reduziert und ihnen somit eine Orientierung für die damit verbundenen Ziele gegeben werden soll. Bezogen auf die interne Kommunikation bedeutet das, die *Readiness for Change* von Mitarbeitern und Führungskräften zu stärken. Aus Sicht der externen Kommunikation bestehen wesentliche Zielsetzungen darin, z. B. gegenüber Stakeholdern aus Politik und Behörden die Veränderungsziele zu legitimieren, sodass für diese Zielgruppen kaum Möglichkeiten bestehen, das Veränderungsvorhaben zu stoppen oder zu verlangsamen.

Heyder (2014, S. 32 ff.) differenziert – aus einer anderen Perspektive – in phasenorientierte und wirkungsorientierte Ziele. Während phasenorientierte Ziele die einzelnen Phasen eines Veränderungsprozesses kommunikativ unterstützen, sind wirkungsorientierte Ziele auf Faktoren wie Kennen, Können, Wollen und Sollen bezogen. So ist für den Faktor Kennen relevant, dass Mitarbeiter z. B. Hintergründe, Ziele und Nutzen der

---

[3]Zur Definition von Stakeholder vgl. Abschn 3.3.1.

Veränderung kennen sowie über Konsequenzen für sie selbst informiert sind. Beim Faktor Können stehen die für die Veränderungen notwendigen Kompetenzen der Mitarbeiter und Möglichkeiten des (evtl. erforderlichen) Erwerbs dieser Kompetenzen im Vordergrund. Das Wollen zielt auf Haltungen, Überzeugungen, innere Einstellungen oder Emotionen. Positive Emotionen wie Begeisterung gilt es zu stärken, negative Empfindungen wie Angst entsprechend abzubauen (Mast 2008, S. 415; nach Heyder 2014, S. 38). Der Faktor Sollen und somit der wahrgenommene organisatorische Handlungsrahmen beeinflusst das Verhalten der Mitarbeiter maßgeblich. „Manche Mitarbeiter können und wollen ein neues Verhalten zeigen, tun es aber nicht, weil normative Prinzipien oder strukturelle Vorgaben der Organisation ihren Entscheidungsspielraum einengen" (Heyder 2014, S. 38). Hier ist die Veränderungskommunikation aufgefordert, negative Rahmenbedingungen zu thematisieren und für deren zielkonforme Veränderung zu sorgen.

Vor dem Hintergrund der dargestellten Zielsetzungen von Pfannenberg (2009, S. 14 ff.) lassen sich die wesentlichen Handlungsfelder der Change Communication bestimmen. Grundsätzlich kann eine Aufteilung in (unternehmens-)interne und (unternehmens-)externe Kommunikation erfolgen. Zielgruppen der internen Kommunikation sind Führungskräfte und Mitarbeiter. Den externen Bereich definiert Pfannenberg (2009, S. 16 f.) bezogen auf die Zielgruppen Öffentlichkeit, Politik und Behörden. Von dieser (eng gefassten) externen Sichtweise grenzt er die Marketingkommunikation und Finanzkommunikation explizit ab. Marketingkommunikation zielt auf Kunden, Lieferanten und Geschäftspartner hinsichtlich Akzeptanz der Veränderung und Unterstützung für den Veränderungsprozess. Finanzkommunikation hat die Aktionäre und Financial Community im Blick und soll (weiterhin) den Zugang zu kostengünstigem Kapital sichern. Unter der Prämisse, dass die Zielgruppen der Marketing- und Finanzkommunikation beide außerhalb des Unternehmens angesiedelt sind, können sie auch dem externen Kommunikationsfeld zugeordnet werden.

Somit lassen sich grundsätzlich folgende Handlungsfelder der Change Communication zusammenfassen:

- die *interne Veränderungskommunikation* für die Zielgruppen Führungskräfte und Mitarbeiter mit dem Kommunikationsziel *Readiness for Change Making* und
- die *externe Veränderungskommunikation* für die Zielgruppen allgemeine Öffentlichkeit, Politik und Verwaltung, Kunden und Lieferanten sowie Aktionäre und die Financial Community mit dem Kommunikationsziel *Readiness for Change Support*.

3.3 Erfolgsfaktoren

Zielsetzungen und Handlungsfelder der Change Communication stehen in enger Wechselwirkung zu (kritischen) Erfolgsfaktoren. Nach Mast (2016, S. 460 ff.) ist für eine erfolgreiche Change Communication wichtig, dass die Kommunikationsstrategie eine klare Stakeholder-Orientierung hat, mit der Unternehmenspolitik vernetzt ist und

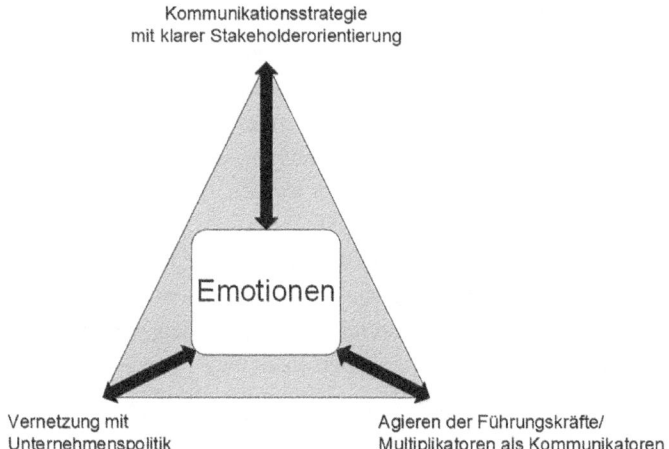

Abb. 3.2 Kritische Erfolgsfaktoren der Change Communication. (In Anlehnung an Mast 2016, S. 460)

Führungskräfte sowie Multiplikatoren als Kommunikatoren eingesetzt werden. Weiterhin ist zu berücksichtigen, dass Emotionen bei Veränderungen mitschwingen (vgl. Abb. 3.2 Mast 2016, S. 454 ff.; Deutinger 2013, S. 39 ff.). Mitarbeiter werden bei Fusionen von Furcht (z. B. vor Arbeitsplatzverlust) begleitet, haben die Befürchtung, neuen Anforderungen nach der Einführung eines anderen EDV-Systems nicht gewachsen zu sein, fühlen sich bei Gerüchten schlecht informiert oder sind insgesamt bei anstehenden Veränderungen unsicher. Emotionen beeinflussen somit die genannten Erfolgsfaktoren und werden durch sie beeinflusst.

3.3.1 Stakeholder-Orientierung und Vernetzung mit der Unternehmenspolitik

Als Stakeholder werden alle Anspruchsgruppen bezeichnet, welche für die Überlebensfähigkeit eines Unternehmens wichtig sind. Diese Gruppen sind sehr heterogen und umfassen z. B. Arbeitnehmer, Kunden, Lieferanten und staatliche Institutionen Gabler Wirtschaftslexikon (o. J./3). Sie lassen sich nach Ansicht der Autoren grundsätzlich in unternehmensinterne und -externe Stakeholder aufteilen, die unterschiedliche Interessen verfolgen. Diese unterschiedlichen Interessen sind jedoch nicht für jedes Veränderungsprojekt pro Anspruchsgruppe gleich. So werden bspw. Mitarbeiter als interne Stakeholder bei einer bevorstehenden Fusion primär das Interesse verfolgen, den eigenen Arbeitsplatz zu sichern. Bei der Einführung neuer Arbeitsstrukturen (z. B. Gruppenarbeit) kann hingegen davon ausgegangen werden, dass die Mitarbeiter die bisherigen zwischenmenschlichen Kontakte weitgehend erhalten wollen.

Um diese unterschiedlichen Interessen der einzelnen Stakeholder-Gruppen zu ermitteln, bietet sich eine projektbezogene Stakeholder-Analyse an. Sie ist die zentrale Grundlage für eine Stakeholder-Orientierung der Veränderungskommunikation. Für eine Stakeholder-Analyse empfiehlt sich ein Vorgehen in drei Schritten. Zunächst sind die Stakeholder zu identifizieren. Anschließend müssen sie charakterisiert und schließlich die vorhandenen Informationen so ausgewertet werden, dass die Entwicklung zielgerichteter Kommunikationsmaßnahmen möglich ist.

Für die Identifizierung der Stakeholder bietet sich z. B. ein Brainstorming innerhalb des Projektteams (des Veränderungsprojektes) an. Es werden alle Stakeholder aufgeschrieben, welche aus Sicht der Teammitglieder betroffen sind und die Veränderung beeinflussen können. Das können Einzelpersonen und Interessengruppen sein. Diese Liste wird dann im Nachgang zum Brainstorming an alle Teammitglieder und andere Experten geschickt, die sie mit ihrem Projektwissen validieren und ergänzen.

Im nächsten Schritt erfolgt die Charakterisierung der ermittelten Stakeholder. Hierzu werden Experten aufgefordert (z. B. höhergestellte Führungskräfte), die Einstellungen der ermittelten Personen und Gruppen zu dem Projekt sowie deren Kenntnisstand, Einfluss und Betroffenheit einzuschätzen. Dies ermöglicht die Einteilung in primäre, sekundäre und tertiäre Stakeholder. Primäre Stakeholder stehen im Zentrum. Sie sind unmittelbar von der Veränderung betroffen. Sekundäre Stakeholder sind zwar nur indirekt betroffen, können aber massiven Einfluss auf das Veränderungsprojekt haben, sowohl positiv als auch negativ. Tertiäre Stakeholder treten grundsätzlich kaum in Erscheinung. Es kann aber sein, dass sie sich z. B. mit anderen Betroffenen solidarisieren und dann auch positive oder negative Effekte bewirken.

Im letzten Schritt der Analyse geht es darum, die vorhandenen Informationen auszuwerten und zu systematisieren, um daraus abzuleiten, welche Stakeholder-Gruppen seitens der Kommunikation wie zu bedienen sind. Hierbei können auch diverse Portfoliodarstellungen Verwendung finden (Wagner 2010, S. 95, Deutinger 2013, S. 67 f.; nach Brammer 2014, S. 16 ff.).

Das beispielhafte Auswertungsportfolio in Abb. 3.3 systematisiert die Stakeholder nach den Kriterien *Einstellung zum Projekt* und *Bedeutung für den Projekterfolg*. Personen, welche eine hohe Bedeutung für den Projekterfolg und eine befürwortende Einstellung zum Projekt haben (z. B. primäre Stakeholder), sollten als Koalitionäre für Kommunikationsmaßnahmen gewonnen werden, indem sie z. B. als Redner eingebunden sind. Stakeholder, die eine ablehnende Haltung zum Projekt, aber eine hohe Bedeutung für den Projekterfolg haben, gilt es zu überzeugen. Dies könnten z. B. sekundäre Stakeholder sein, wenn deren negative Einstellung daraus resultiert, dass sie nicht direkt betroffen sind. Für diese Gruppe kann evtl. durch emotionale Reden mit zusätzlichen Hintergrundinformationen erreicht werden, dass sie vom Wandel überzeugt werden und somit ihren Einfluss für den Projekterfolg geltend machen. Letztendlich bietet es sich an, die tertiären Stakeholder als Multiplikatoren zu nutzen. Sie haben zwar keinen großen Einfluss auf den (direkten) Projekterfolg, können aber durch ihre befürwortende Einstellung zum Veränderungsprojekt eine positive Grundstimmung im Unternehmen selbst und ggf. auch

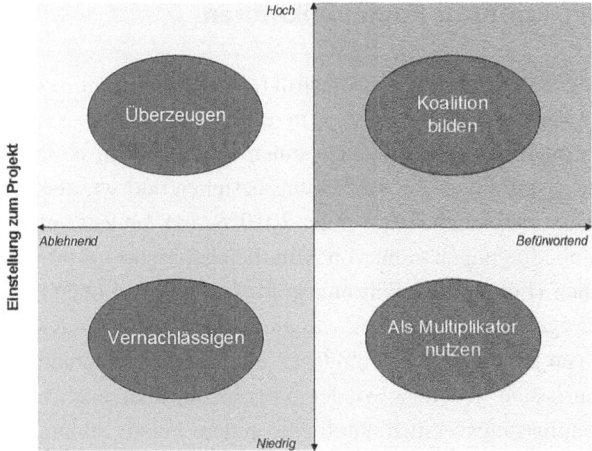

Abb. 3.3 Auswertungsportfolio. (o. V. o. J./1)

im Umfeld des Unternehmens fördern. Tertiäre Stakeholder, die das Umfeld eines Unternehmens positiv beeinflussen, können z. B. Wirtschaftsjournalisten sein, welche für den direkten Erfolg einer Restrukturierungsmaßnahme im Unternehmen eine geringe Bedeutung haben, aber durch unterstützende Presseartikel Multiplikatoren für eine positive Stimmung im Umfeld des Unternehmens sind (Deutinger 2013, S. 68; nach Brammer 2014, S. 20).

Es ist zu berücksichtigen, dass Kommunikationsstrategien, die sich an den Stakeholdern orientieren, nicht mehr (nur) für linear planbare Strategien stehen. Vielmehr geht es darum, ein dialogorientiertes Management von Beziehungen zu den Stakeholdern aufzubauen und systematisch Chancen dazu während des Veränderungsprozesses zu suchen und zu nutzen. Feedbackmöglichkeiten durch die Stakeholder sollten dabei berücksichtigt werden, um deren interaktiven und partizipativen Ansprüchen zu genügen. Die Perspektive, aus der Kommunikation geplant wird, verschiebt sich demzufolge von den klassischen Sendern hin zu den Stakeholdern als Empfänger (Mast 2016, S. 461). Bei darüber hinausgehenden beziehungsorientierten Sichtweisen des Stakeholder-Managements, in denen schwerpunktmäßig die Beziehungen zwischen den Stakeholdern und weniger die Stakeholder selbst im Mittelpunkt stehen, gerät nach Karmasin und Weder (2014, S. 82) die funktionale Sichtweise von Stakeholdern grundsätzlich an ihre Grenzen.

Da der Zusammenhang offensichtlich ist, soll abschließend nur kurz auf die notwendige Vernetzung der Veränderungskommunikation mit der Unternehmenspolitik hingewiesen werden. Werden Aussagen der Kommunikationsakteure widersprüchlich wahrgenommen oder erzeugen sie widersprüchliche Gefühle bei den Mitarbeitern, dann ist das kritisch zu sehen und kann bezogen auf den Erfolg der geplanten Veränderung gravierende Folgen haben, da keine klare Orientierung gegeben wird (Mast 2016 S. 461 f.).

3.3.2 Führungskräfte als Kommunikatoren

Mitarbeiterführung ist ein komplexes Konstrukt, das hier nicht in seiner Vielfalt erörtert werden kann.[4] „Führung entsteht immer in einer Beziehung zwischen Menschen in bestimmten Situationen. Die Situation hat einen starken Einfluss darauf, welche Möglichkeiten zur Ausgestaltung dieser Beziehung bestehen und wie die Menschen in diese Beziehung überhaupt hineingehen" (Weibler 2010, S. 14). Im Zusammenhang mit diesen situativen Rahmenbedingungen kann von Mitarbeiterführung gesprochen werden, wenn bestimmte Personen (Führer oder Führungskräfte) andere Personen (Geführte oder Mitarbeiter) dazu bewegen, das zu machen, was sie wollen. Dabei ist „Geführtsein [...] kein Wesensmerkmal von Personen. Es ist hingegen eine temporäre, situationsgebundene, mal fest, mal lose umrissene, jederzeit wieder aufgebbare, aber auch erweiterbare Bereitschaft, einen Beeinflussungsversuch durch eine andere Person spontan oder nach einiger Zeit, teilweise oder in Gänze, anzunehmen" (Weibler 2010, S. 15). Dieser Definitionsansatz von Mitarbeiterführung soll an dieser Stelle ausreichend sein, da hier vielmehr von Bedeutung ist, welche Art von Mitarbeiterführung für die Unterstützung von Veränderungsprozessen prädestiniert ist und welche Rolle die damit einhergehende spezifische Veränderungskommunikation der Führungskräfte hat.

Nach Kotter (2012, S. 22) sind i. W. drei zentrale Aufgaben von Führung relevant, wenn Change-Prozesse wirkungsvoll unterstützt werden sollen: Zunächst geht es darum, die Richtung der Veränderung festzulegen, indem eine Vision und eine Strategie zur Erreichung der Vision entwickelt werden. Ein weiterer wichtiger Aspekt ist die Ausrichtung der Mitarbeiter auf diese Vision durch Kommunikationsmaßnahmen. Denn wenn die Mitarbeiter Vision und Strategie unterstützen sollen, müssen sie beides verstanden haben und akzeptieren. Die letzte wichtige Aufgabe besteht darin, die Mitarbeiter zu motivieren und zu inspirieren, sodass sie Hemmnisse gegenüber der geplanten Veränderung bei sich selbst und in ihrem Umfeld abbauen können. Die dargestellten Aufgaben und Funktionen verdeutlichen, dass erfolgreiche Mitarbeiterführung in Veränderungsprozessen weit mehr ist als der Einsatz handwerklicher, an rationalen Merkmalen orientierter Führung. Merkmale wie Charisma[5] auf Seiten der Führungskraft und Begeisterungsfähigkeit seitens der Mitarbeiter stehen für eine erfolgreiche Führungsarbeit in Veränderungsprozessen. Somit führt der Weg nahezu zwangsläufig zum Konzept der transformationalen Führung, das im Folgenden hinsichtlich seiner wesentlichen Kernmerkmale erläutert werden soll.

---

[4]Eine intensive Auseinandersetzung mit dem Phänomen der Mitarbeiter- oder Personalführung ist z. B. bei Weibler (2001) nachzulesen. Die Zielsetzung dieses Abschnittes besteht ausschließlich darin, den Führungsstil, der allgemein als unterstützend für Veränderungsprozesse gesehen und auch Barack Obama zugeschrieben wird, in seinen wesentlichen Grundzügen darzustellen, denn ausgewählte Reden Obamas als Instrument seiner Change Communication sind wesentlicher Bestandteil des empirischen Teils (vgl. Teil 2).

[5]Zum Begriff Charisma vgl. Weber (1980).

Transformationale Führung verfolgt die Grundidee, dass eine Führungskraft in der Lage ist, Werte und Ideale auf die Mitarbeiter zu übertragen und diese letztendlich dafür zu begeistern. Zentrale Voraussetzung hierfür ist, dass die Führungskraft über eine charismatische Ausstrahlung verfügt und die Mitarbeiter darüber erreicht (Klaußner 2009; Felfe 2006, S. 164). Transformationale Führung wird oft in Abgrenzung zur transaktionalen Führung (im erweiterten Sinne einem Vorgängermodell) konkretisiert. Nach Weibler (2001, S. 333 f.) zeichnet sich transaktionale Führung dadurch aus, dass die Führungskraft Belohnungen an die Mitarbeiter gegen Leistungen der Mitarbeiter tauscht. Es findet quasi eine Transaktion auf Basis rational-individueller Nutzenkalküle statt. Transformationale Führung hingegen verlässt diese rational begründete Ebene und bezieht sich auf das große Ganze, letztendlich einer Interessenausrichtung an den Zielen einer Gemeinschaft (z. B. der Vision eines Unternehmens). Dabei bieten Führungskräfte ihren Mitarbeitern die Chance, sich selbst zu verwirklichen, verbunden mit den Möglichkeiten zu mehr Verantwortung und Selbstbestimmung, was außerordentliche und überdurchschnittliche Leistungen bewirken soll (Beck-Tauber 2012; Klaußner 2009, S. 26). Letztendlich findet auch hier eine Transaktion statt, allerdings auf einer emotional begründeten Ebene.

Als Prototyp einer transformationalen Führungskraft kann der frühere Bundestrainer der deutschen Fußballnationalmannschaft, Jürgen Klinsmann, gesehen werden, der im Rahmen eines umfassenden Change-Prozesses beim Deutschen Fußballbund (DFB) vor und während der Weltmeisterschaft 2006 unverkennbar diese Führungsprinzipien umgesetzt hat. Die Nationalspieler wurden auf den hoch emotionalisierten Traum des Gewinns der Fußballweltmeisterschaft eingeschworen, was vermutlich in erheblichem Maße zu den vorab nicht zu erwartenden sportlichen Leistungen und letztendlich dem dritten Platz beim Weltmeisterschaftsturnier geführt hat (Jenewein 2008).

Laut Bass (1986; nach Weibler 2001, S. 334 f.) wurde im Rahmen empirischer Studien festgestellt, dass transformationales Führungsverhalten durch vier Komponenten gekennzeichnet ist: Charisma, Inspiration bzw. inspirierende Motivierung, geistige Anregung bzw. intellektuelle Stimulierung sowie individuelle Beachtung bzw. individuelle Wertschätzung. Umgangssprachlich sind diese Führungsstile auch als die vier „I" bekannt, die im Folgenden kurz vorgestellt und erläutert werden (Jenewein 2008, S. 7 ff.).

Identifizierender Führungsstil
Wesentliche Merkmale dieses Führungsstils bestehen darin, Enthusiasmus zu vermitteln, als Identifikationsfigur zu wirken, integer und authentisch zu handeln sowie sich in Krisenzeiten schützend vor das Team zu stellen. Hier geht es z. B. darum, es in einem Change-Prozess nicht allen recht zu machen, sondern seine Meinung (auch unter Druck) konsequent zu vertreten. Damit ist allerdings nicht gemeint, dass eine Führungskraft aus Sturheit auf ihrer Meinung beharren soll, obwohl neue Wege oder andere Vorgehensweisen für das Projekt (z. B. aufgrund geänderter Rahmenbedingungen) sinnvoll sind. Vielmehr geht es darum, sich nicht opportunistisch zu verhalten.

Inspirierender Führungsstil

Mitarbeiter mit einer fesselnden Vision zu motivieren und Aufgaben an die Mitarbeiter nicht nur weiter zu geben, sondern ihnen ihren Beitrag für das Gelingen des Ganzen zu verdeutlichen, sind wesentliche Merkmale, die diesen Führungsstil charakterisieren. Es geht letztendlich darum, empathisch, emotional und inspirierend Ziele zu vermitteln. Führungskräfte sind aufgefordert zu überlegen, wie sie Mitarbeiter begeistern können und der Funke überspringen kann. Wesentliche Voraussetzung ist sicherlich, dass eine Führungskraft von dem Vorhaben selbst überzeugt ist und dahinter steht. D. h., es geht i. W. darum, authentisch zu sein. Somit sind nicht unbedingt wortgewaltige Ausführungen gefragt. Eine ruhige, sachliche Art mit erkennbarer Begeisterung auf der nonverbalen Ebene kann eine wesentlich größere Wirkung haben, wenn es ein für die Führungskraft authentisches Verhalten ist.

Intellektueller Führungsstil

Bei diesem Führungsstil werden die Mitarbeiter immer wieder gefordert, Ideen zu Problemstellungen oder Herausforderungen zu entwickeln. Dieser Anspruch, intellektuelle Potenziale bei den Mitarbeitern zu aktivieren, soll auch erreicht werden, indem etablierte Denkmuster aufgebrochen und unkonventionelle Wege eingeschlagen werden. Dieser grundsätzlich partizipative Gedanke, welcher diesem Führungsstil zugrunde liegt, unterstellt, dass die Mitarbeiter etwas können und ihnen auch zugetraut wird, dieses Können einzubringen. Für die Führungskraft bedeutet dies aber, dass sie akzeptiert, dass nicht nur ihre eigenen Ideen richtig sind, sondern auch die ihrer Mitarbeiter. Eine hochrangige Führungskraft hat das im Zusammenhang mit der Einführung von Gruppenarbeit in der Produktion einmal auf den Punkt gebracht, indem sie darauf hinwies, dass viele Mitarbeiter sich ihr eigenes Haus weitgehend selbst bauen und sie dabei in hohem Maße dadurch unternehmerisch sind, dass sie diesen Hausbau weitgehend eigenständig managen. Auf der anderen Seite würden ihnen aber im Produktionsprozess so detaillierte Vorgaben gemacht, dass derartige Potenziale betrieblich kaum genutzt werden. Dies sollte sich mit Gruppenarbeit (zumindest ansatzweise) ändern. Letztendlich spricht auch nichts dagegen, dass eine Führungskraft grundsätzlich unkonventionelle Wege geht, um ihre Ziele zu erreichen. Auch hier gibt es viele Beispiele, z. B. das Durchführen von Outdoor-Events, um das Teamverständnis zu fördern.

Individueller Führungsstil

Mitarbeiter und Teams haben Stärken und Schwächen. Diese gilt es zu analysieren, sodass die einzelnen Mitarbeiter stärkenorientiert eingesetzt werden und dadurch ggf. auch Schwächen im Team auffangen können. Wichtig ist dabei, dass die Mitarbeiter als Individuen behandelt werden und auch Selbstvertrauen gewinnen können. Die Individualisierung mit der Fokussierung auf die Stärken ist hier der entscheidende Ansatz. Das bedeutet nicht, dass Defizite bei Mitarbeitern nicht zu beheben sind. Führungskräfte sollten sich allerdings von dem Gedanken leiten lassen, dass das Beheben von Defiziten bestenfalls dazu führt, dass von den Betroffenen wahrscheinlich nur durchschnittliche

Leistungen generiert werden können. Höchstleistungen sind hingegen in den Bereichen zu erwarten, die von Haus aus beim Mitarbeiter schon eine Stärke darstellen und noch weiter entwickelt werden.

Es ist festzuhalten, dass transformationale Führung eine wirkungsvolle Unterstützung für Veränderungsprozesse leistet. Diese Vermutung wird im Rahmen einer literaturanalytischen Untersuchung von J. Kaune (2014) bestätigt. Die dargestellten Komponenten dieses Ansatzes (vier „I"-Komponenten) zielen in letzter Konsequenz darauf ab, Mitarbeiter für eine Sache zu begeistern und zu überdurchschnittlichen Leistungen zu bewegen. Jenewein (2008), der speziell den schon angesprochenen Change-Prozess beim DFB im Zusammenhang mit der Fußballweltmeisterschaft 2006 untersuchte, stellt fest, dass die Führungsarbeit von Klinsmann und seinem Führungsteam dazu beigetragen hat, die implementierten neuen Strukturen und Abläufe wirksam werden zu lassen, letztendlich mit Leben zu füllen. „Aber nur durch ihren emotionalen und integrativen Führungsstil gelang es ihnen, die Spieler, die Betreuer und die Helfer von den strukturellen Veränderungen zu überzeugen und sie zu aktiven Unterstützern des Wandels zu machen. Sie erreichten so die für einen erfolgreichen und nachhaltigen Wandel so wichtige emotionale Mobilisierung" (Jenewein 2008, S. 7).

Für die Change Communication kann daraus abgeleitet werden, dass z. B. Mitarbeitergespräche im Rahmen der transformationalen Führung einen zentralen Ansatz der Veränderungskommunikation seitens der Führungskräfte in ihrer Rolle als Kommunikatoren darstellen. Allerdings wäre es zu kurz gedacht, dies nur auf typische Ansätze der Führungskommunikation zu beschränken. Nach Weibler (2010, S. 29 ff.) verkörpern z. B. auch Reden eine Rhetorik, die charismatische Effekte erzielen kann (identifizierender Führungsstil). Somit sind Reden (neben den klassischen Gesprächstechniken einer Führungskraft) durchaus als wichtiges Instrument der Change Communication von Führungskräften in Wirtschaftsorganisationen zu sehen.

3.3.3 Emotionen

Nach Schirmer und Luzens (2003; nach Brehm 2006, S. 288) wurde die emotionale Seite im Management generell und speziell im Veränderungsmanagement lange vernachlässigt. Auch bei vielen Punkten der bisherigen Ausführungen zu ausgewählten Erfolgsfaktoren der Veränderungskommunikation wird deutlich: Emotionen schwingen mit und müssen damit wesentlicher Bestandteil einer modernen Veränderungskommunikation sein.[6] Veränderungskommunikation sollte Emotionen aktiv aufgreifen und als Erfolgsfaktor nutzen. Diese zunächst weitgehend intuitive Aussage wird grundsätzlich durch die Auswertung einer Unternehmensbefragung (Pluspunkt 2010) gestützt, indem festgestellt

---

[6]Vgl. hierzu auch die von Heyder (2014, S. 32 ff.) formulierten Zielsetzungen der Veränderungskommunikation (Abschn 3.2).

wird, dass Kommunikationsmaßnahmen in Veränderungsprozessen scheitern, weil Emotionalität zu wenig angesprochen wird. Dass das Management von Emotionen in der Praxis noch deutlich unterschätzt wird, ergibt auch eine Studie der Universität Hohenheim (Mast 2008). So erkennen 43 % der in der Studie befragten Firmen, dass sie sich zu wenig an den emotionalen Bedürfnissen ihrer Mitarbeiter orientieren.

Ein weiterer Grund für die Bedeutung liegt im spezifischen empirischen Kontext dieses Buches. Hier werden drei ausgewählte Reden von Barack Obama analysiert. Wie im vorherigen Abschnitt (Abschn 3.3.2) erläutert, wird Obama als Vertreter der transformationalen Führung gesehen. Gerade aber transformationale Führung ist über den identifizierenden und inspirierenden Führungsstil stark durch emotionale Aspekte geprägt, sodass sich in Verbindung mit dem empirischen Teil zwangsläufig eine hohe Bedeutung von Emotionalität ergibt. Somit spricht viel dafür, sich intensiver mit Emotionen und speziell mit Emotionen im Rahmen der Change Communication zu beschäftigen (vgl. Abschn 3.4).

3.3.4   Zusammenfassung

Zusammenfassend lassen sich folgende wesentliche Erfolgsfaktoren für eine professionelle Change Communication festhalten:

- Es gibt einen radikalen Perspektivwechsel: Nicht der Sender, sondern der Empfänger steht bei Planungen und Umsetzungen von Kommunikationsmaßnahmen im Mittelpunkt. Damit einher geht eine konsequente Stakeholder-Orientierung.
- Kommunikation in Veränderungsprozessen muss kongruent mit der Unternehmenspolitik sein und eine echte Orientierung bieten.
- Change Communication ist vorrangig Führungsaufgabe.
- Emotionen sind bei Change-Prozessen immer vorhanden. Diese gilt es zu antizipieren, konzeptionell aufzugreifen und im Rahmen der Change Communication aktiv zu bearbeiten.

3.4   Change Communication und Emotionen
von Simon Kaupenjohann

Um mögliche Handlungsoptionen zur kommunikativen Steuerung von Emotionen zu entwickeln, sollen zunächst emotionstheoretische Grundlagen, die Rolle der Emotionen in Veränderungsprozessen und die emotionalen Phasen eines Veränderungsprozesses dargestellt werden. Anschließend finden sich Beschreibungen, welche Kommunikationsmaßnahmen für diese emotionalen Phasen geeignet sind.

3.4.1   Definition und Zugang

Nach Zimbardo und Gerrit (2004; nach Urban 2008, S. 35) fungieren Emotionen grundsätzlich entweder motivational, sozial oder kognitiv. Sie bilden eine Motivations- und Handlungsgrundlage von Individuen, da sie das Verhalten in Richtung eines bestimmten Zieles fokussieren und diesen Fokus aufrechterhalten. Die soziale Funktion wird dadurch deutlich, dass Emotionen zwischenmenschliche Interaktionsprozesse steuern und regulieren (Parkinson 1996; nach Urban 2008, S. 36). Baron (1987; nach Urban 2008, S. 36) ist der Ansicht, dass im Rahmen eines Einstellungsgespräches die Stimmung des Interviewers (induziert durch unterschiedliche Prozesse emotionalen Erlebens) einen signifikanten Einfluss auf die letztlich getroffene Entscheidung hat. Emotionen beeinflussen ebenfalls kognitive Prozesse. Nach Auffassung von Fineman (2004; nach Urban 2008, S. 37) determinieren sie die Wahrnehmung, die Erinnerungsfähigkeit wie auch die Informationsverarbeitung und bilden somit u. a. die Grundlage für motivationale Veränderungen und Handlungsprozesse von Individuen.

Ähnlich zu diesen Ausführungen werden Emotionen in der Literatur häufig anhand des Komponentenmodells nach Scherer (1990; nach Pfrengle 2004, S. 4) beschrieben. Neben der kognitiven und motivationalen Komponente bestehen Emotionen hierbei aus einer neurophysiologischen Komponente sowie einer Ausdrucks- und Gefühlskomponente. Eine wichtige Abgrenzung zwischen den Begriffen Emotion und Gefühl ist notwendig, da diese häufig synonym verwendet werden. Damasio (2009; nach Schwarzer-Petruck 2014, S. 53) unterscheidet die Begriffe Emotion und Gefühl und definiert diese wie folgt: Emotionen sind die biologischen Prozesse zu Gefühlen und sind nach außen gerichtet. Sie sind demnach öffentlich und von außen sichtbar. Vernünftiges Denken ist ohne Emotionen nicht möglich, denn sie sind integraler Bestandteil von Denk- und Entscheidungsprozessen. Gefühle hingegen sind nach innen gerichtet und privat. Sie sind die mentale Erfahrung einer Emotion und nur bei sich selbst beobachtbar. Die Emotion wahrzunehmen, heißt Gefühle zu haben. Diese Ausführungen lassen deutlich werden, dass die beiden Begrifflichkeiten klar voneinander getrennt werden können, aber trotzdem in einem engen Zusammenhang stehen. Dieser Abschnitt beschäftigt sich i. W. mit der Beeinflussung von Emotionen, d. h. mit dem, was von Betroffenen nach außen gerichtet ist. Die Beeinflussung einer Emotion kann aber häufig ebenfalls Auswirkungen auf die Gefühle der Betroffenen haben.

Je nach Theorie wird von einer anderen Anzahl von Basisemotionen ausgegangen. Ekman (1992, S. 550) differenziert ursprünglich sechs Basisemotionen: Furcht, Ekel in Verbindung mit Verachtung, Freude, Ärger, Überraschung sowie Traurigkeit. Er trennt in neueren Untersuchungen Ekel und Verachtung in zwei unterschiedliche Emotionen. Goleman (2002; nach Claßen 2008, S. 144) unterscheidet vier Grundtypen von Emotionen: Freude, Trauer, Wut und Angst. Plutchik (1980; nach Claßen 2008, S. 144) unterscheidet acht angeborene und kulturunabhängige Basisemotionen, welche in ihrer Intensität unterschiedlich stark ausgeprägt sein können. Aus der Emotion Besorgnis kann Panik oder aus Verdruss kann Zorn entstehen.

Emotionen werden durch vielfältige Faktoren wie z. B. Geräusche, Alleinsein, subjektive Zufriedenheit mit der eigenen finanziellen Situation oder den Konsum von Alkohol ausgelöst (Della Picca und Spisak 2013, S. 83). Nach Robrecht (2010, S. 32) erzeugt ein Mangel an Sicherheit Angst, ein Mangel an Beziehung Trauer und ein Mangel an Autonomie Wut. In einer Untersuchung zum Auslöser für Ärger kommen die Befragten vorwiegend auf Auslöser, die hauptsächlich mit dem Verhalten oder den Eigenschaften von Menschen verbunden sind (Cason 1930; nach Landes et al. 2013, S. 83). Ähnliche Ergebnisse werden auch für die Auslöser anderer Emotionen erzielt. Schmidt-Atzert (1996, S. 33) erstellt eine Übersicht von Studien, die Beispiele für emotionsauslösende Ereignisse darstellt.[7] In den meisten Fällen sind Emotionen (wie oben angeführt) mit dem Verhalten von Menschen verbunden. Menschen beeinflussen durch entsprechendes Verhalten die Emotionen anderer. Allerdings ist es wichtig, zu bedenken, dass Menschen auf Verhalten anderer, emotional unterschiedlich reagieren und keine generell gültige Kausalität besteht. Menschen haben durch Erfahrungen im Umgang mit Erfolgen und Misserfolgen unterschiedliche emotionale Reaktionen gelernt (Della Picca und Spisak 2013, S. 84).

Einen theoretischen Zugang zur Entstehung von Emotionen bieten drei zentrale Ansätze: die biologischen, kognitiven und konstruktivistischen Ansätze. Auch wenn kein Ansatz allein eine ganzheitliche Erklärung zur Entstehung von Emotionen liefern kann, wird an dieser Stelle ausschließlich genauer auf die kognitive Emotionstheorie eingegangen, da sich auf diese im weiteren Verlauf hauptsächlich bezogen wird. Zimbardo und Gerrig (2004, S. 556 f.) sind der Auffassung, dass das Erleben von Emotionen ein gemeinsamer Effekt von physiologischer Erregung und kognitiver Bewertung ist. Ein mehrdeutiger innerer Erregungszustand wird eingeschätzt, indem die Person sich fragt, was sie fühlt, dieses Gefühl benennt und es anschließend interpretiert. Emotionen entstehen also durch die Bewertung von Auseinandersetzung mit der Umwelt. Lazarus (1984; nach Schwarzer-Petruck 2014, S. 60 ff.) beschreibt fünf Stufen, welche die Theorie umfassend beschreiben. Zunächst nimmt das Individuum Veränderungen im Außen (d. h. in der Umwelt) wahr. Emotionen sind höchstsensibel für Veränderungen in der Person-Umwelt-Beziehung. Die zweite Stufe gibt an, dass diese Veränderungen drei unterschiedliche Emotionsklassen betreffen können: die ereignisbezogenen, die handlungsbezogenen und die beziehungsbezogenen Emotionen. Bei ereignisbezogenen Emotionen prüft das Individuum, inwieweit das Ereignis mit den eigenen Auffassungen und Zielen übereinstimmt. Je nachdem wie groß die Übereinstimmung ist, kann durch Erwartungen an das Ereignis Freude oder Leid und Hoffnung oder Angst entstehen. Bei den handlungsbezogenen Emotionen bewertet das Individuum das Handeln anderer oder das eigene Handeln anhand von Normen und Werten. Dabei können Stolz oder Scham entstehen. Bei den Beziehungsemotionen bewertet das Individuum aufgrund subjektiver

---

[7]Schmidt-Atzert (1996) greift dabei auf Untersuchungsergebnisse von Asendorpf et al. (1983), Wallbott und Scherer (1986) sowie Shaver et al. (1987) zurück.

Vorlieben und Abneigungen die Eigenschaften und Fähigkeiten anderer. Dabei entstehen Emotionen wie bspw. Liebe und Bewunderung. Im nächsten Schritt bewertet das Individuum diese Veränderungen unter subjektiven Maßstäben, indem die Bewertung auf einer Analyse der Zustände, die für das eigene Wohlbefinden günstig oder schädlich sind, beruht. Die vierte Stufe besagt, dass bei der Bewertung zentrale Aspekte wie bspw. biografisch verwurzelte persönliche Ziele und Werte als Grundlage fungieren. Das, was persönlich wichtig ist, und die Überzeugung davon, wie Dinge funktionieren, formen die Bewertung und damit die Emotion. Im letzten Schritt ziehen die Veränderungen Wirkungen nach sich. Wenn ein äußeres Ereignis nicht in das subjektive Gefüge passt, kann sofortiges praktisches Handeln entstehen. Nach Ben-Ze'ev (2009, S. 56) kann ein kurzer emotionaler Zustand tiefgreifende und langwierige Folgen für das Verhalten eines Individuums haben.

3.4.2 Emotionale Phasen im Veränderungsprozess

Es sei noch einmal darauf hingewiesen, dass Menschen sich generell in ihren emotionalen Reaktionen individuell unterscheiden. Daher kann das folgende Modell zur Beschreibung der emotionalen Phasen eines Veränderungsprozesses und der emotionalen Reaktionen der Betroffenen nur als Wegweiser und als eine Richtungsanzeige eingeordnet werden. Rank (2010, S. 22) weist zudem darauf hin, dass Führungskräfte meist früher als ihre Mitarbeiter von den Veränderungen erfahren und somit die emotionalen Phasen eher durchlaufen.

Das Modell nach Roth (2000, S. 14 ff.) beschreibt einen Verlauf anhand von sieben Phasen. Es ist eines der geläufigsten Modelle (vgl. Abb. 3.4).[8] Auf der horizontalen Achse ist der zeitliche Verlauf der Veränderung dargestellt und auf der vertikalen Achse die Arbeitsleistung der Betroffenen. Die Leistung wird zu Beginn mit 100 % beziffert. Im Verlauf des Veränderungsprozesses entstehen zu bestimmten Zeitpunkten Produktivitätsgewinne bzw. -verluste. Die einzelnen Phasen und die Emotionen, die vorrangig in den Phasen auftreten (sogenannte Hauptemotionen), werden im Folgenden anhand der Ausführungen von Roth (2000) genauer erläutert und nach Deutinger (2013, S. 45 ff.) ergänzt.

Phase 1: Vorahnung
Zu Beginn eines Veränderungsprozesses entstehen meist Gerüchte. Es werden inoffizielle Informationen ausgetauscht und die Gerüchte häufen sich. Dieses führt (je nach Intensität der Gerüchte und Vorahnungen) zu Sorgen und einem gefühlten Kontrollverlust der Betroffenen über das Gewohnte. Eine Reaktion darauf kann die Verleugnung sein. Das Problem wird zunächst zur Seite geschoben nach dem Motto: Es wird nichts so heiß gegessen, wie es gekocht wird. In dieser Phase äußern sich Sorgen als Hauptemotionen der Betroffenen.

---

[8]Cevey und Prange (1999) modellieren einen ähnlichen Verlauf.

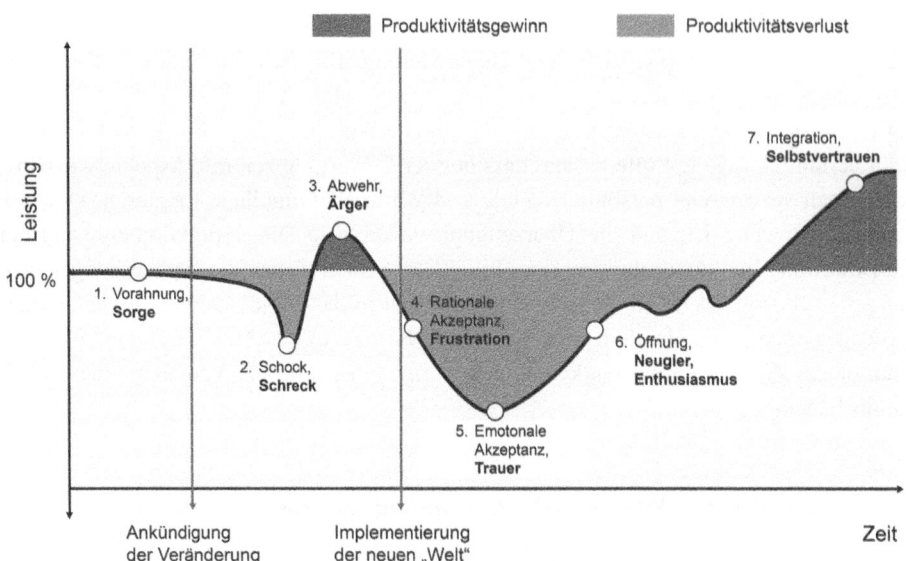

Abb. 3.4 Emotionale Reaktionen auf Veränderungen. (Roth 2000, S. 16)

Phase 2: Schock
Sobald sich die Gerüchte verdichten und Gewissheit über eine kommende Veränderung
besteht, sind die meisten Betroffenen geschockt und realisieren die Situation im ersten
Moment nicht. Zu diesem Zeitpunkt sinkt die Leistung deutlich und die Betroffenen sind
inaktiv, da sie den Schreck zunächst verarbeiten und sich selbst mit der Situation auseinandersetzen müssen. Sie sind geschockt und der Schreck bzw. die Angst vor den Auswirkungen der Veränderung überwiegt als Hauptemotion in dieser Phase.

Phase 3: Abwehr
Ist die Schockstarre überwunden, wehren sich die Betroffenen gegen den Wandel. Es
werden Gegenargumente gesucht und geäußert, welche die Unsinnigkeit des Veränderungsprozesses betonen. Als Emotion überwiegt der Ärger, der sich gegen die Verant-
wortlichen der Veränderung richtet, und es wird ebenso persönliche Kritik laut wie z. B.:
Der Vorstand hat jahrelang geschlafen und wir können es nun ausbaden. Das Ziel der
Abwehr liegt darin, den Ausgangszustand wiederherzustellen. Die Leistung steigt, da
diese Phase eine sehr aktive Phase und mit enormer Energie verbunden ist.

Phase 4: Rationale Akzeptanz
In dieser Phase wird von den Betroffenen erkannt, dass Abwehr und Wut nicht wirken
und viel Energie kosten (Wimmer 2001, S. 6). Schmerzliche Seiten der Veränderungen
dürfen nicht verdrängt werden, denn nur durch Hinschauen erfolgt eine Auseinandersetzung mit der persönlichen Bedeutung des Wandels und macht eine emotionale Bearbeitung möglich. Die Leistung sinkt, da die Frustration groß ist und die Kraft zum Kämpfen

verebbt. Die Veränderungsnotwendigkeit wird in dieser Phase nach und nach rational akzeptiert, wobei aber stets die Frustration als Emotion im Vordergrund steht.

Phase 5: Emotionale Akzeptanz

Ist die Veränderungsnotwendigkeit rational akzeptiert, so kann die emotionale Akzeptanz noch weit entfernt sein. In dieser Phase trauern die Betroffenen und befinden sich in einem sog. Tal der Tränen. Diese Phase ist sehr wichtig, um mit dem Gewohnten abzuschließen und sich vollständig für etwas Neues zu öffnen. Es ist der emotional tiefste Punkt im Veränderungsprozess und die Trauer herrscht als Emotion vor. Wichtig ist, dass den Betroffenen Zeit zum Trauern eingeräumt wird. Zu einem bestimmten Zeitpunkt innerhalb dieser emotionalen Auseinandersetzung verstehen die Betroffenen die Auswirkungen der Veränderung. Danach öffnen sich die Betroffenen und nähern sich vorsichtig an das Veränderungsvorhaben an.

Phase 6: Öffnung

In dieser Phase sind die Betroffenen bereit, eigene Möglichkeiten und Chancen in dem Veränderungsprozess zu suchen und es liegt somit eine aktive Beteiligung der Betroffenen vor. Es wird viel Neues ausprobiert und ein Enthusiasmus für den Veränderungsprozess entsteht. Die Emotionen Neugier und Enthusiasmus sind häufig bei den Betroffenen erkennbar. Ein deutlicher Leistungsanstieg kann beobachtet werden, obwohl zu bestimmten Zeitpunkten die Leistung etwas sinkt, da bspw. nicht alles, was neu eingeübt und ausprobiert wird, sofort erfolgreich umgesetzt werden kann. Die Leistung steigt aber generell stark an. Damit dies so bleibt, ist es sehr wichtig, alle Betroffenen mit einzubeziehen und ihre aktive Beteiligung positiv hervorzuheben.

Phase 7: Integration

Die letzte Phase besteht in der Integration und Stabilisierung des neu Gelernten. Es ist wichtig, das Neue zu verankern, indem der ganze Prozess betrachtet und von allen Betroffenen erkannt wird, dass sie am Ende des Prozesses ein höheres Leistungsniveau besitzen. Das Ende der Veränderung ist dann erreicht, wenn das neu Erlernte zur Alltagsroutine geworden und Selbstvertrauen als Emotion beobachtbar ist.

Dieses Modell verdeutlicht, dass in einem Veränderungsprozess komplexe emotionale Reaktionen zu erwarten und eine Beachtung der Emotionen sowie der richtige Umgang damit unumgänglich sind.

3.4.3   Umgang mit Emotionen im Veränderungsprozess

Nach Landes et al. (2013, S. 95) sind Emotionen im Unternehmenskontext oftmals nicht erwünscht. Das Zeigen von Trauer oder Angst wird als Schwäche interpretiert, Zorn als Unbeherrschtheit und überschwängliche Freude über eigene Erfolge als Angeberei.

Dabei sind Emotionen Antriebe zum Handeln. So kann bspw. Freude erfolgreiches Handeln verstärken oder aber Angst vor Fehlern zu einer Vermeidungshaltung führen. Emotionen können als Antrieb zum Handeln positive sowie negative Konsequenzen haben. Robrecht (2010, S. 30) ist der Ansicht, dass Emotionen ihre Existenzberechtigung haben und nicht aus- oder weggeredet werden dürfen. In emotionalen Prozessen (wie z. B. in Veränderungsprozessen) kann aber der richtige Umgang mit Emotionen über Erfolg oder Misserfolg entscheiden.

In jeder emotionalen Phase eines Veränderungsprozesses treten bestimmte Hauptemotionen auf. Die kognitive Emotionstheorie erklärt die Entstehung von Emotionen. Daraus kann geschlossen werden, wie die Emotionen (unter Berücksichtigung einzelner Aspekte der kognitiven Emotionstheorie) in den jeweiligen emotionalen Phasen beeinflusst werden können. Die Möglichkeiten zur Beeinflussung der jeweiligen Hauptemotion werden im Folgenden erläutert (vgl. Abb 3.5).

In der ersten emotionalen Phase machen sich die Betroffenen *Sorgen,* ob die Gerüchte sich bewahrheiten und welche persönlichen Auswirkungen dies für sie haben könnte. Ereignisbezogene Emotionen spielen eine wichtige Rolle, denn die Betroffenen entwickeln, durch wahrgenommene Gerüchte, Erwartungen an die Veränderung und bewerten diese. Es können Sorgen entstehen, sollten die Erwartungen nicht mit eigenen Auffassungen und Wünschen übereinstimmen. Eine ganzheitliche Information aller Betroffenen beeinflusst die Sorgen – positiv oder negativ. Die Information sollte möglichst zügig geschehen, bevor sich weitgehende Gerüchte entwickeln.

Die *Angst* bzw. der *Schreck* überwiegen in der zweiten Phase. Die Betroffenen haben Angst vor den Auswirkungen der Veränderung, die möglicherweise nicht zu den eigenen Auffassungen und Zielen passen. Nach der kognitiven Emotionstheorie bewertet ein Mensch ein Ereignis danach, inwieweit dieses eigenen Auffassungen und Zielen entspricht. Stimmt es in einem bestimmten Maße überein, entstehen positive Emotionen. Auf der einen Seite ist es in dieser Phase wichtig, Transparenz zu schaffen und zu informieren. Dadurch werden unnötige Ängste der Betroffenen beseitigt und eine vollständige Information seitens der Führungskraft ermöglicht den Betroffenen eine ganzheitliche und realistische Bewertung der Veränderung. Auf der anderen Seite sollten in dieser Phase die Beziehungsemotionen beachtet werden. Die Betroffenen bewerten die Eigenschaften und Fähigkeiten anderer Menschen aufgrund subjektiver Vorlieben und Abneigungen. Führungskräfte stehen im Mittelpunkt. Sie kündigen meist die Veränderung an, sind erster Ansprechpartner und sollten somit verantwortungsbewusst mit der Rolle umgehen. Dadurch kann Vertrauen oder sogar Bewunderung bei den Betroffenen geschaffen werden.

In der dritten emotionalen Phase äußert sich *Ärger* gegen den Veränderungsprozess und die Führungskräfte, da diese als Verantwortliche für die Veränderung angesehen werden. Ärger oder Unzufriedenheit entstehen nach der kognitiven Emotionstheorie durch ein Ereignis, das nicht zu eigenen Zielen und Auffassungen passt. Ärger kann häufig auch eine Folge der Angst darstellen. Der Vorgesetzte sollte den Ärger ernst nehmen und den Betroffenen Raum geben, um sich Luft zu machen und darüber zu diskutieren.

Durch die Beachtung der individuellen Ziele und Auffassungen der Betroffenen wird dem Ärger Aufmerksamkeit geschenkt und eine erste Partizipation ermöglicht. Unberechtigter Ärger kann durch gezielte Informationen und einen transparenten Prozess entkräftet und abgebaut werden.

Die nächste Phase ist von *Frustration* der Betroffenen geprägt. Die Einsicht erfolgt, dass der Ärger nicht zielführend ist und die Veränderung nicht abgewendet werden kann. In dieser Phase sollte damit begonnen werden, die Betroffenen von der Nützlichkeit oder Notwendigkeit des Veränderungsprozesses zu überzeugen, da die Hauptphasen von Angst und Ärger überwunden sind. Es ist wichtig, dass sich die Führungskraft mit den Gründen für die Frustration auseinandersetzt und die Betroffenen mit einbezieht. Zu diesem Zeitpunkt muss alles, was der Veränderung entgegensteht, offen angesprochen werden. Individuelle Wünsche und Auffassungen der Betroffenen müssen mit den Zielen des Veränderungsprozesses in Einklang gebracht werden, um Frust und Unsicherheit abzubauen. Dadurch wird weiterhin das Vertrauen in den Vorgesetzten sowie den Prozess gestärkt.

Die fünfte Phase wird durch *Trauer* dominiert. Die Betroffenen trauern um das Gewohnte, das nun aufgegeben werden muss. Die Veränderung stimmt nicht mit dem eigenen Wunsch überein, am Alten festzuhalten, und dadurch entsteht Trauer. Überzeugungsarbeit anhand von Partizipation ist notwendig. Weiterhin ist es wichtig, das Vertrauen in den Prozess zu stärken, aber den Betroffenen auch die nötige Zeit zur eigenen emotionalen Auseinandersetzung einzuräumen.

In der Phase der Öffnung entsteht *Neugier und Enthusiasmus* bei den Betroffenen. Es werden Chancen und Möglichkeiten der Veränderung gesehen. Diese Emotionen entstehen, da die Betroffenen zu erkennen beginnen, dass die Ziele des Veränderungsprozesses mit den eigenen Wünschen und Auffassungen übereinstimmen. Die Fähigkeiten und Eigenschaften des Vorgesetzten werden möglicherweise positiv bewertet, da er sich entsprechend der Werte und Vorlieben der Betroffenen verhält und eine gute Beziehung geschaffen hat. In dieser Phase sollten alle Betroffenen in die Durchführung des Prozesses involviert und für Maßnahmen motiviert werden. Somit entsteht eine positive Stimmung. Durch die Involvierung jedes Einzelnen wird Neugier aufrechterhalten, die wiederum den Fortschritt der Veränderung fördert.

Die letzte Phase ist von *Selbstvertrauen* geprägt. Das neu Erlernte ist in den Arbeitsalltag integriert und die Betroffenen besitzen Selbstvertrauen in ihrem Handeln. Nach der kognitiven Emotionstheorie bewertet ein Individuum das eigene Handeln und das Handeln anderer anhand von eigenen Normen und es entstehen handlungsbezogene Emotionen. Ein Rückblick auf den Prozess und die Erkenntnis, dass er erfolgreich umgesetzt wurde, lässt die Betroffenen Stolz empfinden, stärkt das Selbstvertrauen und fördert das Vertrauen in den Vorgesetzten. Am Ende des Prozesses ist es die Aufgabe des Vorgesetzten, die Betroffenen weiter zu motivieren und zu unterstützen, um das neu Erlernte tief zu verankern und das Selbstvertrauen nachhaltig zu stärken.

Die Abb. 3.5 bietet einen zusammenfassenden Überblick über die Möglichkeiten zur Beeinflussung der Hauptemotion in der jeweiligen emotionalen Phase.

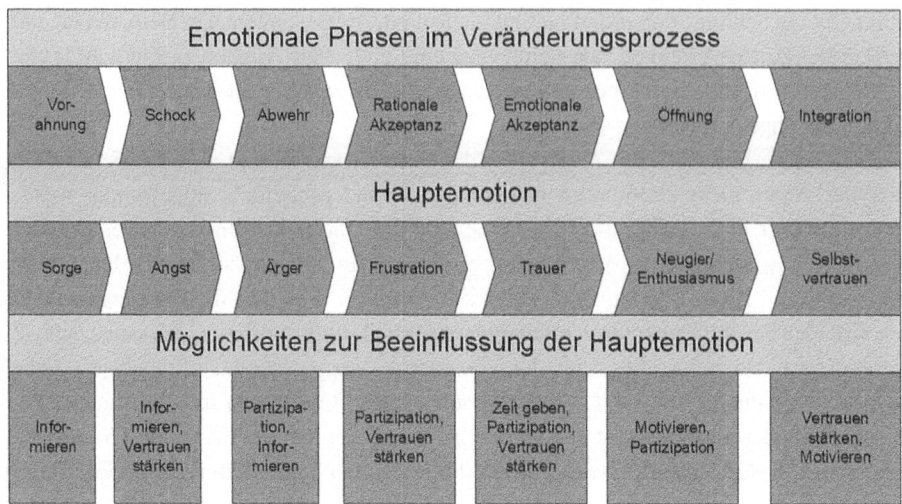

Abb. 3.5 Möglichkeiten zur Beeinflussung der Hauptemotionen. (In Anlehnung an Roth 2000, S. 16 und Weiterentwicklung in Anlehnung an Lazarus 1984; nach Schwarzer-Petruck 2014, S. 60 ff.)

3.4.4 Zusammenhang zwischen Kommunikation und Emotionen

Emotion und Kommunikation sind unmittelbar miteinander verknüpft und beeinflussen sich wechselseitig. Auf der einen Seite beeinflussen Emotionen die Kommunikation von Menschen und auf der anderen Seite beeinflusst Kommunikation die Emotionen.

Wenn Kommunikation zum Informationsaustausch auf rein sachlicher Ebene statt-findet, können Menschen vereinsamen (Frielingsdorf 2013, S. 258). Gundlach (2013, S. 33) beschreibt eine Übung aus dem Schauspielunterricht, welche die unterschiedliche Deutung einer Textnachricht und die Wirkung von Emotionen auf die Kommunikation zum Ausdruck bringt. Dieselbe kurze Szene wird mit demselben Wortlaut auf fünf unter-schiedlich emotional begründete Weisen gespielt. Durch das unterschiedliche Schauspiel, welches den Kontext fünfmal neu aufsetzt, ergibt sich jedes Mal ein anderer Sinn. Erst die gleichzeitig mit dem Inhalt vermittelte Emotion beeinflusst den wahrgenommenen Inhalt der Kommunikation und versetzt den Empfänger in die Lage, die Botschaft zu deuten. Auch im Alltag eines jeden Menschen beeinflussen Emotionen die eigene Kom-munikation. Ein Geburtstagsgeschenk, welches einen lang ersehnten Wunsch wahr wer-den lässt, oder das zweite vom Schiedsrichter anerkannte Abseitstor lassen Emotionen aufkommen und beeinflussen die Kommunikation der Betroffenen.

Wird die Wirkungsrichtung umgedreht, zeigt sich deutlich, dass Kommunikation die Emotionen von Menschen beeinflusst. Ein starker Zusammenhang zwischen den Emotionen der Betroffenen und der Kommunikation des Vorgesetzten in einem Verän-derungsprozess lässt sich im bisherigen Verlauf bereits erahnen. Claßen (2008, S. 143) formuliert dies treffend: „Mit der zwischenmenschlichen Kommunikation während des

Veränderungsprojektes werden Emotionen [...] wechselseitig ausgetauscht und beeinflussen damit die allgemeine Seelenlage in einer Organisation." Emotionen werden
durch Kommunikation beeinflusst und haben Auswirkungen auf das Befinden der gesamten Organisation. Nach Stolzenberg und Heberle (2013, S. 188) sollte auf den Einzelnen
eingegangen und Raum für Diskussion sowie Austausch zur Verfügung gestellt werden.
Dadurch finden Sorgen und Widerstände ein Forum und Ängste sowie Abneigungen können erfolgreich abgebaut werden. Über Gespräche und Diskussionen lassen sich erst Einstellungen und Werte verbalisieren und infrage stellen. Kommunikation ist unerlässlich,
wenn es darum geht, als Führungskraft Emotionen wahrzunehmen, zu beeinflussen und
eine nachhaltige Einstellungsänderung bei den Mitarbeitern zu bewirken.

3.4.5   Entwicklung von Kommunikationsmaßnahmen

Dieser Abschnitt thematisiert ausschließlich wie Emotionen durch Kommunikation
beeinflusst werden können. Betroffene sind alle Personen, die nicht als Veränderungskommunikator agieren, wobei die Begriffe Betroffener und Mitarbeiter synonym verwendet werden.

Um die Veränderungskommunikation erfolgreich zu gestalten und passende Kom-
munikationsmethoden wählen zu können, gilt es, die emotionale Grundstimmung der
Betroffenen zu erfassen. Außerdem ändern sich im Verlauf des Prozesses die Emotionen
und es kommt darauf an, mit den richtigen Kommunikationsmaßnahmen zum richtigen
Zeitpunkt zu agieren (Deutinger 2013, S. 39). Im Folgenden werden Kommunikationsmaßnahmen diskutiert, die sich an den zuvor erörterten Hauptemotionen orientieren
(Roth 2000, S. 16; Lazarus 1984; nach Schwarzer-Petruck 2014, S. 60 ff.; Deutinger
2013, S. 37; Wagner et al. 2010, S. 106 f.; Brehm 2006, S. 288 f. und S. 308).

Hauptemotion Sorge
Zu diesem Zeitpunkt des Veränderungsprozesses wurde das Veränderungskonzept noch
nicht seitens der Führungskräfte kommuniziert. Es existiert aber eine Vorahnung über
einen kommenden Veränderungsprozess bei den Betroffenen. In dieser emotionalen
Phase ist die Sorge die Hauptemotion. Eine Möglichkeit zur Beeinflussung bietet (auf
Grundlage der kognitiven Emotionstheorie) das Informieren der Betroffenen seitens der
Führungskräfte. Frühzeitiges Informieren verhindert die Entstehung von Gerüchten und
vermeidet somit falsche Erwartungen bei den Betroffenen. Dies kann sich positiv auf die
entstandenen Sorgen auswirken.

Eine Betriebsversammlung stellt eine Maßnahme dar, mit der zu Beginn eines Veränderungsprozesses eine faktisch orientierte Informationsgrundlage aufgrund von offiziellen Informationen geschaffen werden kann. Eine Rede des Geschäftsführers auf einer
Betriebsversammlung kann unberechtigte Sorgen (entstanden durch Gerüchte auf Basis
inoffizieller Informationen) ausräumen und zu einer Reduzierung der Sorgen beitragen.
Der Führungskräftedialog ist notwendig, damit Vorgesetzte Informationen austauschen,

auf gleicher Informationsgrundlage diskutieren und einheitliche Informationen an ihre Mitarbeiter weitergeben. Ein elektronischer Newsletter oder eine E-Mail vom Geschäftsführer an alle Mitarbeiter bietet bspw. die Möglichkeit, einheitliche Informationen zeitnah und weitläufig im Unternehmen zu verbreiten. Nur durch eine einheitliche Information können Gerüchte verhindert und falsche Erwartungen der Betroffenen vermieden werden. An einem sogenannten schwarzen Brett können wichtige Informationen visuell sichtbar gemacht werden. Diese Kommunikationsmaßnahme ist zur Informationsweitergabe nicht zu unterschätzen, da durch ihren Einsatz Mitarbeiter ohne eigenen E-Mail-Account im Unternehmen erreicht werden können. Info-Runden sowie Info-Märkte bieten die Möglichkeit, eine bestimmte Anzahl von Teilnehmern über den aktuellen Stand zu informieren. Die Teilnehmer erhalten Informationen sowie Erkenntnisse aus Gesprächen, können diese an andere Betroffene weitergeben und unberechtigte Sorgen vermeiden oder relativieren.

Die erläuterten Kommunikationsmaßnahmen tragen zur Information der Betroffenen bei und vermeiden somit Gerüchte, falsche Erwartungen und unberechtigte Sorgen. Sorgen können in den meisten Fällen jedoch bei jedem Einzelnen weiter existieren, da eine Veränderung stets etwas Ungewohntes ist und Unbehagen auslöst. Das Informieren der Betroffenen fördert in hohem Maße die Auseinandersetzung mit den realen Inhalten der Veränderung. Die Auseinandersetzung jedes Einzelnen mit seinen berechtigten Sorgen in Bezug auf den Veränderungsprozess kann diesen emotional beschleunigen.

Hauptemotion Angst

Zu diesem Zeitpunkt im Veränderungsprozess wurde die Veränderung bereits offiziell angekündigt und es herrscht ein Schock bei den Betroffenen. Die Angst ist die Hauptemotion in dieser emotionalen Phase. Sie entsteht dadurch, dass die Auswirkungen der Veränderung nicht mit eigenen Auffassungen, Wünschen und Zielen übereinstimmen. Das Informieren der Betroffenen und die Stärkung des Vertrauens in den Vorgesetzten sowie in den Prozess bieten Möglichkeiten, um die Angst zu beeinflussen.

Wiederum bilden ausgewählte Kommunikationsmaßnahmen zur Information die Basis, um die Betroffenen über die realen Auswirkungen des Veränderungsprozesses in Kenntnis zu setzen und somit die Angst möglicherweise zu verringern. Der Versand von elektronischen Newslettern, die durchgehende Bereitstellung von Informationen am schwarzen Brett oder Reden auf Betriebsversammlungen informieren zeitnah über die Auswirkungen des Prozesses und sind entscheidend, um die Situation realistisch bewerten zu können. Im Führungskräftedialog können sich die Führungskräfte über mögliche Ängste ihrer Mitarbeiter austauschen und diese in ihre Überlegungen zur Gestaltung des Veränderungskonzeptes mit einbeziehen. Das Informieren der Betroffenen, dass ihre Ängste in der Gestaltung der Veränderung berücksichtigt werden, kann diese verringern. In Info-Runden oder bei Info-Märkten können Informationen präsentiert, kann über Ängste diskutiert werden und die Teilnehmer können sich über persönliche Ängste austauschen. Nur durch das Informieren aller Betroffenen und die Berücksichtigung der Ängste von Betroffenen in der Gestaltung des Veränderungsprozesses können seitens der Führungskräfte Ängste bei den Mitarbeitern verringert werden.

Um die Ängste zu beeinflussen, ist es ebenfalls wichtig, bei den Mitarbeitern das Vertrauen in den Prozess zu stärken. Regelmäßige Teamsitzungen, in denen Ängste und Wünsche sowie Ziele der Mitarbeiter besprochen werden, lassen Vertrauen zum Vorgesetzten entstehen. Die Bildung von Erfahrungsgruppen ermöglicht den Austausch der Betroffenen über Ängste und individuelle Auffassungen und Ziele. In persönlichen Face-to-face-Gesprächen kann der Vorgesetzte individuell auf Befürchtungen und Ängste seiner Mitarbeiter eingehen und das Vertrauen in seine eigene Person und den Prozess stärken. Change-Runden eignen sich in besonderem Maße dafür, um bereits inoffiziell diskutierte Angelegenheiten in den Prozess einzubringen und ein Feedback der Initiatoren des Veränderungsprozesses zu erhalten. Im Zuge dessen können Befürchtungen und Ängste vor Auswirkungen des Prozesses geäußert werden. Der Leiter der Change-Runde sollte diese Äußerungen sehr ernst nehmen und gemeinsam mit allen Teilnehmern die Angelegenheiten besprechen und nach Lösungen suchen. Dadurch entsteht Vertrauen in den Prozess und Ängste werden verringert.

Die meisten der erläuterten Kommunikationsmaßnahmen bieten den Betroffenen die Möglichkeit, eigene Wünsche, Auffassungen und Ziele in den Prozess einzubringen und aufgrund einheitlicher Informationen, den Prozess realistisch zu bewerten. Dadurch können (wie bereits erwähnt) Ängste vermieden sowie verringert werden.

Hauptemotion Ärger
Der Ärger ist die Hauptemotion in der emotionalen Phase der Abwehr. Ärger richtet sich gegen den Prozess und die Führungskräfte, da diese als Verantwortliche für die Veränderung angesehen werden. Ärger entsteht dadurch, dass die Veränderung an sich und deren Inhalt nicht zu den eigenen Zielen und Auffassungen passen. Der Ärger bei den Betroffenen kann dadurch beeinflusst werden, dass er durch gezielte Information entkräftet und abgebaut wird. Außerdem ist es entscheidend, Ziele und Auffassungen der Betroffenen im Prozess zu berücksichtigen.

Gezielte Kommunikationsmaßnahmen können Ärger durch Informationen entkräften (bspw. eine allgemeine E-Mail des Geschäftsführers, gezielte Beiträge im elektronischen Newsletter oder auch wieder Reden bei betrieblichen Anlässen). Der Führungskräftedialog ist unverzichtbar, um sich über Ärger der Betroffenen auszutauschen und Maßnahmen zu vereinbaren. Info-Runden und Info-Märkte informieren gezielt über den aktuellen Stand des Veränderungsprozesses. Außerdem bietet ein Info-Markt einen Austausch mit anderen Betroffenen und in Diskussionen können die Betroffenen ihrem Ärger Luft machen.

Ein sehr wesentlicher Bestandteil, um den Ärger zu beeinflussen, ist in dieser emotionalen Phase die Partizipation der Betroffenen. Die Einbeziehung von Auffassungen, Wünschen und Zielen der Betroffenen in die Gestaltung des Veränderungsprozesses ist besonders wichtig, um Ärger vorzubeugen und positiv zu beeinflussen. Workshops, in denen zusammen mit den Beteiligten Inhalte erarbeitet werden, oder runde Tische, die zur Besprechung von bestimmten Angelegenheiten organisiert werden, dienen dazu, Betroffene zu Beteiligten zu machen. In Diskussionsforen, welche seitens der

Führungskräfte organisiert werden, können sich die Betroffenen über ihre Emotionen austauschen, diskutieren und sich ebenfalls informieren. Kaminabende oder ein Business Lunch bieten in einem persönlichen Gespräch die Möglichkeit, eigene Auffassungen und Ziele zu platzieren und sich über den eigenen Ärger Gehör zu verschaffen. Sogenannte Peergroups, in denen Gleichgesinnte ein gewisses Thema bearbeiten, beeinflussen durch gemeinsame Arbeit den Ärger. Die Kommunikationsmaßnahme World Café[9] ermöglicht die Diskussion, die Entwicklung neuer Ideen und das Gefühl der Partizipation bei allen Beteiligten.

Die Betroffenen sind bei allen diesen Kommunikationsmaßnahmen in der Lage, eigene Ziele und Auffassungen in den Veränderungsprozess einzubringen und werden ebenfalls gezielt informiert. Dadurch wird die Entstehung von Ärger verringert sowie dessen Abbau gefördert.

Hauptemotion Frustration
Die Frustration ist die Hauptemotion in der dann folgenden emotionalen Phase (rationale Akzeptanz). Frustration entsteht, da die Betroffenen merken, dass der Ärger nicht ziel-führend ist und die Veränderung nicht abgewendet werden kann. Um mit der Frustration richtig umzugehen, ist es wichtig, dass alle Gründe offen angesprochen sowie individu-elle Ziele und Auffassungen der Betroffenen berücksichtigt und dadurch weiterhin Ver-trauen in den Vorgesetzten und den Prozess geschaffen werden.

Kommunikationsmaßnahmen, die zur Partizipation der Betroffenen beitragen, ermög-lichen die Berücksichtigung individueller Ziele und Auffassungen. In Diskussionsforen und moderierten Chats können eigene Anliegen angesprochen und mit anderen Betrof-fenen diskutiert werden. Die eigene Auseinandersetzung mit Zielen und Wünschen wird gefördert und eine Möglichkeit zur Äußerung der persönlichen Gründe für die Frus-tration geschaffen. Ebenfalls gibt ein World Café Raum zur Diskussion und damit zur Äußerung persönlicher Frustrationsgründe. Kaminabende, runde Tische und ein Busi-ness Lunch geben den Betroffenen die Gelegenheit, in einem persönlichen Rahmen eigene Auffassungen darzustellen und Frustrationsgründe zu diskutieren, um zu einer zufriedenstellenden Lösung zu finden. Die Partizipation trägt dazu bei, Gründe der Frus-tration anzusprechen, dafür eine Lösung zu finden und somit weitere Frustration zu ver-meiden sowie bestehende Frustration abzubauen.

---

[9]Die Kommunikationsmaßnahme World Café ist eine Großgruppenmethode, die in hohem Maße auf die Partizipation aller Betroffenen ausgerichtet ist. Nach Hoffmann et al. (2010, S. 201) eignet sich die Methode für die Arbeit mit zwölf bis 1600 Personen. Dabei wird für eine bestimmte Dauer eine Fragestellung an mehreren kleinen Tischen mit sechs Plätzen und beschreibbarem Tischtuch diskutiert. Die Mitglieder der Gesprächsgruppe wechseln nach einer Zeitspanne von üblicherweise 30 min den Tisch und diskutieren die Fragestellung in ihrer neuen Gruppe. Die Erkenntnisse wer-den auf dem Tischtuch festgehalten und am Ende dem Plenum präsentiert. Die Maßnahme eignet sich besonders, um Ideen zu vernetzen, Wissen auszutauschen und ein Gefühl der Partizipation zu schaffen. Es ist aber von großer Bedeutung, dass genaue Fragestellungen formuliert werden und am Ende der Methode der Fokus auf die konkrete Umsetzung gelegt wird.

Durch vertrauensbildende Kommunikationsmaßnahmen kann das Vertrauen zwischen Betroffenen und Vorgesetzten gestärkt werden, wodurch Gründe der Frustration möglicherweise offener von Seiten der Betroffenen angesprochen werden. Face-to-face-Gespräche über den bisherigen Verlauf des Veränderungsprozesses stärken das Vertrauen zum Vorgesetzten und geben den Betroffenen einen Raum, um persönliche Gründe der Frustration zu äußern. In Erfahrungsgruppen kann der Austausch über positive sowie negative Aspekte des Prozesses organisiert werden und Change-Runden bieten den Betroffenen die Chance, Frustrationsgründe bspw. bei der Geschäftsführung zu äußern und zu diskutieren. Ebenso schaffen regelmäßige Teamsitzungen Raum, um zu diskutieren und Frustrationsgründe zu adressieren.

Frustration wird anhand dieser Kommunikationsmaßnahmen vorgebeugt und abgebaut, denn die Betroffenen finden in dem Kommunikationskonzept die Möglichkeit, sich zu ihren Frustrationsgründen zu äußern und individuelle Ziele und Auffassungen vorzubringen. Vertrauensstärkende Maßnahmen fördern diesen Prozess und vermindern die Frustration. Die Betroffenen werden mehr und mehr von der Nützlichkeit des Veränderungsprozesses überzeugt.

Hauptemotion Trauer
Trauer ist die Hauptemotion in der nächsten emotionalen Phase (emotionale Akzeptanz). Die Betroffenen möchten am Gewohnten festhalten und trauern darum, dass dieses aufgegeben werden muss. Die Phase ist der emotional tiefste Punkt im Veränderungsprozess und es ist wichtig, den Betroffenen Zeit zu geben. Um die Trauer zu beeinflussen, muss das Vertrauen in den Prozess gestärkt und eine Partizipation gewährleistet sein.

Besonders die persönlichen Kommunikationsmaßnahmen zur Partizipation können die Trauer der Betroffenen positiv beeinflussen. Im Zuge eines Kaminabends oder eines Business Lunch kann die Führungskraft individuell auf die Trauer der Betroffenen eingehen. Dies fördert die Auseinandersetzung mit der eigenen Trauer. In kleinen Peergroups an runden Tischen haben die Betroffenen die Gelegenheit, sich über ihre Trauer auszutauschen und Erfahrungen im Umgang damit zu sammeln. Diese Maßnahmen stellen eine Partizipation insofern dar, als dass sich die Betroffenen mit ihrer Trauer auseinandersetzen und sich nicht davor zurückziehen. Außerdem ist die Stärkung des Vertrauens ein sehr entscheidender Aspekt in dieser emotionalen Phase. Face-to-face-Gespräche mit dem Vorgesetzten können dazu beitragen, die Trauer der Betroffenen zu beeinflussen. Dadurch, dass der Vorgesetzte die Trauer ernst nimmt und das Gespräch sucht, kann Vertrauen zum Vorgesetzten entstehen sowie gefördert werden. Die Trauer kann dadurch nachhaltig beeinflusst werden. In Erfahrungsgruppen ist ein Austausch über den Prozess aber auch über die Vergangenheit möglich, bevor der Veränderungsprozess implementiert wurde. Change-Runden und Teamsitzungen ermöglichen einen Austausch mit den Führungskräften über den Prozess und Gründe für die Trauer können adressiert werden.

Insgesamt ist es wichtig, Zeit zu geben, damit den Betroffenen eine Auseinandersetzung mit der eigenen Trauer ermöglicht wird. Dadurch kann Vertrauen in die

Fortführung des Prozesses bzw. das Neue und in die Person der Führungskraft geschaffen werden.

In dieser Phase ist es besonders wichtig, Kommunikationsmaßnahmen anzuwenden, durch welche die Betroffenen Möglichkeiten haben, Unterstützung in der Auseinandersetzung mit ihrer Trauer zu finden. Jeder Mensch geht individuell unterschiedlich mit seiner Trauer um. Die erläuterten Kommunikationsmaßnahmen unterstützen eine persönliche Auseinandersetzung mit der eigenen Trauer und beeinflussen die Emotionen sowie das Vertrauen in den Veränderungsprozess.

Hauptemotion Neugier/Enthusiasmus
In der emotionalen Phase der Öffnung äußern sich Neugier und Enthusiasmus als Hauptemotionen. Zu diesem Zeitpunkt werden von den Betroffenen Chancen sowie Möglichkeiten, die durch die Veränderung entstehen, erkannt. Die Umsetzung des Neuen kann nun beginnen, da Bereitschaft signalisiert wird. Eigene Ziele und Auffassungen der Betroffenen stimmen nach und nach mit den Zielen des Veränderungsprozesses überein. Um Neugier und Enthusiasmus zu fördern, sollte anhand von Kommunikationsmaßnahmen die Partizipation gewährleistet werden und das Motivieren der Betroffenen im Vordergrund stehen. Durch Motivieren und Teilhaben aller Mitarbeiter werden Neugier und Enthusiasmus für den weiteren Verlauf des Prozesses aufrechterhalten.

Kommunikationsmaßnahmen wie z. B. Workshops gewährleisten zu diesem Zeitpunkt des Prozesses die Partizipation der Betroffenen, indem eigene Auffassungen und Ziele bei der Bearbeitung einer Fragestellung mit eingebracht werden können. Ebenso tragen runde Tische, bei denen in kleinen Gruppen über zentrale Fragestellungen zur Umsetzung des Konzeptes diskutiert werden kann, zur Einbeziehung der Betroffenen bei. Das World Café ist eine Möglichkeit, die in hohem Maße auf die Partizipation einer sehr großen Gruppe ausgerichtet ist. Austausch und Diskussion mit vielen unterschiedlich denkenden Betroffenen regen Gedanken und Ideen zur Umsetzung des Konzeptes an und fördern die Neugier auf den weiteren Verlauf des Prozesses. Auf digitalem Wege können Diskussionsforen oder moderierte Chats zur Partizipation geschaffen werden. Die Beteiligung der Betroffenen an der Gestaltung des Prozesses, in dem eigene Ziele und Auffassungen in Diskussionen mit eingebracht werden können, ist entscheidend. Nur so stimmen die eigenen Ziele mit denen des Prozesses überein und der Enthusiasmus für den weiteren Verlauf bleibt bestehen bzw. wird gesteigert.

Das Motivieren der Betroffenen kann ebenfalls dazu beitragen, dass der Enthusiasmus der Betroffenen steigt. Kommunikationsmaßnahmen wie z. B. eine Videobotschaft oder eine Rede des Vorstands, die einen Rückblick auf die bereits erreichten Ziele des Prozesses bietet, oder eine persönliche E-Mail vom Chef, die den persönlichen Fortschritt lobt und auf nächste Schritte hinweist, können motivierend wirken und den Enthusiasmus der Betroffenen steigern. Eine kleine Betriebsfeier kann Wertschätzung ausdrücken und anhand eines Rückblicks auf die bereits erfolgreich gestalteten Schritte des Veränderungsprozesses motivieren. Ein Ideenwettbewerb, bei dem Betroffene ihre Ideen zur weiteren Gestaltung sowie Verbesserung des Prozesses abgeben können, stellt eine weitere motivierende Kommunikationsmaßnahme dar. Die fundiertesten und kreativsten Ideen zur weiteren Gestaltung des Prozesses werden ausgezeichnet und im Prozess verankert. Aufgrund der vielfältigen Ideen kann die Neugier vieler Betroffener gesteigert werden. Die Umsetzung der Ideen fördert den Enthusiasmus, da eigene Ziele, die in der Idee verankert sind, mit den Zielen des Veränderungsprozesses übereinstimmen.

Eigene Ziele und Auffassungen stimmen zu diesem Zeitpunkt in hohem Maße mit den Zielen des Veränderungsprozesses überein. Die erläuterten Kommunikationsmaßnahmen können auf partizipative und motivierende Weise zu einer Steigerung der Neugier und des Enthusiasmus für den weiteren Prozessverlauf beitragen.

Hauptemotion Selbstvertrauen

Das eigene Handeln und das Handeln Anderer werden aufgrund subjektiver Normen bewertet. Das neu Erlernte ist zum Ende des Prozesses erfolgreich in den Arbeitsalltag integriert und es herrscht Selbstvertrauen im Handeln der Betroffenen. Positive Emotionen und Selbstvertrauen entstehen, da das eigene Handeln und das Handeln Anderer (in Bezug auf den Prozess) als positiv bewertet wird. Durch weiteres Lernen und die Umsetzung weiterer Maßnahmen seitens der Betroffenen kann das Selbstvertrauen weiterhin gestärkt werden. Das Vertrauen in den Prozess und den Vorgesetzten darf dabei nicht verloren gehen.

Eine Betriebsfeier zum Abschluss des Prozesses fördert die Motivation, indem der bisherige Erfolg gefeiert und Wertschätzung zum Ausdruck gebracht wird. Die Betriebsfeier verdeutlicht, dass das Unternehmen und die Mitarbeiter auf dem richtigen Weg sind. Dies kann durch eine Rede des Vorstandsvorsitzenden zusätzlich untermauert werden. Dadurch entsteht Selbstvertrauen in die eigenen Fähigkeiten und für die Zukunft. Auf digitalem Wege kann der Vorstand eine Videobotschaft oder eine persönliche E-Mail versenden, um für die Zukunft zu motivieren und Lob über den vergangenen Prozess zum Ausdruck zu bringen. Dies kann zur Stärkung des Selbstvertrauens beitragen.

Weiterhin ist es wichtig, entsprechende Kommunikationsmaßnahmen zur Stärkung des Vertrauens zu implementieren. Teamsitzungen geben dem Vorgesetzten die Möglichkeit, mit seinem Team über positive bzw. negative Aspekte des Veränderungsprozesses zu diskutieren. Dies kann positiv zum Selbstvertrauen der Betroffenen beitragen und negative Aspekte lösen. Ebenso dienen Erfahrungsgruppen zum Austausch und zur Festigung des richtigen Handelns. Interessengruppen können weitere zentrale Maßnahmen erarbeiten und Selbstvertrauen hinzugewinnen. Face-to-face-Gespräche über den Verlauf des Prozesses fördern das Vertrauen zwischen Vorgesetzten und Mitarbeitern und können sich ebenfalls positiv auf das Selbstvertrauen auswirken. Im Zuge von Change-Runden können Betroffene ihre aktuelle Situation mit Führungskräften diskutieren und möglicherweise Lösungswege sowie unterstützende Maßnahmen entwickeln. Dies fördert das Vertrauen in die Führungskräfte und stärkt das Selbstvertrauen für die Zukunft.

Motivierende und vertrauensstärkende Kommunikationsmaßnahmen fördern das Selbstvertrauen der Betroffenen, was sich wiederum positiv auf die Verankerung des neu Erlernten auswirkt.

Der Einsatz zielgerichteter, an den Emotionen der Betroffenen ausgerichteter Kommunikationsmaßnahmen hat einen entscheidenden Einfluss auf den Verlauf des gesamten Veränderungsprozesses und kann den Erfolg des Unternehmens beeinflussen. Der Einsatz der beschriebenen Kommunikationsmaßnahmen und die dadurch bedingte Beeinflussung der Emotionen führen schlussendlich zu positiven Emotionen, die sich in hohem Maße auf die Motivation aller Mitarbeiter in einem Veränderungsprozess auswirken können. Die Ausführungen zeigen zudem, dass auch Reden als Kommunikationsinstrumente einen wesentlichen Beitrag zur Steuerung von Emotionen leisten können. Dies ist insbesondere dann der Fall, wenn aus kognitiver Sicht die damit verbundenen Informationen einen wichtigen Beitrag zur Beurteilung von Veränderungsinhalten bieten und dadurch relevante Hauptemotionen beeinflussen.

Literatur

Asendorpf, J. B., Wallbott, H. G., & Scherer, K. R. (1983). Der verflixte Represser. Ein empirisch begründeter Vorschlag zu einer zweidimensionalen Operationalisierung von Repression-Sensitization. *Zeitschrift für differentielle und diagnostische Psychologie, 4,* 113–128.
Beck-Tauber, D. (2012). *Transformational leadership: Exploring its functionality.* München: Universitäts-Buchbinderei Georg Konrad.
Ben-Ze'ev, A. (2009). *Die Logik der Gefühle. Kritik der emotionalen Intelligenz.* Frankfurt a. M.: Suhrkamp.
Brammer, C. (2014). Interne Veränderungskommunikation – Erstellung einer grundlegenden Kommunikationsstrategie im Hinblick auf die Umsetzung der standardisierten Personalmanagement-Prozesse an den deutschen Standorten der Volkswagen AG. Unveröffentlichte Bachelorarbeit der Hochschule Harz, Wernigerode.
Brehm, C. R. (2006). Kommunikation im Wandel. In W. Krüger (Hrsg.), *Excellence in Change. Wege zur strategischen Erneuerung* (S. 281–309). Wiesbaden: Gabler.
Cevey, B., & Prange, P. (1999). Vom Nutzen der Veränderung. Personalentwicklung und Organisationsentwicklung im Zeichen des Wandels. In H. Spalink (Hrsg.), *Werkzeuge für das Change-Management. Prozesse erfolgreich optimieren und implementieren* (S. 113–142). Frankfurt a. M.: Frankfurter Allgemeine Buch im F.A.Z.-Institut.
Claßen, M. (2008). *Change Management aktiv gestalten. Personalmanager als Architekten des Wandels.* Köln: Luchterhand.
Della Picca, M., & Spisak, M. (2013). Psychologische Grundlagen für Führungskräfte. In T. Steiger & E. Lippmann (Hrsg.), *Handbuch Angewandte Psychologie für Führungskräfte. Führungskompetenz und Führungswissen* (Bd. 1, S. 65–112). Berlin: Springer.
Deutinger, G. (2013). *Kommunikation im Change. Erfolgreich kommunizieren in Veränderungsprozessen.* Berlin: Springer.
Ekman, P. (1992). Are there basic emotions? *Psychological Review, 99*(3), 550–553.
Felfe, J. (2006). Transformationale und charismatische Führung – Stand der Forschung und aktuelle Entwicklungen. *Zeitschrift für Personalpsychologie, 5*(4), 163–176.
Frielingsdorf, A. (2013). Storytelling. In T. Steiger & E. Lippmann (Hrsg.), *Handbuch Angewandte Psychologie für Führungskräfte. Führungskompetenz und Führungswissen* (Bd. 1, S. 253–264). Berlin: Springer.
Gabler Wirtschaftslexikon (o. J./3). Stakeholder-Ansatz. http://wirtschaftslexikon.gabler.de/Archiv/54861/stakeholder-ansatz-v6.html. Zugegriffen: 19. Juni 2015.

Gundlach, A. (2013). *Wirkungsvolle Live-Kommunikation. Liebe Deine Helden: Dramaturgie und Inszenierung erfolgreicher Events*. Wiesbaden: Gabler.

Heyder, D. (2014). Am Puls des Wandels – Veränderungskommunikation messen und steuern. Unveröffentlichte Dissertation der Universität Hohenheim.

Hoffmann, C., Hülshoff, T., Negri, C., Schwalbe, B., & Wicht, G. (2010). Gestaltung von Bildungsveranstaltungen: Aktuelle Methoden und Trends. In C. Negri (Hrsg.), *Angewandte Psychologie für die Personalentwicklung. Konzepte und Methoden für Bildungsmanagement, betriebliche Aus- und Weiterbildung* (S. 157–224). Berlin: Springer.

Jenewein, W. (2008). *Das Klinsmann-Projekt. Harvard Business Manager, 30*(6), 16–28.

Karmasin, M., & Weder, F. (2014). Stakeholder-Management als kommunikatives Beziehungsmanagement: Netzwerktheoretische Grundlagen der Unternehmenskommunikation. In A. Zerfaß & M. Piwinger (Hrsg.), *Handbuch der Unternehmenskommunikation: Strategie – Management – Wertschöpfung* (S. 81–103). Wiesbaden: Springer.

Kaune, J. (2014). Die Relevanz verschiedener Führungsmodelle im Change Management zur Entwicklung einer nachhaltigen Unternehmensführung. Unveröffentlichte Bachelorarbeit der Universität Bremen.

Klaußner, A. (2009). *Phasenangepasste Führung von Wachstumsunternehmen*. Köln: Eul.

Kotter, J. P. (2012). *Leading Change – Wie Sie Ihr Unternehmen in acht Schritten erfolgreich verändern*. München: Vahlen.

Landes, M., Spörrle, M., & Steiner, E. (2013). Emotionen: Überblick und Darstellung ihrer Relevanz für wirtschaftliche Prozesse. In M. Landes & E. Steiner (Hrsg.), *Psychologie der Wirtschaft* (S. 71–102). Wiesbaden: Gabler.

Mast, C. (2008). Alltag, aber noch keine Routine – wie Unternehmen den Wandel kommunizieren. https://www.uni-hohenheim.de/news/alltag-aber-noch-keine-routine-wie-unternehmen-den-wandel-kommunizieren-3. Zugegriffen: 22. Febr. 2014.

Mast, C. (2016). *Unternehmenskommunikation. Ein Leitfaden*. Konstanz: UVK.

Müller, J. (2010). Kommunikationstechniken. In A. Kaune (Hrsg.), *Change Management mit Organisationsentwicklung. Veränderungen erfolgreich durchsetzen* (S. 67–96). Berlin: Schmidt.

o. V. (o. J./1). Auswertungs-Portfolio. http://www.kraus-und-partner.de/sites/default/files/stakeholder-matrix.jpg. Zugegriffen: 02. Juli 2015.

Pfannenberg, J. (2009). Strategien der Veränderungskommunikation. In: J. Pfannenberg (Hrsg.), *Veränderungskommunikation* (S. 12–22). Frankfurt a. M.: FAZ-Institut für Management-, Markt- und Medieninformationen GmbH.

Pfrengle, A. (2004). *Affektausdruck und Beziehungsregulation. Eine qualitativ empirische Studie über Patienten mit somatoformen Störungen*. München: Meidenbauer.

Pluspunkt, (2010). *Erfolgsfaktor Change Communication – zwischen Wunsch und Wirklichkeit*. Bensheim: IFOK GmbH.

Rank, S. (2010). Einführung in das Change Management. In S. Rank & R. Scheinpflug (Hrsg.), *Change Management in der Praxis: Beispiele, Methoden,Instrumente* (S. 15-36). Berlin: Schmidt.

Robrecht, T. (2010). Umgang mit Emotionen. In K. Kreuser & T. Robrecht (Hrsg.), *Führung und Erfolg. Eigene Potenziale entfalten, Mitarbeiter erfolgreich machen* (S. 21–37). Wiesbaden: Gabler.

Roth, S. (2000). Emotionen im Visier: Neue Wege des Change Managements. *OrganisationsEntwicklung, 2*, 14–21.

Schmidt-Atzert, L. (1996). *Lehrbuch der Emotionspsychologie*. Stuttgart: Kohlhammer.

Schulz von Thun, F. (1998). Miteinander Reden 1. Störungen und Klärungen. Allgemeine Psychologie der Kommunikation. Reinbek bei Hamburg: Rowohlt Taschenbuch Verlag.

Schwarzer-Petruck, M. (2014). *Emotionen und pädagogische Professionalität. Zur Bedeutung von Emotionen in Conceptual-Change-Prozessen in der Lehrerbildung.* Wiesbaden: Springer.

Shaver, P., Schwartz, J., Kirson, D., & O'Connor, C. (1987). Emotion knowledge: Further exploration of a prototype approach. *Journal of Personality and Social Psychology, 52,* 1061–1086.

Stolzenberg, K., & Heberle, K. (2013). *Change Management. Veränderungsprozesse erfolgreich gestalten – Mitarbeiter mobilisieren. Vision, Kommunikation, Beteiligung, Qualifizierung.* Berlin: Springer.

Urban, F. Y. (2008). *Emotionen und Führung. Theoretische Grundlagen, empirische Befunde und praktische Konsequenzen.* Wiesbaden: Gabler.

Wagner, E., Fries, S., Gerndt, U., Schaefer, H., & Schüppel, J. (2010). *Wie erfolgreiche Veränderungskommunikation wirklich funktioniert?! Das change FACTORY Prinzip: Erprobt. Erfolgreich. Einfach.* Berlin: Pro Business.

Wallbott, H. G., & Scherer, K. R. (1986). Cues and channels in emotion recognition. *Journal of Personality and Social Psychology, 51,* FAZ-Institut für Management 690–699.

Weber, M. (1980). *Wirtschaft und Gesellschaft. Grundriß der verstehenden Soziologie.* Tübingen: Mohr.

Weibler, J. (2001). *Personalführung.* München: Vahlen.

Weibler, J. (2010). Obama kam, sprach und siegte: Oder wie Reden Führung begründen. In J. Weibler (Hrsg.), *Barack Obama und die Macht der Worte* (S. 12–38). Wiesbaden: VS Verlag.

Wendt, S. (2015). Entwicklung konzeptioneller Ansatzpunkte zur Veränderungskommunikation unter Berücksichtigung aktueller Forschungsergebnisse. Unveröffentlichte Masterarbeit der Hochschule Harz, Wernigerode

Wimmer, K. (2001). Emotionen und Methoden in Change-Prozessen von Organisationen. Über die innere Verarbeitung des radikalen Wandels. http://www.wimmer-partner.at/pdf.dateien/change-pro.pdf. Zugegriffen: 21. Febr. 2014.

Zimbardo, P. G., & Gerrig, R. J. (2004). *Psychologie.* München: Pearson Studium.

Kommunikationscontrolling als Steuerungs- und Evaluationsinstrument

4

Alle Parameter der Veränderungskommunikation sind zu planen, zu steuern und zu evaluieren. Der Anspruch, Change Communication als Managementaufgabe zu sehen, beinhaltet zudem die Notwendigkeit, die Beiträge der Kommunikationsmaßnahmen nicht nur für die direkt damit verbundenen Ziele abzubilden, sondern auch für die monetären Zielgrößen des Unternehmens. Somit geht es darum, z. B. die Wirkungen der Kommunikationsmaßnahmen auf die Veränderungsbereitschaft der Mitarbeiter zu messen, aber auch zusätzlich darum, wie und in welchem Umfang eine (nachgewiesene) erhöhte Veränderungsbereitschaft der Mitarbeiter dazu beigetragen hat, monetäre oder strategische Zielgrößen des Unternehmens positiv zu beeinflussen.

Grundsätzlich ist Controlling „ein Teilbereich des unternehmerischen Führungssystems, dessen Hauptaufgabe die Planung, Steuerung und Kontrolle aller Unternehmensbereiche ist" (Gabler Wirtschaftslexikon o. J./2). Vor diesem Hintergrund sehen Pfannenberg und Diercks (2009, S. 92) das Kommunikationscontrolling als einen Teilbereich des Gesamtcontrolling im Unternehmen. Die Aufgaben bestehen darin, die optimale Allokation der für die Kommunikation eingesetzten Ressourcen sicherzustellen sowie Mitarbeiter, Agenturen, Budgets und Maßnahmen zu steuern. „Nur wenn die Kommunikationsziele und -abläufe vor Beginn der Kommunikation geplant sind, können sie kontrolliert und kommunikativ gesteuert werden. Die Kommunikationsziele müssen relevant und messbar, die Steuerungsinstrumente transparent sein" (Pfannenberg und Diercks 2009, S. 92). Dieses Verständnis von Kommunikationscontrolling kann weitgehend als akzeptiert eingestuft werden. Unterschiedliche Sichtweisen gibt es aber hinsichtlich der möglichen (realistischen) Reichweite eines Kommunikationscontrolling. Dies soll im Folgenden anhand verschiedener Wirkungsebenen der Kommunikation verdeutlicht werden (Pfannenberg und Diercks 2009, S. 93 f.; Rolke 2007, S. 13).

© Springer Fachmedien Wiesbaden 2016
A. Kaune und A.-S. Wagner, *Change Communication*,
DOI 10.1007/978-3-658-11611-8_4

Output-Ebene

Auf der Output-Ebene wird gefragt, ob die Botschaften die Zielgruppen erreichen. Konkret ist zu ergründen, ob die (inhaltliche) Kommunikationsleistung hinsichtlich Qualität und Menge adäquat ist und ob die Prozesse effektiv bzw. effizient sind.

Outcome-Ebene

Hier wird gefragt, ob die Botschaften das Wissen, die Meinung oder das Verhalten verändern. Voraussetzung hierfür ist, dass die Botschaften vom Empfänger auch wahrgenommen und verstanden werden (Outgrowth-Ebene).

Outflow-Ebene

Hier wird gefragt, ob und in welchem Umfang durch Kommunikation betriebswirtschaftliche Wirkungen erzielt werden. So ist z. B. zu überprüfen, ob die Stakeholder sich so verhalten, dass die strategischen und finanziellen Veränderungsziele erreicht werden.

Input-Ebene

Auch wenn vorrangig die Wirkungen im Vordergrund stehen, darf natürlich nicht vernachlässigt werden, dass es auch eine Input-Ebene geben muss. Diese stellt nach Heyder (2014, S. 68) „die Aufwendungen dar, die der Kommunikation zugrunde liegen. Die eingesetzten Ressourcen umfassen den Personaleinsatz und den Finanzaufwand für Kommunikation. Beides kann mithilfe von Kostenkategorien gemessen werden."

Die kombinierte Sichtweise von Input- und Output-Ebenen schlägt sich in dem sog. DPRG/IVC-Bezugsrahmen (o. V. o. J./1; vgl. Abb. 4.1) nieder, der zwischenzeitlich eine anerkannte Grundlage des Kommunikationscontrolling ist.

Nach Pfannenberg und Diercks (2009, S. 93) können die Output- und die Outcome-Ebene dem operativen Controlling und die Outflow-Ebene dem strategischen Controlling zugeordnet werden. Das operative Controlling zielt auf die Communication Performance und das strategische Controlling auf die Business Performance ab (Heyder 2014, S. 70). Somit ist festzuhalten, dass sich Output und Outcome auf inhaltliche Aspekte der Sozial- und Kommunikationswissenschaften beziehen und Outflow den Bezugsrahmen des Controlling in Richtung klassischer Controlling-Ansätze mit finanzwirtschaftlichen und strategischen Größen erweitert.

4.1   Operatives Kommunikationscontrolling

Da der Fokus des operativen Kommunikationscontrolling auf der Communication Performance liegt, wird der inhaltliche Bezugsrahmen zunächst nicht verlassen (von den monetär darstellbaren Inputgrößen einmal abgesehen).

Beispielhaft für Steuerungssysteme des operativen Controlling soll der *Index Interne Unternehmenskommunikation* (vgl. Abb. 4.2) im Folgenden dargestellt werden, da dieses

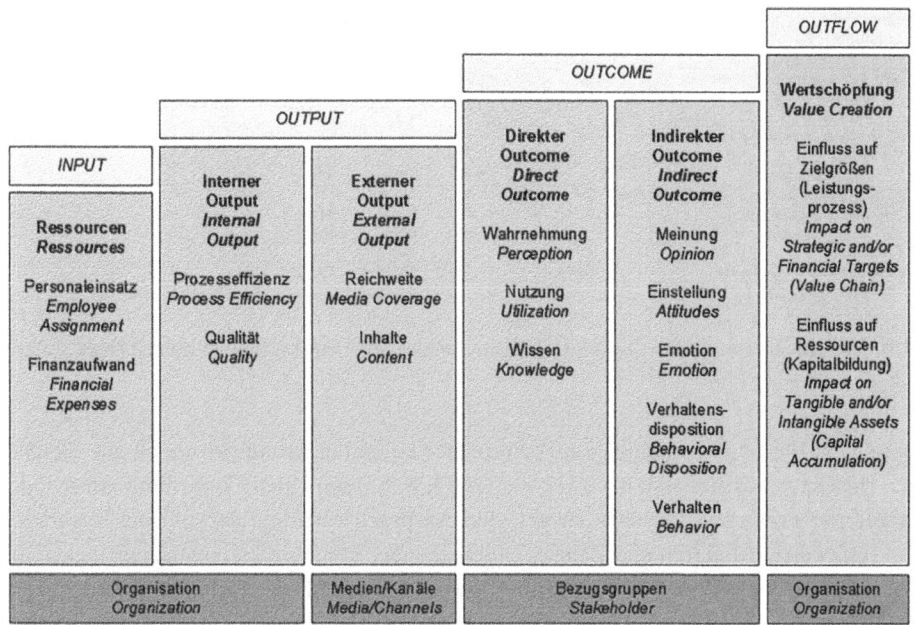

Abb. 4.1 DPRG/ICV-Bezugsrahmen. (o. V. o. J./1)

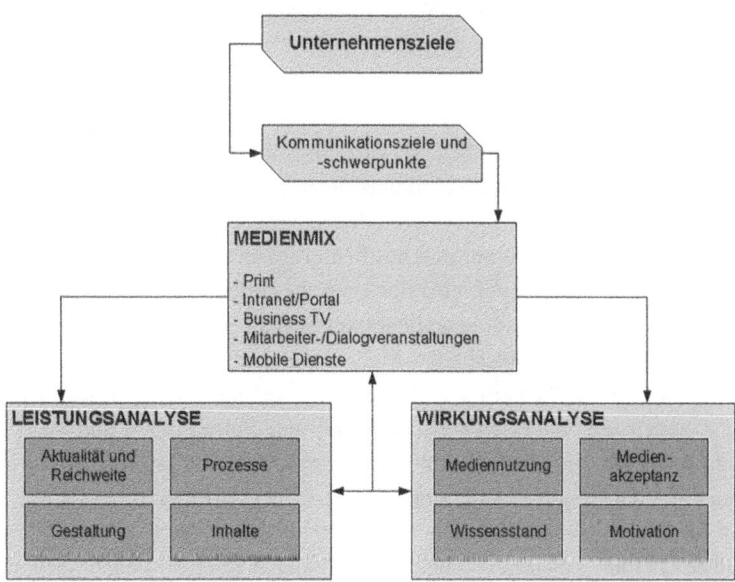

Abb. 4.2 Systematik Index Interne Kommunikation von ICOM. (Heyder 2014, S. 84)

Kennzahl	Einheit	Soll	Ist 2003	Ist 2004	Tendenz	Status	Anmerkung
Leistung							
KPI Technische Reichweite	%	= 99%	85%	95%	↗	☹	
KPI Schulungsgrad Editoren zu Aktualisierung und Gestaltung	%	>= 50%	30%	55%	↗	☺	
HI Zeitdauer zur Erstellung neuer Inhalte	h	<= 3	4,5	4,5	→	☺	
HI Erscheinungshäufigkeit von Themen	%	>= 100%		67%		☹	
Wirkung							
KPI Zugangsquote	%	= 99%	89%	92%	→	☹	
KPI Zeitbedarf für die Suche von Inhalten	Ø-Minuten	<= 3	12	7	↘	☹	
KPI Nutzungshäufigkeit	%	>= 80%	94%	94%	→	☺	
KPI Glaubwürdigkeit	%	>= 80%	86%	86%	→	☺	
Finanzen							
KPI Kosten pro Mitarbeiter	EUR	<= 30,00	33,00	25,00	↘	☺	
Weitere Kennzahlen							

Abb. 4.3 Beispielhafter Auszug aus einer Bewertungsmatrix für das Intranet. (nach Heyder 2014, S. 85)

Instrument für die Communication Performance bei Veränderungsprozessen gut geeignet ist.[1] Hierbei handelt es sich nach Heyder (2014, S. 83) um einen Controlling-Ansatz, der sich in der Praxis gut bewährt hat und den Anspruch verfolgt, „sowohl die Evaluation von Konzepten, Abläufen und Zielabweichungen des Kommunikationsmanagements, die Wirkungsmessung einzelner Kommunikationsinstrumente, als auch die Erfassung des Wertbeitrages der internen Kommunikation zu kombinieren und mit praxisorientierten Methoden umzusetzen". Dazu werden hauptsächlich die Medien der internen Kommunikation analysiert und deren Wirkungen bewertet. Grundlage des Bewertungsprozesses sind die Leistungsfähigkeit sowie die Wirkung bezogen auf die Dimensionen Aktualität und Reichweite, Gestaltung, Prozesse und Potenziale, Inhalt, Nutzung, Akzeptanz, Motivation sowie Wissensstand (o. V. o. J./2).

Im Umsetzungsprozess erfolgt die Ableitung der Kommunikationsziele und -schwerpunkte aus den Unternehmenszielen bzw. den mit dem Veränderungsprozess konkret verbundenen Zielen. Im nächsten Schritt wird eine Prüfung aller internen Medien unter dem Gesichtspunkt der Vermittlungsfähigkeit zentraler Kommunikationsbotschaften (z. B. durch Experteninterviews oder Workshops) vorgenommen. Um die Kommunikationsmaßnahmen, für die diese internen Medien eingesetzt werden, messbar zu machen, werden Soll-Kennzahlen für die einzelnen zu bewertenden Medien gebildet. Nach Durchführung der Kommunikationsmaßnahmen besteht jetzt die Möglichkeit, die Wirkung und die Leistung der eingesetzten Medien durch die Mitarbeiter (als Beispiel für eine Stakeholder-Gruppe) bewerten zu lassen. Dies erfolgt i. d. R. ausschließlich quantitativ über Checklisten, Interviews, Medienanalysen, Befragungen und Workshops. Im Ergebnis entsteht dann pro Medium eine Matrix mit Soll- und Ist-Werten sowie Tendenzen, die den Grad der Zielerreichung dokumentieren (vgl. Abb. 4.3).

Sowohl für die einzelnen Medien als auch in aggregierter Form für die einzelnen Dimensionen der Leistungs- und der Wirkungsbereiche können jetzt detaillierte

---

[1]Weitere Steuerungs- und Messsysteme des operativen Controlling können z. B. nachgelesen werden bei Rolke (2007, S. 13 f.) sowie Heyder (2014, S. 62 ff.).

Optimierungsempfehlungen definiert und eingesteuert werden (Heyder 2014, S. 83 ff.; o. V. o. J./2).

Der *Index Interne Kommunikation* als Instrument des operativen Kommunikationscontrollings bietet eine gute Möglichkeit, die Output- und die Outcome-Ebenen quantitativ zu bewerten. Somit hat er eine Steuerungsfunktion für die Communication Performance. Kritisch aus methodischer Sicht bleibt allerdings anzumerken, ob der rein quantitative Ansatz hierfür nicht zu einseitig ist und durch das Fehlen qualitativer Daten wichtige Informationen und damit Steuerungsmöglichkeiten verloren gehen.

4.2   Strategisches Kommunikationscontrolling

Das strategische Kommunikationscontrolling bezieht neben der Output- und der Outcome-Ebene zusätzlich den Outflow-Bereich ein. Hierdurch wird die Ebene der Communication Performance verlassen und es erfolgt ein Agieren im Bereich der Business Performance. Durch die zusätzliche Integration monetärer und strategischer Größen wird der (bezogen auf die Sozial- und Kommunikationswissenschaften) interne Bezugsrahmen endgültig verlassen, was auch zu einer zunehmenden Komplexität des Controlling-Ansatzes führt.

Ähnlich wie beim operativen Controlling soll auch der strategische Ansatz wieder mit Hilfe eines Umsetzungsbeispiels erläutert werden. Der Ansatz hat seine Wurzeln in der Balanced Scorecard (BSC) von Kaplan und Norton (1997). Dieses Konzept (vgl. Abb. 4.4) basiert auf der Grundüberlegung, dass ein Unternehmen eine Vision

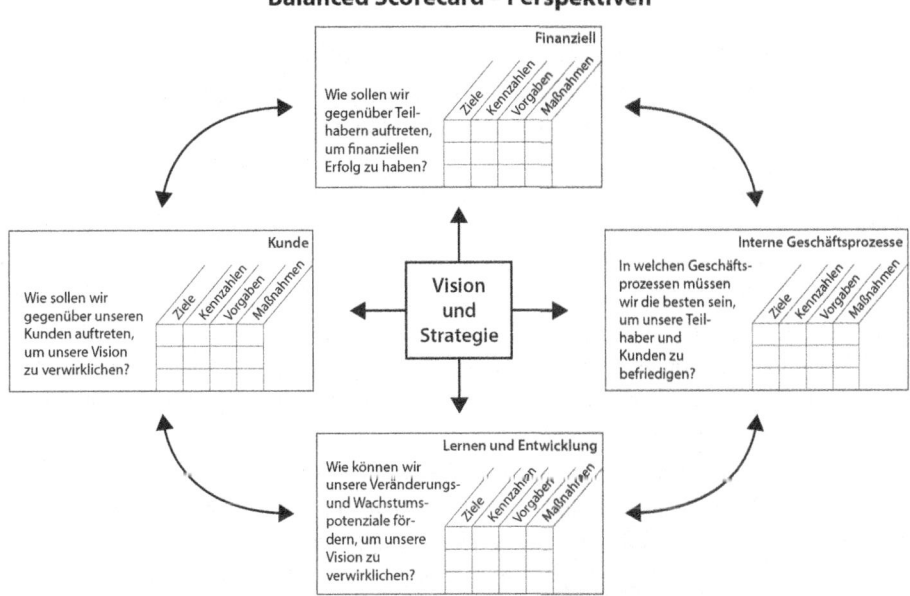

Abb. 4.4 Balanced Scorecard (BSC) – Perspektiven. (Kaplan und Norton 1997, S. 9)

und eine darauf abgestimmte Strategie hat. Um diese Strategie umzusetzen, sind vier Perspektiven zu berücksichtigen (o. V. 2011, S. 1 f.).

Finanzperspektive
Hier wird analysiert, welche finanziellen Ziele mit der Strategie verbunden sind und wie diese Ziele erreicht werden. Mögliche Kennzahlen hierfür sind Umsatz, Gewinn oder Eigenkapitalrendite.

Kundenperspektive
Die Berücksichtigung dieser Perspektive bedeutet, die Relevanz der Strategie für Kunden sowie die Absatzmärkte der Produkte und/oder Dienstleistungen im Auge zu behalten. Es geht z. B. darum, welche Käufergruppen wie erschlossen werden können. Mögliche Kennzahlen sind Marktanteile, Kundenbindung oder Kundenzufriedenheit.

Prozessperspektive
Hier stehen die Ermittlung, die Überwachung und die Optimierung der internen Prozesse im Mittelpunkt, die z. B. für die Erreichung der Kundenziele relevant sind. Kennzahlen für Geschäftsprozesse sind z. B. Ausschuss, Produktivität oder Durchlaufzeit.

Lern- und Entwicklungsperspektive (Mitarbeiterperspektive)
Sie bezieht sich i. W. auf die Qualifikation und die Motivation der Mitarbeiter sowie die Maßnahmen, die für deren Weiterentwicklung relevant sind. Als typische Messgrößen können z. B. Betriebsklima, Krankenstand oder Mitarbeiterzufriedenheit gesehen werden.

Die Nutzung der BSC als Managementsystem setzt voraus, dass pro Perspektive Ziele abgeleitet und mit Kennziffern, Vorgaben sowie Maßnahmen hinterlegt werden. Über mögliche Soll-Ist-Differenzen werden dann Erfüllungsgrade und damit auch Steuerungsmöglichkeiten deutlich. Dabei ist sie nicht nur ein Kennzahlensystem, sondern ein ganzheitlicher Ansatz, um eine Strategie und ihre Umsetzung zu managen (Gabler Wirtschaftslexikon o. J./1).

Die vier Perspektiven der BSC sind gleichgewichtig und stehen zueinander in einem Ursache-Wirkungszusammenhang. So kann davon ausgegangen werden, dass fähige und motivierte Mitarbeiter (Lern- und Entwicklungsperspektive) Grundlage für die Erbringung von guten Leistungen sind und damit positiv auf die Prozessperspektive wirken. Effiziente Geschäftsprozesse sind eine wichtige Grundlage für den Markterfolg (Kundenperspektive). Zufriedene Kunden und auch neue Kunden wirken sich positiv auf Umsatzwachstum und Gewinne (und damit die Finanzperspektive) aus (o. V. 2011, S. 2). Diese Ursache-Wirkungsbeziehungen (laut Pfannenberg 2009 Werttreiberbeziehungen bzw. Value Links) werden oft in einer sogenannten „Strategy Map" (vgl. Abb. 4.5) visualisiert, die damit gleichzeitig die dynamische Ergänzung der BSC darstellt.

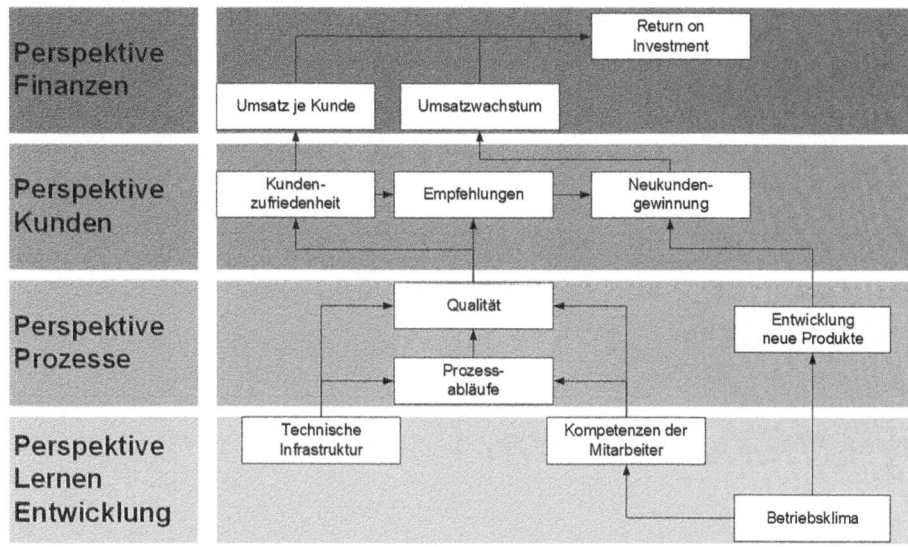

Abb. 4.5 Strategy Map. (Fleig o. J.)

Die BSC als Managementinstrument wurde weiterentwickelt (Zerfaß 2004, S. 2), aber auch für andere Managementaufgaben adaptiert.[2] Insbesondere in Verbindung mit der Strategy Map ist sie auch für das strategische Kommunikationscontrolling nutzbar. „Da die Strategy Map Unternehmensziele in Ursache-Wirkungsbeziehungen für den Unternehmenserfolg abbildet, kann die Kommunikation mit ihren Zielen und Messgrößen hier anschließen" (DPRG/Pfannenberg/Sass, 2007; nach Pfannenberg 2009, S. 5). In diesem Sinne sind die beiden zentralen Kommunikationsstränge, d. h. interne und externe (Veränderungs-) Kommunikation (vgl. Abschn. 3.2), als Werttreiber für die vier Perspektiven der Strategy Map zu sehen. Dabei ist insbesondere die interne Kommunikation als Treiber für Lernen und Entwicklung mit den sich daraus ergebenden Wirkungen auf die drei anderen Perspektiven zu betrachten. Dies ist sicherlich vor dem Hintergrund der Veränderungskommunikation der zentrale Ansatzpunkt. Aber die externe Kommunikation als Treiber für z. B. Kundenbeziehungen, Image oder Finanzierungsstrategie hat ebenfalls einen nicht zu unterschätzenden Stellenwert (auch für die Veränderungskommunikation).

---

[2]Deren flexible Anwendung zeigt sich bspw. in der Integration eines Nachhaltigkeitskonzeptes, was zu einer Sustainability Scorecard führt und verdeutlicht, dass Umwelt- und Sozialaspekte langfristig auf ein Unternehmen einwirken. Eine weitere Entwicklung ist die sogenannte Aufsichtsrats-Scorecard, die den Aspekt einer zukunftsorientierten Ausrichtung der Arbeit des Aufsichtsrates im Blickpunkt hat. Insbesondere das übergeordnete Unternehmensziel einer guten Corporate Governance soll dabei Einfluss auf die Überwachungsfunktion des Aufsichtsrates nehmen (o. V. 2011, S. 5).

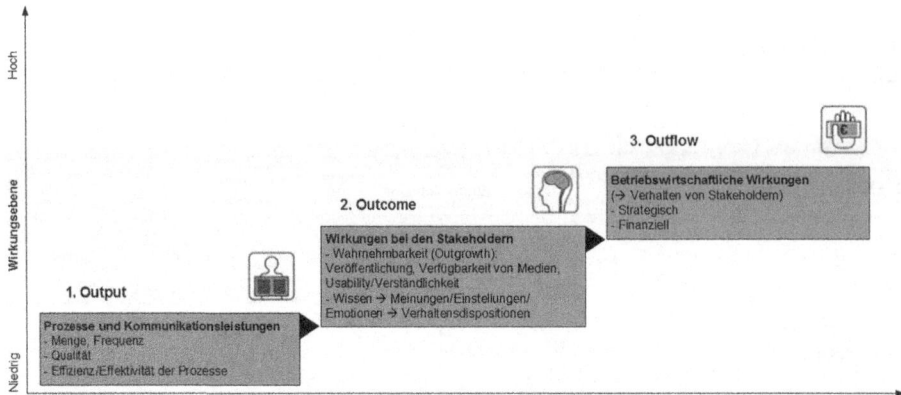

Abb. 4.6 Wirkungsebenen der Kommunikation. (DPRG 2001/Pfannenberg 2007; nach Pfannenberg 2009, S. 6)

Mit der BSC besteht nach Pfannenberg (2009) jetzt die Möglichkeit, die einzelnen Perspektiven mit konkreten Vorgaben und Messgrößen zu versehen, sodass über Ist- und Soll-Größen und deren evtl. Differenzen Steuerungsmöglichkeiten entwickelt werden. Natürlich gilt es dafür auch die grundsätzlichen Kommunikationsfelder mit konkreten Medien und Instrumenten zu bestücken und deren Wirkung qualitativ (bestenfalls auch quantitativ) zu belegen.

Bezogen auf das zentrale Kommunikationsinstrument dieses Buches, die Rede (z. B. eines Geschäftsführers des übernehmenden Unternehmens bei einer anstehenden Fusion), müsste deren positive Wirkung auf das Betriebsklima erkennbar (idealerweise sogar messbar) sein. Über das verbesserte Betriebsklima steigt die Motivation der Mitarbeiter, sich intensiv mit den Geschäftsprozessen beider Unternehmen auseinanderzusetzen. Diese zunehmende Qualifikation führt dazu, dass sie fähig sind, schlanke Prozesse im fusionierten Unternehmen einzuführen, was durch Empfehlungen zufriedener Kunden zu vielen Neukunden und somit einem Umsatzwachstum führt. Bezogen auf die eingangs zum Kommunikationscontrolling erläuterten Begriffe Output, Outcome und Outflow lässt sich die Wirkung folgendermaßen visualisieren (vgl. Abb. 4.6).

Positiv an diesem Ansatz des strategischen Kommunikationscontrolling ist, dass über die Vernetzung mit mittlerweile traditionellen (klassischen) Ansätzen wie der BSC die Wirkungen der Kommunikationsmaßnahmen – auch in Veränderungsprozessen – verdeutlicht werden können.

Die Aufwände für begleitende Kommunikationsmaßnahmen sind als Investitionen mit entsprechenden Wirkungen erkennbar. Allerdings sind auch Nachteile dieses Ansatzes sichtbar. Es ist nicht (oder nur mit sehr großem experimentellen Aufwand) möglich darzustellen, wie intensiv die Wirkung der Kommunikationsmaßnahmen auf die strategischen Zielgrößen ist. Hier muss sich nach wie vor auf Vermutungen beschränkt werden. Quantitative und damit eindeutige Aussagen sind bestenfalls argumentativ begründbar. Sie bieten dann naturgemäß auch eine große Angriffsfläche für Vertreter gegenteiliger Meinungen.

Literatur

Fleig, J. (o. J.). Strategy map. http://www.business-wissen.de/handbuch/strategy-maps/so-sieht-eine-strategy-map-aus/. Zugegriffen: 09. Juni 2015.

Gabler Wirtschaftslexikon (o. J./1). Balanced Scorecard. http://wirtschaftslexikon.gabler.de/Archiv/1856/balanced-scorecard-v7.html. Zugegriffen: 05. Juni 2015.

Gabler Wirtschaftslexikon (o. J./2). Controlling. http://wirtschaftslexikon.gabler.de/Archiv/399/controlling-v7.html. Zugegriffen: 04. Juni 2015.

Heyder, D. (2014). Am Puls des Wandels – Veränderungskommunikation messen und steuern. Unveröffentlichte Dissertation der Universität Hohenheim.

Kaplan, R. S., & Norton, D. P. (1997). *Balanced Scorecard: Strategien erfolgreich umsetzen*. Stuttgart: Schäffer-Poeschel.

o. V., (2011). Die Balanced Scorecard: Mehr als Kennzahlen. http://www.boeckler.de/pdf/mbf_bsc_konzept.pdf. Zugegriffen: 09. Juni 2015.

o. V., (o. J./1). DPRG/ICV-Bezugsrahmen. http://www.communicationcontrolling.de/standpunkte/dprgicv-bezugsrahmen.html. Zugegriffen: 04. Juni 2015.

o. V., (o. J./2). Index Interne Kommunikation (ICOM). http://www.communicationcontrolling.de/methoden/integrierte-systeme/index-interne-kommunikation.html. Zugegriffen: 05. Juni 2015.

Pfannenberg, J. (2009). Die Balanced Scorecard im strategischen Kommunikations-Controlling. http://www.communicationcontrolling.de/fileadmin/communicationcontrolling/pdf-dossiers/communicationcontrollingde_Dossier2_BSC_August2009.pdf. Zugegriffen: 09. Juni 2015.

Pfannenberg, J., & Diercks, A. (2009). Kommunikations-Controlling in Veränderungsprojekten. In J. Pfannenberg (Hrsg.), *Veränderungskommunikation* (S. 92–102). Frankfurt a. M.: FAZ-Institut für Management-Markt- und Medieninformationen GmbH.

Rolke, L. (2007). Kommunikations-Controlling – Die Steuerung eines weichen Erfolgsfaktors. *Update, 3*, 12–22.

Zerfaß, A. (2004). Die Corporate Communications Scorecard – Kennzahlensystem, Optimierungstool oder strategisches Steuerungsinstrument? *prportal.de, 57*, 1–8.

Die Rede als Instrument der Change Communication

5

Im Rahmen dieses Abschnittes werden zunächst kurz zentrale Zusammenhänge erläutert, die bei der Auswahl geeigneter Kommunikationsinstrumente in Veränderungsprozessen zu berücksichtigen sind. Die Zielsetzung der Ausführungen besteht aber nicht darin, einen Überblick zu allen denkbaren Instrumenten der Veränderungskommunikation zu geben. Vielmehr soll der Gesamtkontext deutlich werden, innerhalb dessen das für dieses Buch zentrale Instrument – die Rede – zu sehen ist, um abschließend auf das Instrument direkt in seinen wesentlichen Grundzügen einzugehen.

Der Einsatz verschiedener Kommunikationsinstrumente[1] hängt nach Schmalstieg und Pfannenberg (2009, S. 58 ff.) eng mit den Zielsetzungen und den kommunikativen Wirkungsketten der Veränderungskommunikation zusammen. Grundsätzliche Ziele der Auswahl bestehen darin, Wissen zu vermitteln, Dialogmöglichkeiten anzubieten, Partizipation zu unterstützen oder ein Gemeinschaftsgefühl im Unternehmen zu entwickeln. Dabei ist davon auszugehen, dass ein Instrument allein nicht in der Lage ist, diesen Zielsetzungen Rechnung zu tragen. Somit ist beim Einsatz in jedem Fall ein Mix aus Instrumenten zu planen.

---

[1]Schmalstieg und Pfannenberg (2009, S. 58 ff.) sprechen nicht von Instrumenten, sondern von Medien. Da die Begriffe Medium und (Kommunikations-)Instrument aber nicht klar voneinander abgrenzbar sind und im Rahmen dieses Buches den Überlegungen von Bazil (2014, S. 755 ff.) gefolgt wird, die Rede als Instrument zu klassifizieren, wird im Sinne der Übersichtlichkeit ausschließlich der Begriff (Kommunikations-)Instrument verwendet.

© Springer Fachmedien Wiesbaden 2016
A. Kaune und A.-S. Wagner, *Change Communication*,
DOI 10.1007/978-3-658-11611-8_5

Auch wenn betont wird, dass einzelne Instrumente nicht isoliert betrachtet werden können, soll im Folgenden das spezielle Instrument Rede im Mittelpunkt stehen.[2] Nach Bazil (2014, S. 755) ist Unternehmenskommunikation ohne Reden eigentlich nicht vorstellbar. Er verweist darauf, dass allein in den 500 großen deutschen Unternehmen jährlich ca. 29.000 Reden gehalten werden. Neuere Erhebungen zeigen, dass der Bedarf an Reden sogar noch gestiegen ist. Dabei lehnen 78 % der Großunternehmen Reden als reine Konvention ab. „Sie sehen in ihr sowohl ein wichtiges Instrument unternehmenspolitischer Arbeit (83 %) als auch ein Instrument der Kommunikation (76 %), sowohl ein Marketinginstrument (70 %) als auch ein Instrument der Mitarbeiterkommunikation (56 %)" (VRdS 2010; nach Bazil 2014, S. 756). Reden dienen dazu, zu informieren, zu motivieren oder zu unterhalten. Sie werden i. d. R. von den Topmanagern eines Unternehmens gehalten und sind als geplante Kommunikation zu sehen, die heute zunehmend zur direkten und personalisierten Ansprache von Stakeholdern genutzt wird (Bazil 2014, S. 755 f.). Im Sinne der unter Abschn. 3.3.1 beschriebenen Stakeholder-Orientierung können Reden somit auch im Rahmen der Veränderungskommunikation ein probates Mittel sein. Reden auf Parteitagen politischer Parteien oder Betriebsversammlungen in Unternehmen, in denen die Zuhörer auf wichtige Veränderungen eingeschworen werden, zeigen, dass diesem Anspruch in der Praxis scheinbar schon lange Rechnung getragen wird. Nicht zuletzt haben Reden von Barack Obama (insbesondere im Rahmen seiner ersten US-amerikanischen Präsidentschaftskandidatur) dazu beigegetragen, Menschen für Veränderungen zu begeistern. Was liegt demzufolge näher, als empirisch zu untersuchen, was genau diese Reden charakterisiert, die diese Begeisterung für (politische) Veränderungen ausgelöst haben? Auf diese Überlegungen wird im zweiten Teil dieses Buches ausführlich eingegangen und auch darauf, welche Empfehlungen daraus für die Gestaltung der Reden von Topmanagern im Kontext der Veränderungskommunikation in Unternehmen abgeleitet werden können (vgl. Teil 2).

Zunächst aber soll geklärt werden, wann überhaupt von einer Rede zu sprechen ist.

Eine Rede ist die formelle Ansprache eines Redners an ein Publikum. Reden werden im Rahmen von Versammlungen oder Konferenzen oder bei anderen Gelegenheiten, zum Beispiel nach einem Geschäftsessen, gehalten. Ziel der Rede kann sein, zu motivieren oder anzuregen, ebenso wie zu unterhalten oder zu informieren. Im Unterschied zu Präsentationen sind Reden eine Form öffentlicher Ansprache, die normalerweise keine audio-visuellen Hilfsmittel heranzieht und thematisch eher breit angelegt ist, als sich auf ein klar definiertes Thema oder Vorhaben zu konzentrieren. Witze, lustige Anekdoten und Zitate werden häufig in Reden integriert. Für das erfolgreiche Halten einer Rede sind gute kommunikative Fähigkeiten nötig (o. V. o. J./1).

---

[2]Es erfolgt hier eine theoretische Konkretisierung ausschließlich für die Rede als Instrument der Change Communication. Im folgenden anwendungsorientierten Teil wird dann ergänzend noch auf damit korrespondierende digitale Medien eingegangen, welche im Zusammenhang mit der empirischen Studie stehen (vgl. Abschn. 8.2).

Im Sinne der kommunikationstheoretischen Überlegungen (vgl. Abschn. 3.1) wird auch bei einer Rede von einem Sender eine Mitteilung i. d. R. an mehrere Empfänger geschickt. Die Empfänger geben ein Feedback, indem sie bspw. per Akklamation bekunden, dass sie gut finden, was gesagt wird, oder mit Pfiffen verdeutlichen, dass sie es nicht gut finden, wobei z. B. die Zuordnung des Feedbacks zu einzelnen Personen schwierig und auch der Inhalt des Feedbacks wenig konkret ist. Daher kann hier nur von einer geringen Feedback-Qualität gesprochen werden. Der Sender wird darauf vermutlich – wenn überhaupt – auch nur recht allgemein reagieren. Auch bei Reden ist es somit im gewissen Umfang möglich, dass sowohl bei der eigentlichen Mitteilung des Senders als auch beim Feedback der Empfänger an den Sender Wahrnehmungsverzerrungen durch gestörte Beziehungen entstehen können. Derartige Phänomene können auch bei politischen Reden sehr gut beobachtet werden, denn je nach politischer Grundüberzeugung der Zuhörer ist es möglich, dass bei demselben Redner Botschaften unterschiedlich wahrgenommen werden. Konkret bedeutet dies, dass unterschiedliche emotionale Empfindungen hinsichtlich der Inhalte oder der Person des Redners zu Wahrnehmungsverzerrungen führen können. Das gilt es entsprechend zu berücksichtigen.

Nach Bazil (2014, S. 761 ff.) sind für Gestaltung von Reden vier Größen zu berücksichtigen: der Redner, der Redenschreiber, das Unternehmen und das Publikum. Diese vier Elemente gilt es miteinander zu verbinden. Ein erster wichtiger Schritt in diese Richtung ist die Erarbeitung bzw. Aktivierung eines Selbstkonzeptes für den Redner und das Unternehmen. Beim Selbstkonzept des Redners geht es um die Selbstbeschreibung der Persönlichkeit. Merkmale können z. B. Werte oder prägende Erlebnisse sein. Letztendlich muss deutlich werden, wie der Redner sich selbst sieht und von anderen gesehen werden möchte. Diese Selbstbeschreibung (die „personal story") bildet dann die Grundsubstanz für alle Reden dieses Redners. Das Selbstkonzept des Unternehmens ist i. d. R. aus der Corporate Identity ableitbar. Entscheidend ist, dass der Redner in der Lage ist, sein eigenes sowie das Selbstkonzept des Unternehmens und des Publikums widerspruchsfrei miteinander zu verbinden. Dies sicherzustellen, kann aber auch Aufgabe des Redenschreibers sein.

Für den Erfolg einer Rede ist zusätzlich das taktische Fundament wichtig. Hierunter fallen Aspekte, die mit der Angemessenheit der Situation zusammenhängen. Wenn z. B. ein sozial engagierter Topmanager auf einer Betriebsversammlung eine neue Strategie ankündigt, die erhebliche Mitarbeiterfreisetzungen nach sich zieht, dann gibt es schon einmal erhebliche Widersprüche zu seinem Selbstkonzept und dem des Unternehmens. Sollte diese Betriebsversammlung aus taktischen Gründen zudem noch bewusst in einer kleineren Räumlichkeit stattfinden, welche nicht allen Mitarbeitern Platz bietet, dann kann die Wahl der Räumlichkeit seitens der Mitarbeiter als unangemessen empfunden werden, da nicht alle Mitarbeiter die Möglichkeit haben, daran teilzunehmen. „Erst wenn die strategischen (Selbstkonzepte) und taktischen (Situation) Ebenen ohne Widersprüche ineinandergreifen, können Reden auch ihre Ziele erreichen" (Bazil 2014, S. 762).

Neben diesen eher strategischen Gestaltungsaspekten gilt es auch operative Gestaltungsparameter (speziell hinsichtlich des Redeaufbaus) zu beachten. Dabei wird beispielhaft davon ausgegangen, dass eine Rede aus drei grundsätzlichen Elementen besteht. Bei der Exposition (dem Einstieg) ist es Aufgabe des Redners, zu verdeutlichen, warum er über das Thema spricht und welchen Bezug er dazu hat. Mit z. B. Anekdoten oder Zitaten wird das Publikum auf das Thema eingestimmt und darauf vorbereitet, offen zu sein für neue Überlegungen. Danach folgt der eigentliche Hauptteil (der Redekern), der sinnvollerweise in einzelne inhaltliche Blöcke aufgeteilt wird, die sich hinsichtlich ihrer Bedeutung für die Rede zunehmend steigern. Der Schluss fasst (möglichst ohne lange Wiederholungen) die Kernergebnisse zusammen und fordert ggf. zu einem gewünschten Verhalten auf (o. V. o. J./2).

Abschließend stellt sich die Frage, wann Reden als Instrument der Veränderungskommunikation besonders gut geeignet sind. Auch hier ist wieder keine für Change-Prozesse allgemeingültige Antwort möglich. Es kann aber festgehalten werden, dass immer dann, wenn es um die Sensibilisierung für Veränderungen geht, Reden einen hohen Stellenwert haben und eine große Wirkung erzielen können. Dies betrifft nahezu ausnahmslos die Startphase eines Veränderungsprozesses, die Kotter (2012; vgl. Abschn. 2.2.1) als eine Phase beschreibt, in der ein Gefühl für die Dringlichkeit der geplanten Veränderung bei den Beteiligten bzw. Betroffenen erzeugt und die Vision des Wandels kommuniziert werden muss. Reden sind im Zeitalter digitaler Medien und sozialer Netzwerke somit kein Auslaufmodell der Veränderungskommunikation, sondern (im Gegenteil) ein zentraler Bestandteil.

Literatur

Bazil, V. (2014). Redemanagement: Worte schaffen Werte. In A. Zerfaß & M. Piwinger (Hrsg.), *Handbuch Unternehmenskommunikation. Strategie – Management – Wertschöpfung* (S. 755–766). Wiesbaden: Springer Fachmedien.

Kotter, J. P. (2012). *Leading Change – Wie Sie Ihr Unternehmen in acht Schritten erfolgreich verändern.* München: Vahlen.

o. V. (o. J./1). Rede. http://www.onpulson.de/lexikon/rede/. 25. Juni 2015.

o. V. (o. J./2). Rede-Aufbau. http://www.redenwelt.de/rede-tipps/rede-aufbau/rede-aufbau.html. 30. Juni 2015.

Schmalstieg, D., & Pfannenberg, J. (2009). Die Medien der Veränderungskommunikation. In J. Pfannenberg (Hrsg.), *Veränderungskommunikation. So unterstützen Sie den Change-Prozess wirkungsvoll. Themen, Prozesse, Umsetzung* (S. 58–71). Frankfurt a. M.: F.A.Z.-Institut für Management-, Markt- und Medieninformationen.

Teil II

Change Communication in der Politik

Veränderungskommunikation von Barack Obama

6.1   Person und Positionen

Barack Hussein Obama Jr. ist der Sohn des Kenianers Barack Hussein Obama Sr. und der Amerikanerin Ann Dunham. Er wurde am 4. August 1961 in Honolulu auf Hawaii geboren. Nach der Scheidung der Eltern wuchs Obama bis zum zehnten Lebensjahr auf der indonesischen Insel Jakarta auf, da hier seine Mutter mit ihrem zweiten Ehemann lebte. Um einem Entfremdungseffekt von der englischen Sprache und der US-amerikanischen Kultur vorzubeugen, gab ihn die Mutter danach in die Obhut seiner Großeltern nach Hawaii (Waldschmidt-Nelson 2009, S. 440 f.; Obama 2008).

Aufgrund guter schulischer Leistungen erhielt Obama ein Stipendium und studierte zunächst zwei Jahre am Occidental College in Los Angeles und anschließend an der Columbia Universität in New York City, wo er auch den Abschluss als Bachelor of Science in Politikwissenschaften (mit dem Schwerpunkt Internationale Beziehungen) erwarb. Es folgten eine einjährige berufliche Tätigkeit in einem renommierten Wirtschaftsberatungsunternehmen und anschließend ein Engagement in sozialen Organisationen. Obama arbeitete als Community Organizer für eine Initiative von lokalen Kirchengemeinden in Chicago. So kann Chicago als Ausgangspunkt seiner Karriere gesehen werden. Denn hier erfuhr Obama, wie die schwarze Ghettobevölkerung unter Diskriminierung und sozialer Ungerechtigkeit litt. Dieser ersten Phase in Chicago folgte ein Stipendium für die Harvard Law School. Das Jurastudium schloss er mit *magna cum laude* ab und ging anschließend wieder nach Chicago, um zunächst erneut im sozialen Bereich und anschließend als Bürgerrechtsanwalt und Dozent für Verfassungsrecht tätig zu werden. 1996 begann Obama seine politische Karriere als Senator im Parlament von Illinois. 2004 war er jüngstes und einziges afroamerikanisches Mitglied im US-Senat und am 4. November 2008 wurde er als erster Afroamerikaner zum Präsidenten der USA gewählt. Obgleich sich die anfängliche Euphorie um Obama nach seinem Wahlsieg legte, da in seiner ersten präsidialen Amtsperiode der erwartete Wandel nicht im angekündigten

© Springer Fachmedien Wiesbaden 2016   75
A. Kaune und A.-S. Wagner, *Change Communication*,
DOI 10.1007/978-3-658-11611-8_6

Maß eintrat, wurde er am 6. November 2012 in seine zweite Amtszeit als Präsident wiedergewählt. Besonders durch seine Reden hat er die zeitweise verlorene Autorität immer wieder zurückerobert (Knobbe 2013; Marschall 2011; Kreblewski 2010; Remnick 2010; Waldschmidt-Nelson 2009, S. 441 ff.).

Obama hat während seines ersten Wahlkampfes inhaltlich klare Positionen zu wichtigen Politikfeldern wie Wirtschafts-, Sozial-, Rechts-, Kultur-, Außen- und Innenpolitik bezogen. Im Folgenden sollen insbesondere diejenigen Bereiche zusammenfassend betrachtet werden, die inhaltlich direkt oder indirekt mit den nachfolgend analysierten Reden zusammenhängen (o. V. o. J./1).

Obamas Position in der Wirtschaftspolitik orientiert sich stark am Prinzip des vorsorgenden Sozialstaates. Ein zentraler Aspekt ist die Ausgabenkontrolle und der ausgeglichene Staatshaushalt. Im Zusammenhang mit Finanzkrise und Rezession zielte seine Position auf eine Verbesserung der wirtschaftlichen Lage der Mittelschicht und der Arbeiterklasse ab, wobei hier der Staat nur eine untergeordnete Rolle spielt. Obama ist ein Vertreter des Fiskalkonservatismus. Somit sollte die Besserstellung der Mittelschicht und der überschuldeten Arbeiterhaushalte über Steuererleichterungen erreicht werden. Mit den Steuererleichterungen verbundene Einnahmeinbußen sollten dabei durch Sparmaßnahmen in anderen Haushaltsetats gegenfinanziert werden.[1]

In der Sozialpolitik befürwortet Obama eine Reform des Gesundheitssystems durch Einführung einer allgemeinen Krankenversicherung, wobei zunächst aber Kostensenkungen und Versicherungspflicht für Kinder Priorität haben. Ebenso ist es ihm wichtig, Kleinunternehmern zu helfen, ihre Mitarbeiter zu versichern. Die Gesundheitsreform wurde 2010 parlamentarisch auf den Weg gebracht.

Die Umweltpolitik sollte dazu beitragen, dass die USA innerhalb von zehn Jahren nach (seinem ersten) Amtsantritt von Ölimporten unabhängig sind. Um dies zu erreichen, wollte Obama 150 Mrd. US$ in energiesparende und umweltfreundliche Technologien investieren. So sollten bis 2015 eine Million PKW mit Wasserstoffantrieb gebaut werden. Es war geplant, dass eine Million Gebäude jährlich eine effizientere Wärmedämmung erhalten. Über eine staatliche Förderung der erneuerbaren Energien wurde angestrebt, dass diese bis 2025 ein Viertel des Energiebedarfs der USA decken. Weiterhin wurde anvisiert, die Umweltverschmutzung bis 2050 um 80 % zu senken. Obama wollte jedoch an einer umweltschonenden Kohleförderung und auch der Gewinnung von Atomenergie festhalten.

Aus juristischer Sicht befürwortet Obama die Todesstrafe für besonders verwerflich geltende Verbrechen wie z. B. die Ermordung von Kindern und Massenmorde. Zugleich trägt die Todesstrafe seiner Ansicht aber nur wenig zur Verhinderung von Verbrechen

---

[1]Diese Positionen standen (zumindest temporär) im Gegensatz zu der realen Wirtschaftspolitik der USA in jener Zeit. So wurde für das Jahr 2011 prognostiziert, dass die Verschuldung der öffentlichen Haushalte in den USA 99 % des Bruttoinlandsprodukts betragen wird (Bringbäumer et al. 2010).

bei. So wirkte er als Senator in Illinois an einem Gesetz mit, dass die Aussetzung von Todesurteilen vorsieht, die ohne überprüfbares rechtsstaatliches Verfahren ausgesprochen wurden.

Kulturpolitisch wurde Obama durch die weiter oben bereits erwähnte Mitarbeit in kirchlichen Gemeinden in Chicago geprägt. So wurde er Christ und trat 1985 der *United Church of Christ* bei, die als besonders liberal gilt. Grundsätzlich tritt er für ein Miteinander von Glaube und moderner pluralistischer Demokratie ein und sieht christliche Grundwerte sowie christliche Gemeinschaften auch als Motor für soziales Engagement.

Um das Bild von Obama abzurunden, soll abschließend kurz auf einige persönliche, verhaltens- und kompetenzbezogene Merkmale eingegangen werden, die ihn charakterisieren. Nach Tabrizi (2008) sind folgende Attribute ausschlaggebend dafür, Obama für den qualifiziertesten Change Leader der USA zu halten, wobei sich die nachstehenden Aussagen primär auf die Zeit bis zur ersten Präsidentschaftswahl beziehen:

- Authentizität,
- Ehrlichkeit,
- Erziehung,
- Fähigkeit, andere zu mobilisieren,
- Erfahrung,
- effektive Kommunikation,
- Fähigkeit zuzuhören und
- Außenseiterstatus.

Unerlässlich für einen guten Change Manager ist die Authentizität. Im Hinblick auf Obama ist dies vor allem in Verbindung mit der Konsistenz seiner Aussagen und Prinzipien sowie den moralischen Botschaften zu sehen. Als Beispiel sind seine kritischen Aussagen wider den Irakkrieg anzuführen, die zu Beginn nicht populär waren, er aber gegen den politischen Druck aufrechterhielt.[2] Wahlkampfgelder der Lobbyisten lehnte Obama ab (anders als bspw. Hillary Clinton), um Neutralität sicherzustellen. Seine Lebensgeschichte und sein multikultureller Background repräsentieren ein Land, das eine globalere Sichtweise hat und Rassenkonflikte überwindet. Ein weiteres Kompetenzmerkmal Obamas ist die Fähigkeit, andere zu verändern, zu beeinflussen, zu vereinen und von Botschaften zu überzeugen. Auch rhetorisches Geschick gehört zu seinen Stärken und ist Grundvoraussetzung, um Botschaften attraktiv und eindringlich zu kommunizieren. Seine Redekunst (im Sinne des rhetorischen Geschickes) gleicht der John F. Kennedys und Martin Luther Kings (Borchert 2011, S. 37 f.). „His famous message ‚Yes We Can' is an optimistic call to change, and has become a daily refrain on thousands of grassroot blogs, YouTube videos, e-mails and articles across the U.S." (Tabrizi 2008). Außerdem wird ihm die Fähigkeit zugeschrieben, selbst zuhören zu können. Dies betrifft

---

[2]Vgl. ausführlich: Woodward (2011).

vorrangig Themen, bei denen andere das größere Know-how haben. Obama hinterfragt eingefahrene Prozesse wie auch Annahmen und wurde wohl noch nicht zu stark vom Einfluss der unterschiedlichen Interessengruppen bestimmt. Daher hat sich sein Außenseiterstatus in Washington nicht unbedingt nachteilig ausgewirkt (Borchert 2011, S. 38).

Auch wenn sich die beschriebenen Attribute auf die Zeit bis zum Beginn seiner ersten Präsidentschaft beziehen, so zeigt doch exemplarisch ein Ereignis aus dem Januar 2011, dass viele der geschilderten Merkmale auch nach zwei Jahren Präsidentschaft noch Gültigkeit haben. Bei der Gedenkfeier für die getöteten und verletzten Opfer des Anschlags auf die demokratische Kongressabgeordnete Gabrielle Giffords hat es Obama nach Geldner (2011) geschafft, die richtigen Worte zu finden und dabei Lob von allen Seiten geerntet. „Er meistert den Balanceakt so sensibel, dass ihm sogar konservative Kommentatoren des Nachrichtensenders Fox eine der besten Reden seit Langem attestieren" (Geldner 2011). Dieses Ergebnis ist sicherlich auf seine rhetorischen Fähigkeiten zurückzuführen, wäre aber wohl ohne Authentizität, Ehrlichkeit und ein gewisses Maß an Empathie nicht möglich gewesen.

Wie schon in Abschn. 3.3.2 erwähnt, ist Obamas Führungsstil eindeutig der transformationalen Führung zuzuordnen. Die dargestellten persönlichen sowie verhaltens- und kompetenzbezogenen Merkmale von Obama lassen erkennen, dass insbesondere die identifizierende (charismatische Ausstrahlung) und inspirierende Komponente (ganzheitliche Vision mit der Fähigkeit, diese begeisternd zu kommunizieren) stark ausgeprägt sind.

6.2   Gestaltungsmerkmale der Kommunikation

Thematischer Schwerpunkt dieser Studie ist die Veränderungskommunikation Obamas im Wahlkampf und in der Präsidentschaft. Konkret wird hierunter der Zeitraum ab dem 10. Februar 2007 definiert, dem Tag, an dem er in Springfield/Illinois ankündigte, sich um das Präsidentenamt bewerben zu wollen (Weibler 2010a, S. 9). Besonders in den beiden relativ langen Wahlkampfphasen stand Obama vor der Aufgabe, glaubhaft zu vermitteln, dass und wie er die zahlreichen Herausforderungen bewältigen kann.[3] Hierzu galt es, seinen Veränderungsansatz durchgängig zu kommunizieren und potenzielle Wähler von der Notwendigkeit des Wandels zu überzeugen. Das zentrale Thema Obamas war und ist (zumindest teilweise noch) der Change des politischen und gesellschaftlichen Systems der USA.

Mit der Kampagne *Obama for America* initiierten Obama und sein offizielles Wahlkampfteam im Jahr 2008 den ersten multimedialen Wahlkampf des 21. Jahrhunderts. Der gesamte Medienmix der Kampagne war auf das übergeordnete Ziel ausgerichtet: die

---

[3]Zu den Herausforderungen, die vor Obama in der Phase der Präsidentschaft lagen, vgl. Brüggemann (2008).

Wahl Obamas zum Präsidenten der USA und die damit einhergehenden Veränderungen. Alle kommunikativen Teilelemente vermittelten diese Botschaft und waren konsistent aufeinander abgestimmt (Gloger 2008). Insgesamt entstand eine komplexe Strategie zur Veränderungskommunikation, die Pull- und Push-Medien (Abruf- und Verteil-Medien) ausbalancierte und sowohl Top-down- als auch Bottom-up-Kommunikation beinhaltete (Flam und Rost 2010). Bemerkenswert ist, dass sich die Kampagne *Obama for America* (anders als bei anderen Präsidentschaftskandidaten) nicht nur auf einige wichtige US-Staaten beschränkte, sondern in allen 50 amerikanischen Bundesstaaten gelauncht wurde (Harfoush 2009, S. 50).

6.2.1   Einsatz neuer Medien

Obamas Wahlkampfbotschaft auf der Makroebene (z. B. „change", „forward") symbolisiert, dass er das Alte ablehnt und das Neue befürwortete. Die strategische Entscheidung des Wahlkampfteams zur Vermittlung dieser Botschaft vor allem über die neuen Medien wie das Internet war damit ein intuitiv nachvollziehbarer Schritt (Olson und Nelson 2010, S. 64). „The campaign team used the most modern Internet tools to communicate, motivate, and inspire people and to guide their actions" (George 2008). Die Veränderungskommunikation Obamas forcierte besonders durch den Einsatz von Web-2.0-Instrumenten ein integriertes Partizipationsmanagement. An dieser Stelle sei zusätzlich auf die historische Fundierung dieses Vorgehens hingewiesen. Mit der Lancierung des ersten multimedialen Wahlkampfes in den USA folgte Obama dem Vorbild John Kennedys. Der ehemalige amerikanische Präsident hatte seinerzeit im Wahlkampf ebenfalls als Erster ein neuartiges Medium verwendet: das Fernsehen (Miller 2008).

Die Internet-Kampagne Obamas basierte hauptsächlich auf der Kommunikation über E-Mails und Webseiten. Wählerdaten wurden erworben und ermöglichten dem Wahlkampfteam, für die Zielgruppe bzw. -person angepasste E-Mails, SMS und Aufrufe zu generieren. So waren ca. eine Milliarde personalisierte E-Mails, die das Wahlkampfteam an 13 Mio. gesammelte Adressen versandte, eine wichtige Stütze im Wahlkampf. Die Empfänger wurden hierin namentlich angeredet und u. a mit Informationen zu Wahlkampfveranstaltungen und zur Agenda Obamas versorgt, aber auch zum Spenden aufgerufen. Per E-Mail-Programm konnten neu registrierte Anhänger an Freunde Empfehlungen weitersenden. So fand die Kampagne mit Multiplikatoreffekt Verbreitung (Trautmann und Striefler 2009, S. 5; nach Borchert 2011, S. 29).

Die Portale BarackObama.com, MyBarackObama.com und Change.gov boten den Nutzern u. a. ständige Updates, Videos und Fotos. Ebenso fanden sich hier ein Obama-Blog und ein eigenständiges soziales Netzwerk. Obama Accounts waren in bekannten sozialen Netzwerken wie Facebook, MySpace und Twitter, aber auch in Nischen-Communities wie Blackplanet.com zu finden (Harfoush 2009; Dannen 2008; McGirt 2008; Ohannessian 2008). Eines der zentralen Inszenierungs- und Kommunikationsinstrumente war zudem die Plattform YouTube (Weibler 2010b, S. 21). Hier platzierte das

Kampagnenteam zunächst Wahlwerbung (Miller 2008). Später kamen Beiträge wie z. B. die Videoreihe *Obama Girl* oder das Mashup-Video *Yes we can* der Band Black Eyed Peas dazu (Barely Political 2010; Flam und Rost 2010, S. 220). Die meisten dieser Videos wurden zu viralen Hits, ohne zusätzliche Kampagnenkosten zu verursachen (Flam und Rost 2010, S. 220; Ohannessian 2008). In Anlehnung an den erfolgreichen Internettitel *Yes we can* entschied Obama schließlich einen offiziellen Soundtrack herauszugeben *(Yes we can – Voices of a grassroots movement)* und beging damit eine weitere Premiere in der Geschichte amerikanischer Präsidentschaftskampagnen (Flam und Rost 2010, S. 229).

Diese breite medial-kommunikative Vernetzung förderte auch die schnelle und weitläufige Verbreitung der Reden Obamas (Weibler 2010b, S. 12). Allerdings zog die Verbreitung der Ansprachen über das Internet nach sich, dass seine Reden häufig auf zwei Zielgruppen ausgerichtet sein mussten: die Zuhörer vor Ort und die medial zugeschalteten Rezipienten. Obamas Reden sind damit weniger auf spezifische Hörer- bzw. Zielgruppen zugeschnitten, sondern eher an einen heterogenen Adressatenkreis gerichtet. Ein oftmals sehr allgemein gehaltenes Appell- und Inhaltsniveau ist die Folge (Knape 2010, S. 79).

Im Allgemeinen ist bzw. war die Veränderungskommunikation Obamas auch in der Präsidentschaft durch Multimedialität und Vielfalt gekennzeichnet. Bspw. wurden die Internet-Nutzer nach dem Wahlsieg 2008 dazu aufgerufen, ihre Ideen für den Change online zu veröffentlichen und mit anderen zu diskutieren. Obama forderte staatliche Behörden und Ämter auf, ein Profil auf Facebook zu eröffnen, um Informationen an Bürger bereitzustellen. Geplant war u. a. über die Internet-Seite des Weißen Hauses Gesetzesvorlagen ohne Medienfilter für die breite Öffentlichkeit zur Diskussion zu stellen, noch bevor diese vom Präsidenten unterzeichnet wurden (Trankovits 2010, S. 133 ff.). Allerdings war „lediglich eines von 61 Gesetzen, die Obama bis Juli 2009 unterzeichnet hatte, […] wie versprochen fünf Tage zuvor auf der Webseite zu lesen gewesen" (Trankovits 2010, S. 135).

Bezogen auf die Gesundheitsreform gab es Informationen auf der damals eingerichteten Internet-Seite www.healthcare.gov. Darüber hinaus waren auch zahlreiche Veröffentlichungen in Form von informativen Texten, Artikeln, Blogs und Videos zur Gesundheitsreform auf der Internet-Seite des Weißen Hauses. Letztere beinhaltete auch wöchentliche Ansprachen Obamas in Form von Videos, in denen er sich direkt an die Bevölkerung gewendet hat und zentrale Themen seiner Politik, auch die Gesundheitsreform, ansprach. In Bezug auf die wechselseitige Kommunikation tauschte sich Obama bspw. im Rahmen von Diskussionsrunden, Debatten oder Gesprächen mit einzelnen Personen oder Personengruppen der Bevölkerung über die Thematik der Gesundheitsreform aus. Aufgezeichnete Gespräche, Gesprächsrunden oder Diskussionen im Fernsehen waren auszugsweise auch auf den genannten Webseiten zu finden.

6.2.2 Reden als spezifisches Merkmal

Wie bereits in Kap. 5 erläutert sind Reden gekennzeichnet durch „die formelle Ansprache eines Redners an ein Publikum. Reden werden im Rahmen von Versammlungen oder Konferenzen oder bei anderen Gelegenheiten, zum Beispiel nach einem Geschäftsessen, gehalten. Ziel der Rede kann sein, zu motivieren oder anzuregen, ebenso wie zu unterhalten oder zu informieren" (o. V. o. J./2). Eine Rede ist somit ein mündlich vorgetragener Text im Zusammenhang mit Face-to-face-Interaktionen, der sich auf einen bestimmten Anlass bezieht (Knape 2003, nach Knape 2010, S. 78). Sie wird hier als lineare und unidirektionale Form der Kommunikation verstanden.[4] Vor allem politische Kulturen definieren regelmäßig verschiedenste Ereigniszusammenhänge in Form von Versammlungen von Personen, bei denen Reden eine entscheidende Rolle spielen (z. B. bei Wahlkampfveranstaltungen). Situationsbezogen tritt damit das Ereignis Politik besonders hervor. Der Redner und sein vorgetragener Redetext bekommen insofern einen großen Stellenwert, als dass ihre verbale und nonverbale Qualität (einschließlich aller emotionalen Begleitphänomene; vgl. Abschn. 3.4) die Event-Qualität der gesamten Situation entscheidend prägen. Aber auch das Gruppenerlebnis ist essentiell für den Ereigniswert. Elementares Kriterium für den Erfolg oder Misserfolg des Einsatzes von Reden als politische Kommunikationsinstrumente ist die Rednerleistung bzw. die oratorische Befähigung. Sie ist oftmals Indikator für die politische Befähigung des Redners bzw. für die Qualität der Politik und der politischen Leistungsfähigkeit im Allgemeinen (Knape 2010, S. 78).

Eines der wichtigsten Elemente der Veränderungskommunikation im Wahlkampf und in der Präsidentschaft Obamas sind bzw. waren seine Reden (Weibler 2010b, S. 12 ff.; Gössler 2009, S. 23 ff.). Obama, der bereits in seinem ersten Wahlkampf als brillanter, charismatischer und rhetorisch außergewöhnlicher Redner überzeugte, setzte dieses Instrumentarium ebenso in der Präsidentschaft ein (speziell auch in Bezug auf die Gesundheitsreform). In seinen Reden zeigte er Visionen auf, um seiner Vorstellung von Change eine eindeutige Richtung zu geben. Obama demonstrierte seinen Rezipienten „den Eindruck großen Veränderungswillens und weitreichender Reformbemühungen" (Warstat 2010, S. 183).

---

[4]Im Hinblick auf die empirische Einzelfallstudie und die Verwendung des Terms Kommunikation vor allem im Zusammenhang mit den Reden Obamas scheint die auf Wechselseitigkeit gestützte Begriffsbestimmung aus Abschn. 3.1 zu umfassend. Nach Shannon und Weaver (1948; nach Schulz 2009, S. 173) soll Kommunikation in Anlehnung an Überlegungen der mathematischen Informationstheorie im Folgenden eher als linear und unidirektional verstanden werden. Demnach wird davon ausgegangen, dass der Empfänger im Kommunikationsprozess eine passive Rolle einnimmt. Ein wechselseitiger Austausch von Informationen bzw. eine interaktive Beteiligung aller Partner am Kommunikationsprozess liegt nicht vor. Es obliegt allein dem Kommunikator, Botschaften zu übermitteln. Einen Kommunikationskreislauf gibt es nicht (Fill 2001, S. 58 f.).

Weibler (2010b, S. 22 ff.) beschreibt die Ausrichtung der Reden Obamas als transformational und setzt dies in Relation zum Führungsverhalten (vgl. Abschn. 3.3.2). Obamas transformationale Führung nimmt die Bedürfnisse der wählenden Bevölkerungsmehrheit der USA ernst und beantwortet so die Anforderungen einer unsicheren und schwierigen Zeit (speziell bis zu seinem ersten Wahlsieg als US-Präsident) in bester Form. In einer solchen Situation, wo Veränderung bzw. Wandel als notwendig empfunden wird, können sich die Stärken einer transformationalen Führung ganz entfalten. Die Wirksamkeit transformationaler Führung gilt hier besonders für eine Komponente: die Charismazuschreibung. Sie tritt in den Vordergrund, sollte aber nie einzeln betrachtet werden. In diesem Sinne ist z. B. ein gewisser Pragmatismus im Führungsverhalten (d. h. kleinteiliges, tagtägliches Problemlösen) nicht auszuschließen. Die Zuschreibung von Charisma funktioniert ob der medialen Vermittlung auch auf Distanz (Weibler 2010b, S. 22 ff.; Bligh und Kohles 2009; Seyranian und Bligh 2008; Mumford und Van Doorn 2001; Fiol et al. 1999; Yagil 1998). „Dies ist eine interessante Botschaft nicht nur für Politiker, sondern auch für alle, die den Erfolg von Organisationen ohne regelmäßigen Kontakt zu den Mitgliedern verantworten müssen" (Weibler 2010b, S. 34).

Verbale Kommunikation

Im Wahlkampf und in der Präsidentschaft beherrschte Obama die Nachrichten vielerorts mit gut geplanten Pressekonferenzen und Reden (Gössler 2009, S. 31; Senocak 2008). Er lernte früh um die Vorteile der Rhetorik und begreift, dass es nicht immer reicht, den anderen mit Worten zu übertreffen; auch die vermittelte Botschaft ist wichtig (Obama 2006, S. 67). Seine Reden im Wahlkampf waren werbend auf ein breites Publikum ausgerichtet, beinhalteten abstrakte und konkrete Politikziele (dies aber stets in Grenzen) und hatten zwei Grundstrategien: die Profilierung der Persönlichkeit Obamas und die Vermittlung des Gefühls eines gruppenübergreifenden Integrationsanliegens (Knape 2010, S. 61). „Experten, Kommentatoren und nicht zuletzt seine politischen Berater sind der Auffassung, dass seine rhetorischen Fähigkeiten ganz wesentlich zu seinem Wahlerfolg beitrugen" (Thunert 2010, S. 81). In der Literatur wird der Redestil Obamas oftmals mit dem großer amerikanischer Präsidenten wie Abraham Lincoln verglichen (Knape 2010). Besonders der Bezug zu Lincoln rührt vermutlich daher, dass Obama vor allem im Laufe seines ersten Wahlkampfes zahlreich auf das historische Vorbild Bezug nahm (sowohl durch explizite Zitation oder Nennung als auch durch gekonnte Inszenierung der eigenen Person). Bspw. rief Lincoln in Springfield/Illinois (dem gleichen Ort, an dem Obama seine Präsidentschaftskandidatur verkündete) 149 Jahre zuvor zur Abschaffung der Sklaverei auf und begründete damit die eigene politische Karriere. Die Orientierung an der Rhetorik Lincolns und beabsichtigte sinnbildliche Wirkung ist eindeutig (Knape 2010, S. 39; Weibler 2010b, S. 12; Wikipedia 2010).

Kommunikations- und sprachwissenschaftliche Analysen charakterisieren die Art und Weise der Reden Obamas indes näher. Weibler (2010b, S. 12) beschreibt sie als „persönlich, wertebewusst, kopf- wie emotionsorientiert, integrierend, traditionsorientiert und doch zukunftsgewandt". Eine klare gedankliche Linienführung, geringe inhaltliche

Komplexität und nachvollziehbare Argumentationen lassen seine Reden sachlich, pragmatisch und kompetent erscheinen (Knape 2010, S. 79; Gössler 2009, S. 31 und 69 ff.; Gloger 2008). Das Redebild ist geprägt von Leichtigkeit, Eingängigkeit und Selbstverständlichkeit der Aussagen (Weibler 2010b, S. 19). Die Nutzung von Wiederholungen, um auch in längeren Ansprachen wichtige Punkte leicht erkennbar und einprägsam zu gestalten, trägt dem situativ-mündlichen Kommunikations-Setting einer Rede Rechnung (Knape 2010, S. 79; Gössler 2009, S. 80 ff.).

Obama wusste, dass er die amerikanische Bevölkerung mit seinen Reden im ersten Wahlkampf von etwas noch nie dagewesenem überzeugen muss: der Tatsache, dass ein afroamerikanischer Präsidentschaftskandidat erstmals eine entscheidende politische Alternativfigur zu einem weißen Kandidaten darstellte (Knape 2010, S. 80). „Darum muss und kann Obama vor allem auch von sich selbst reden und sich als charismatischen *leader* inszenieren" (Knape 2010, S. 80). Green (2009, S. 763; vgl. Green und Roberts 2012; Journalism.org 2008) führt aus: „Leadership traits such as height and presidential image played a critical factor in the outcomes. Obama was able to successfully overcome his weakness of inexperience by being perceived in the media as a charismatic leader and powerful communicator." Auf der Inhaltsebene bedeutete dies konkret, dass Obama oft seine eigene Biografie bzw. erlebte Geschichten oder die Historie Amerikas in seine Reden einbindet. Er benutzte häufig das Bild der Reise bzw. das Bild des sich Durchsetzens gegen Schicksal, Widerstände und Vorhersagen. Diese besondere Art der Narration bildete in den Reden Obamas die Grundlage einer gekonnten Emotionalisierungsstrategie und diente als Rahmen zur Verbindung politischer Einzelthemen zu einer größeren Gesamterzählung. Zudem gab Obama den Rezipienten vielfach Beispiele aus der Lebenswelt der durchschnittlichen Wähler, um abstrakte Redeinhalte zu veranschaulichen. Das Setzen auf Einfachheit und Klarheit der Reden ermöglichte die Erreichung unterschiedlich gebildeter Zielgruppen. Konklusionen aus dem amerikanischen Wertesystem, der Bibel oder den patriotischen Idealen waren ebenso fester Bestandteil der Ansprachen Obamas (Knape 2010, S. 61, 65 und 79; Thunert 2010, S. 84 und 87 f.; Weibler 2010b, S. 19; Gössler 2009, S. 31 und 69 ff.).

Nicht zuletzt wertete die Tatsache, dass Obama den US-Bürgern keine Vision von oben aufzwang, sondern diese mit ihnen gemeinsam entwarf, seine Reden auf (McGirt 2008). Allein der vielfach verwendete Slogan *Yes we can*[5] gab einen Hinweis auf die von ihm gewünschte Button-up-Partizipation und schaffte Vertrauen in das Veränderungsvorhaben Obamas (George 2008). Anders als es bspw. die Top-down-Politik von McCain im

---

[5]Der Slogan entstammt der Rede Obamas vom 3. Januar 2008 im Rahmen seiner ersten gewonnen Parteiversammlung im US-Staat Iowa. Er steht für den Wandel, welchen Obama anstoßen wollte. Seither ist *Yes we can* zum Mantra der Bewegung um Obama geworden und damit Markenzeichen seiner Politik schlechthin. Viele Menschen verbinden den Satz mit Obama, er prägte sich ein (Thunert 2010, S. 89; Mieder 2009).

Wahlkampf 2007–2009 vorsah, rief Obama (o. J., nach Weissman 2011) dazu auf: „I'm asking you to believe. Not just in my ability to bring about real change in Washington … I'm asking you to believe in yours." Daneben ist festzustellen, dass sich der Ausruf *Yes we can* auf nichts Bestimmtes bezieht. Dem Rezipienten ist selbst überlassen, die Bedeutung zu interpretieren. Dies unterstreicht wiederum Obamas Strategie, über politische oder tatsächliche Grenzen hinaus zu reichen. Es gibt kaum jemanden, der sich nicht mit zumindest einer von Obamas Ideen identifizieren konnte (Mendell 2007, S. 229). Obama warb in seinen Reden für eine Politik der Mitte, Kompromisse (mit den Republikanern) und eine breite Machtbasis. Sein Veränderungskommunikations- und damit Redestil fokussierte stark auf die Herstellung eines neuartigen Wir-Gefühls, die Aufforderung zur Diskussion und die Vermittlung von Hoffnung sowie Kompetenz (Thunert 2010, S. 83 f.; o. V. 2009, S. 12; George 2008; Gloger 2008). „Obama communicates that he loves people" (o. V. 2009, S. 12).

Nonverbale Kommunikation

In der Politik weltweit, vor allem aber „im Wahlkampfgeschehen Amerikas sind […] Redeauftritte ritualisierte Highlights" (Knape 2010, S. 79). So ist es nicht verwunderlich, dass Obama und seine Berater bereits im Wahlkampf 2007 bis 2009 explizit auf die Außenwirkung des Präsidentschaftskandidaten und die damit verbundene nonverbale Kommunikation achteten (Weibler 2010b, S. 21). Es galt den zukünftigen Präsidenten als solchen darzustellen, beschränkte sich Obamas Politkarriere seinerzeit doch auf eine vierjährige Tätigkeit als Junior Senator in Illinois (Wikipedia 2010; o. V. 2008). Zahlreiche Beispiele belegen die gekonnte Inszenierung Obamas als Präsident in Spe. So trug er z. B. im Juli 2008 bei einem öffentlichen Auftritt ein Siegel, welches dem des Präsidenten sehr ähnlich ist. Im gleichen Sommer reiste er im Rahmen seiner Welt- bzw. Europa-Tour zu einer Rede in Berlin mit einem Flugzeug an, das der Air Force One gleicht. Ein öffentliches Treffen mit der deutschen Bundeskanzlerin Angela Merkel setzte ein zusätzliches Zeichen (o. V. 2008).

Neben dieser allgemeinen Inszenierungsstrategie trägt besonders die körperliche bzw. gestische Inszenierung Obamas zum Erfolg seiner Ansprachen bei. Nach Warstat (2010) und Gössler (2009, S. 162 ff.) handelt es sich auch hierbei um ein gut durchdachtes Verhaltensmuster. Als unumstritten gilt, dass Obama während seiner Reden stets aufrecht steht, kaum nach unten schaut und Gesten insgesamt sparsam einsetzt. Unterstreicht Obama Gesagtes durch Handbewegungen, verwendet er die linke und die rechte Hand gleichmäßig. Den Rezipienten suggeriert dies Ausgewogenheit und Stabilität des Redners. Oftmals punktiert er wichtige Wörter mit Daumen und Zeigefinger einer Hand. Die Hand scheint dann fast zu einer lockeren Faust geschlossen. Kopf- und Gesichtsbewegungen bilden indes den Schwerpunkt der nonverbalen Kommunikation Obamas. Ein oftmals ruckartiges Wenden des Kopfes symbolisiert Energie und Entschlossenheit. Auch ist bei Obama häufig ein Hochreißen des Kopfes zu beobachten, welches als kämpferische Geste gilt, um „Zweifel an der Durchführbarkeit von Zukunfts[- und Veränderungs]plänen zu zerstreuen" (Warstat 2010, S. 183 f.).

Literatur

Barely Political. (2010). Obama girl. The story. http://obamagirl.com/story.html. Zugegriffen: 17. Sept. 2010.

Bligh, M. C., & Kohles, J. C. (2009). The enduring allure of charisma: How Barack Obama won the historic 2008 presidential election. *The Leadership Quarterly, 20*(3), 483–492.

Borchert, S. (2011). *Change Communication. Analyse des Wahlkampfes Barack Obamas und Identifikation potentieller Anknüpfungspunkte für wirtschaftliche Change Prozesse.* Unveröffentlichte Bachelorarbeit an der Hochschule Harz, Wernigerode.

Bringbäumer, K., Hujer, M., Müller, P., Schmitz, G. P., & Schulz, T. (2010). Good night, America. *Der Spiegel, 2010*(44), 72–82.

Brüggemann, G. (2008). Ein Berg von Herausforderungen für Obama. Die wichtigsten Probleme, die der neugewählte US-Präsident anpacken muss. http://www.nzz.ch/nachrichten/international/ein_berg_von_herausforderungen_1.1237375.html. Zugegriffen: 13. Juli 2015.

Dannen, C. (2008). How Obama won it with the web. http://www.fastcompany.com/1070028/how-obama-won-it-web. Zugegriffen: 13. Juli 2015.

Fill, C. (2001). *Marketing-Kommunikation. Konzepte und Strategien.* München: Pearson Studium.

Fiol, C. M., Harris, D., & House, R. (1999). Charismatic leadership: Strategies for effecting social change. *The Leadership Quarterly, 10*(3), 449–482.

Flam, H., & Rost, C. (2010). Barack Obama und das Jugendbeben: Die Millennial Generation, die Top-Down Obama-Kampagne und Bottom-Up Aktivismus. In J. Weibler (Hrsg.), *Barack Obama und die Macht der Worte* (S. 207–236). Wiesbaden: VS Verlag.

Geldner, A. (20. Juni 2011). Das Wunder von Tucson. *Hildesheimer Allgemeine Zeitung vom, 141.*

George, B. (2008). Barack Obama: A leader for the „we" generation. http://www.businessweek.com/managing/content/nov2008/ca20081111_724439.htm. Zugegriffen: 13. Juli 2015.

Gloger, K. (2008). Analyse zur US-Wahl. Obamas Chance auf einen „New Deal". http://www.stern.de/politik/ausland/analyse-zur-us-wahl-obamas-chance-auf-einen-new-deal-644554.html. Zugegriffen: 13. Juli 2015.

Gössler, S. (2009). Barack Obama. Seine Sprache, seine Stärke, sein Charisma. Rhetorik einer Erfolgsgeschichte. Norderstedt: Books on Demand.

Green, D. D. (2009). Benchmarking the presidential election of Barack Obama. *Benchmarking: An International Journal, 16*(6), 754–766.

Green, D. D., & Roberts, G. E. (2012). Transformational leadership in a postmodern world: The presidential election of Barack Obama. *Academy of Strategic Management Journal, 11*(1), 9–25.

Harfoush, R. (2009). *Yes we did. An inside look at how social media built the Obama brand.* Berkley: New Riders.

Journalism.org. (2008). Character and the primaries of 2008. http://www.journalism.org/2008/05/29/character-and-the-primaries-of-2008/. Zugegriffen: 13. Juli 2015.

Knape, J. (2010). Lincoln und Obama als Redner: Rhetorische Profile zweier amerikanischer Präsidenten. In J. Weibler (Hrsg.), *Barack Obama und die Macht der Worte* (S. 39–80). Wiesbaden: VS Verlag.

Knobbe, M. (2013). Der entzauberte Präsident. *Stern, 25*, 38–46.

Kreblewski, B. (2010). *Managementkompetenz des amerikanischen Präsidenten Barack Obama und Übertragungsansätze auf Wirtschaftsorganisationen im Rahmen von Change-Prozessen.* Unveröffentlichte Bachelorarbeit an der Hochschule Harz, Wernigerode.

Marschall, C. von (2011). Charisma und politische Führung in den USA: Barack Obama – ein schwarzer Kennedy? In B. Bliesemann de Guevara & T. Reiber (Hrsg.), Charisma und Herrschaft. Führung und Verführung in der Politik (S. 53–76). Frankfurt a. M.: Campus.

McGirt, E. (2008). The brand called Obama. http://www.fastcompany.com/magazine/124/the-brand-called-obama.html. Zugegriffen: 13. Juli 2015.

Mendell, D. (2007). *Obama. From promise to power.* New York: Amistad.

Mieder, W. (2009). *Yes we can. Barack Obama's proverbial rhetoric.* New York: Lang.

Miller, C. C. (2008). How Obama's Internet campaign changed politics. http://bits.blogs.nytimes.com/2008/11/07/how-obamas-internet-campaign-changed-politics/. Zugegriffen: 13. Juli 2015.

Mumford, M. D., & Van Doorn, J. R. (2001). The leadership of pragmatism: Reconsidering Franklin in the age of charisma. *The Leadership Quarterly, 12*(3), 279–309.

o. V. (2008). Obama seeks stronger Europe ties. http://news.bbc.co.uk/1/hi/world/americas/7522738.stm. Zugegriffen: 13. Juli 2015.

o. V. (2009). Obama: Ready to wave his wand? The man we all want to believe in. *Strategic Direction, 25*(5), 11–14.

o. V. (o. J./1). Barack Obama. http://barack-obama.myonid.de/innenpolitik. Zugegriffen: 11. Jan. 2011.

o. V. (o. J./2). Rede. http://www.onpulson.de/lexikon/rede/. Zugegriffen: 25. Juni 2015.

Obama, B. (2006). *Audacity of hope: Thoughts on reclaiming the American Dream.* Edinburgh: Crown.

Obama, B. (2008). *Ein amerikanischer Traum. Die Geschichte meiner Familie.* München: Hanser.

Ohannessian, K. (2008). How to build a brand like Obama. http://www.fastcompany.com/multimedia/slideshows/content/brand-obama.html?page=2#pause. Zugegriffen: 13. Juli 2015.

Olson, T., & Nelson, T. (2010). Der Einfluss des Internets auf Parteien und Wahlkämpfe. *Auslandsinformationen, 6*(2010), 54–68.

Remnick, D. (2010). *The bridge. The life and rise of Barack Obama.* New York: Knopf.

Schulz, W. (2009). Kommunikationsprozess. In E. Noelle-Neumann, W. Schulz, & J. Wilke (Hrsg.), *Fischer Lexikon. Publizistik, Massenkommunikation* (S. 169–199). Frankfurt a. M.: Fischer Taschenbuch Verlag.

Senocak, Z. (2008). Redekunst. Was unsere Politiker von Obama lernen können. http://www.welt.de/debatte/article1832330/Was_unsere_Politiker_von_Obama_lernen_koennen.html. Zugegriffen: 24. Juli 2015.

Seyranian, V., & Bligh, M. C. (2008). Presidential charismatic leadership: Exploring the rhetoric of social change. *The Leadership Quarterly, 19*(1), 54–76.

Tabrizi, B. (2008). Why Obama is the best qualified change leader for our country. http://asianamericansforobama.typepad.com/home/files/tabrizi_korea_times_2.22.08%20-%20English.pdf. Zugegriffen: 13. Apr. 2015.

Thunert, M. (2010). Obamas Redekunst: Instrument zum Machterwerb, aber nicht zum Machterhalt? In J. Weibler (Hrsg.), *Barack Obama und die Macht der Worte* (S. 81–99). Wiesbaden: VS Verlag.

Trankovits, L. (2010). Die Obama-Methode: Erfolgsstrategien für die moderne Mediengesellschaft. Was Wirtschaft und Politik von Barack Obama lernen können. Frankfurt a. M.: F.A.Z.-Institut für Management-, Markt- und Medieninformationen.

Waldschmidt-Nelson, B. (2009). Barack Obama (2009-). Der erste afroamerikanische Präsident: A dream come true? In C. Mauch (Hrsg.), *Die amerikanischen Präsidenten. 44 historische Porträts von George Washington bis Barack Obama* (S. 439–455). München: Beck.

Warstat, M. (2010). Obamas Körper: Performative Aspekte politischer Rhetorik. In J. Weibler (Hrsg.), *Barack Obama und die Macht der Worte* (S. 173–189). Wiesbaden: VS Verlag.

Weibler, J. (2010a). Das Obama-Projekt. Einführung. In J. Weibler (Hrsg.), *Barack Obama und die Macht der Worte* (S. 9–11). Wiesbaden: VS Verlag.

Weibler, J. (2010b). Obama kam, sprach und siegte: Oder wie Reden Führung begründen. In J. Weibler (Hrsg.), *Barack Obama und die Macht der Worte* (S. 12–38). VS Verlag.

Weissman, J. (2011). Barack Obama: „You" versus „I". http://www.huffingtonpost.com/jerry-weis-sman/barack-obama-you-versus-i_b_116857.html. Zugegriffen: 25. Juli 2015.

Wikipedia (2010). Barack Obama. http://www.spiegel.de/wikipedia/Barack_Obama.html. Zugegriffen: 29. Okt. 2010.

Woodward, B. (2011). *Obamas Kriege. Zerreißprobe einer Präsidentschaft*. München: Deutsche Verlags-Anstalt.

Yagil, D. (1998). Charismatic leadership and organizational hierarchy: Attribution of charisma to close and distant leaders. *The Leadership Quarterly, 9*(2), 161–176.

Reden als Instrument der politischen Veränderungskommunikation – Eine Fallstudie

7.1 Ziele der Untersuchung

Übergeordnetes Ziel dieser Studie ist die Analyse des Redestils Obamas an drei bewusst gewählten Fallbeispielen. Die Reden stammen aus seinem ersten und zweiten Wahlkampf sowie seiner ersten Amtszeit als Präsident. Obgleich qualitative Forschung ständig in der Diskussion steht und fortwährend Vorurteile, Kritik und Vorbehalte erfährt, haben sich qualitative Methoden in den letzten Jahren etabliert. Besonders im Bereich der Veränderungsprozesse tragen sie in zunehmendem Maße „zu einer gegenstandsorientierten und effizienten Evaluation" (K. Kaune 2010, S. 135) bei.

In der Wissenschaft bewährten sich Einzelfallstudien als Form qualitativer Forschung schon mehrfach, obwohl sie aus quantitativer Sicht immer wieder wegen mangelnder Verallgemeinerbarkeit kritisiert werden. So weist Mayring (2015) z. B. auf den erfolgreichen Einsatz qualitativer Analysen bei Einzelfallstudien in klassisch soziologischen Feldforschungsprojekten (Roethlisberger und Dickson 1939; Whyte 1943; nach Mayring 2015, S. 23) und die Möglichkeiten zur Verallgemeinerung des Materials aus Einzelfällen hin (Heinze et al. 1975; nach Mayring 2015, S. 20). Daneben sei der häufig intendierte Pilotstudiencharakter qualitativer Analysen zu Hauptuntersuchungen angemerkt. So geht es innerhalb dieser Einzelfallstudie darum, einen „Gegenstandsbereich ganz offen zu erkunden, Kategorien und Instrumente für Erhebung und Auswertung zu konstruieren und zu überarbeiten" (Mayring 2015, S. 23). Ein getestetes Instrumentarium wird geschaffen, das Grundlage einer weiterführenden (quantitativen) Analyse sein kann (Mayring 2015, S. 20 u. 23).

Diese qualitative Einzelfallstudie zum Redestil Obamas nimmt eine grundsätzlich explorative Forschungshaltung ein. „Die [...] Exploration trägt durch besondere Darstellung und Aufbereitung von qualitativen Daten dazu bei, bislang vernachlässigte Phänomene, Wirkungszusammenhänge, Verläufe etc. erkennbar zu machen" (Bortz und Döring

© Springer Fachmedien Wiesbaden 2016
A. Kaune und A.-S. Wagner, *Change Communication*,
DOI 10.1007/978-3-658-11611-8_7

2006, S. 80). Es geht nicht darum, Annahmen bzw. Hypothesen zu prüfen, sondern vielmehr darum zu allgemeingültigen Annahmen bzw. Aussagen zu gelangen (Felser 2015, S. 416; Diekmann 2014, S. 33 ff.; Kuckartz 2014, S. 13 ff.). Es steht die relativ offen formulierte Forschungsfrage im Vordergrund: *Welche Erfolgsparameter setzt Obama in seinen Reden ein, um Sensibilität für Veränderung zu schaffen und im Kontext der Konsolidierung eingeleiteter Veränderungen zu erhalten?*

Zur Beantwortung dieser Fragestellung soll die Redegestaltung Obamas an drei Fallbeispielen durch eine qualitative Inhaltsanalyse beruhend auf dem Kommunikationsmodell der vier Seiten einer Nachricht nach Schulz von Thun (1998) sowie nonverbalen Parametern grundlegend erfasst werden (konzeptioneller Analyserahmen). Spezifisches Ziel ist es, zu beschreiben, wie Obamas Reden strukturiert sind, welche der vier Seiten einer Nachricht er wie nutzt und mit welchen nonverbalen Elementen er seine Worte unterlegt. Muster der Art und Weise, wie Obama als Kommunikator Mitteilungen an Rezipienten verfasst und versendet, sollen ermittelt werden. Basierend auf den empirischen Evaluationsergebnissen und unter Berücksichtigung der vorgestellten Erkenntnisse aus der Primär- und Sekundärliteratur gilt es ferner, Implikationen für die Veränderungskommunikation in Wirtschaftsorganisationen in vergleichbaren Situationen (z. B. Ernüchterungen, teilweise Enttäuschungen im Veränderungsgeschehen) abzuleiten (vgl. Kap. 8).

7.2   Kommunikationsmodell nach Schulz von Thun

Das Kommunikationsmodell der vier Seiten einer Nachricht nach Schulz von Thun (1998) verdeutlicht die komplexen Systeme von Absichten und Bezügen im Interaktionsprozess Kommunikation (Schulz 2009, S. 191) und konkretisiert damit die grundsätzlichen kommunikationstheoretischen Aspekte aus Abschn. 3.1. In Anlehnung an Bühler (1934; nach Schulz von Thun 1998, S. 30) und Watzlawick (1969; nach Schulz von Thun 1998, S. 30) basiert das Modell auf der Annahme, dass Kommunikation einen Inhalts- und einen Beziehungsaspekt besitzt.[1] „Auf der [Inhalts- oder] Sachebene geht es um Informationen, Ziele, [...] Fakten, Maßnahmen. Auf der Ebene der Beziehungen [...] geht es um Einstellungen, [...] Wünsche, [...] Ängste, Gefühle, Bedürfnisse" (Seifert 1999, S. 17 f.; nach Müller 2010, S. 70). Dieses Verständnis steht in Verbindung mit dem sogenannten Eisberg-Modell, welches auch im MOEW-Modell innerhalb des Gestaltungsmerkmals Eisbergmanagement[2] nähere Beachtung findet (Rosner 2012, S. 25 f.; A. Kaune 2010, S. 29 ff.). D. h., „ein und dieselbe Nachricht [enthält] stets viele Botschaften gleichzeitig" (Schulz von Thun 1998, S. 26).

---

[1]Zum theoretischen Entstehungsprozess des Kommunikationsmodells der vier Seiten einer Nachricht vgl.: Schulz (2009, S. 191); Schulz von Thun (1998, S. 12 ff. u. 30).

[2]Vgl. zum Eisbergmanagement in Veränderungsprozessen im Überblick Abschn. 2.2.4 sowie u. a.: A. Kaune (2010, S. 29 ff.); Müller (2010, S. 70 f.).

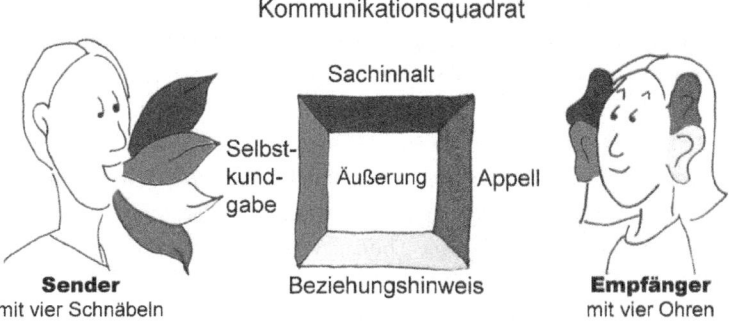

Abb. 7.1 Kommunikationsquadrat. (Schulz von Thun 2004)

Auf diesen Annahmen aufbauend entwickelte Schulz von Thun (1998) die Vorstellung, dass jede Nachricht bzw. Äußerung, die von einer Person kommuniziert wird, vier Seiten enthält, auf die sich die Botschaft verteilt (vgl. Abb. 7.1). Dies ist zum einen, wie in den Vorgängermodellen auch, der Sachinhalt. Dieser Aspekt einer Nachricht „enthält Informationen über die mitzuteilenden Dinge und Vorgänge in der Welt" (Schulz von Thun 1999, S. 19). Oftmals ist es nur der Sachinhalt, der vom Kommunikator explizit ausgesprochen wird. Die drei verbleibenden Seiten stellen eine Konkretisierung des angesprochenen Beziehungsaspekts der Nachricht dar und werden zumeist implizit kommuniziert (Schulz von Thun 1999, S. 20). Hierzu zählen der Beziehungshinweis im engeren Sinn[3], die Selbstkundgabe und der Appell. Mit Hilfe des Beziehungshinweises gibt der Sender zu erkennen, „wie er zum Empfänger steht, was er von ihm hält [Du-Botschaften] und wie er die Beziehung zwischen sich und ihm definiert [Wir-Botschaften]" (Schulz von Thun 1999, S. 20; vgl. Schulz von Thun 1998, S. 28 u. 158). Dieser Hinweis zeigt sich häufig in Formulierungen, im Tonfall und in anderen nonverbalen Begleitungen. Im Bereich der Selbstkundgabe[4] teilt der Sender etwas über sich selbst mit, z. B. über seine aktuelle Befindlichkeit oder seine Persönlichkeit. Hierzu nutzt er vorrangig Ich-Botschaften (Schulz von Thun 1999, S. 19 f.; Schulz von Thun 1998, S. 27 f.; Knicker, o. J.). Der Appell ist schließlich „der Versuch [des Kommunikators], in bestimmter Richtung [auf den Empfänger] Einfluß zunehmen, die Aufforderung, in bestimmter Weise zu denken, zu fühlen oder zu handeln" (Schulz von Thun 1999, S. 20). Der Appellaspekt einer Nachricht kann offen, verdeckt oder paradox kommuniziert werden.[5] Bei verdeckten oder paradoxen Versuchen Einfluss zu nehmen, handelt es sich um Manipulation. In diesem Fall richtet der Kommunikator auch die drei anderen Seiten der

---

[3]Folgend: Beziehungshinweis.

[4]In der ursprünglichen Modellversion lautete die Bezeichnung dieser Seite der Nachricht „Selbstoffenbarung". Dieser Begriff war allerdings zu wertend und wurde im Verlauf durch den neutralen Ausdruck „Selbstkundgabe" ersetzt (Schulz von Thun 1999, S. 19).

[5]Eine detaillierte Differenzierung zwischen den drei Appell-Varianten ist bei Schulz von Thun (1998, S. 209 ff.) zu finden.

Nachricht auf die Wirkungsverbesserung des Appells, d. h., er funktionalisiert sie (Schulz von Thun 1998, S. 29). Die Sachinhalts-, Selbstkundgabe- und Beziehungshinweisseite „spiegeln nicht [mehr] wider, was ist, sondern werden zum Mittel der Zielerreichung" (Schulz von Thun 1998, S. 29). Diese Studie vernachlässigt der Einfachheit halber die Möglichkeit verdeckter bzw. paradoxer Appelle. Unter dem Appellaspekt einer Nachricht werden nur offene Appelle verstanden. Es wird davon ausgegangen, dass Politiker wie Obama in ihren Reden Appelle stets direkt äußern.

Es sei angemerkt, dass Schulz von Thun (1999, S. 21) in seinem Modell ebenfalls postuliert, dass im Rahmen eines Kommunikationsprozesses eine Nachricht sowohl aus Sicht des Senders als auch aus Sicht des Empfängers vier Seiten besitzt. D. h., der Sender sendet verschiedene Botschaften und der Empfänger empfängt verschiedene Botschaften. Schulz von Thun (1998, S. 44) benennt die vier Empfangskanäle als Ohren, was in seiner Theorie dann zur Bezeichnung des vierohrigen Empfängers führt. Damit spricht er an, dass es in einem Kommunikationsprozess nicht nur darauf ankommt, eine Nachricht zu enkodieren, sondern auch zu dekodieren und dafür im Optimalfall den gleichen Code (also die passende Zunge zum jeweiligen Ohr und umgekehrt) zu nutzen (vgl. Abb. 7.1). Da aber in Bezug auf die Reden Obamas der Fokus darauf liegt, wie die Botschaft auf Seiten des Senders codiert und an den Empfänger übermittelt wird, muss dieser Bestandteil des Kommunikationsmodells der vier Seiten einer Nachricht nach Schulz von Thun (1998) in dieser Studie unberücksichtigt bleiben.

7.3   Qualitative Inhaltsanalyse

7.3.1   Methodik und Forschungsprozess

Wird die benannte Forschungszielstellung in die Elemente des Kommunikationsprozesses nach Lasswell (1948; nach Schulz 2009, S. 173) eingeordnet, tritt (wie Abb. 7.2 zeigt) eines der wichtigsten Forschungsfelder der Kommunikationswissenschaften hervor: die Inhaltsanalyse. Diese beantwortet im Rahmen des von Lasswell (1948; nach Schulz 2009, S. 173) formulierten Kommunikationsmodells „Who says what in which

Who	Says what	In which channel	To whom	With what effect
Communicator Kommunikator	Message Mitteilung	Medium Medium	Receiver Rezipient, Publikum	Effect Wirkung
Kommunikatorforschung	Inhaltsanalyse	Medienkunde	Publikumsforschung	Wirkungsforschung

Abb. 7.2 Lasswell-Formel. (Schulz 2009, S. 173)

channel to whom with what effect?" die Frage nach dem „what", also der Mitteilung (Schulz 2009, S. 173).

„Die Inhaltsanalyse ist eine empirische Methode zur systematischen, intersubjektiv nachvollziehbaren Beschreibung inhaltlicher und formaler Merkmale von Mitteilungen" (Früh 2015, S. 29). Die systematische bzw. geregelte Vorgehensweise der Methodik minimiert mit Hilfe einheitlicher Analyseschritte und -regeln subjektive Einflüsse und sichert so die Überprüfbarkeit der Ergebnisse (Mayring 2003, S. 42; nach K. Kaune 2010, S. 145). Die Schaffung der intersubjektiven Nachvollziehbarkeit des Verfahrens und der Vergleichbarkeit der Ergebnisse mit anderen Studien wird meist über bewertende Gütekriterien sichergestellt. Diese zeigen auch, inwieweit das Verfahren tatsächlich inhaltlich erschöpfend ist (Bortz und Döring 2006, S. 329; Mayring 2005, S. 10; nach K. Kaune 2010, S. 145). Es ist allerdings darauf zu achten, dass Inhaltsanalysen nicht zu starr bzw. unflexibel werden. Eine stetige Ausrichtung auf den konkreten Forschungsgegenstand ist essentiell (Mayring 2015, S. 131). „Ziel der qualitativen Inhaltsanalysen ist es, die manifesten und latenten Inhalte des Materials in ihrem sozialen Kontext und Bedeutungsumfeld zu interpretieren, wobei vor allem die Perspektive der Akteure herausgearbeitet wird" (Bortz und Döring 2006, S. 329).

Mayring (2002, S. 115) schlägt zusätzlich vor, sich im Rahmen empirischer Forschung für eine der drei Grundformen der qualitativen Inhaltsanalyse (Zusammenfassung, Explikation oder Strukturierung) zu entscheiden. Für die Evaluation von Mitteilungen in Veränderungsprozessen ist nach Mayring (2015, S. 67) die Strukturierung am gewinnbringendsten. „Ziel der Analyse ist es, bestimmte Aspekte aus dem Material herauszufiltern, unter vorher festgelegten Ordnungskriterien einen Querschnitt durch das Material zu legen oder das Material aufgrund bestimmter Kriterien einzuschätzen" (Mayring 2015, S. 67). Die in dieser Studie durchgeführte qualitative Inhaltsanalyse orientiert sich am Vorschlag Mayrings (2015 u. 2002) und verbindet die dort genannten Vorgaben mit Implikationen Rösslers (2010).

Im Vorfeld der Durchführung einer Inhaltsanalyse gilt es, ein prinzipielles Verständnis von Fachtermini und vom Ablauf dieser Forschungsweise zu erlangen. Grundsätzlich stellt das sogenannte Codebuch das Regelwerk der Methodik dar. Diesem ist ein Codebogen beigeordnet. Der Codebogen stellt ein leicht ausfüllbares, übersichtliches und entsprechend des Codebuches gut gegliedertes Formular dar. Er spiegelt die Logik der Inhaltsanalyse wider. Die Personen, die das Codebuch benutzen, werden Codierer genannt. Der Prozess selbst heißt Codierung bzw. Verschlüsselung. Ergebnis der Codierung sind Codes. D. h., Informationen, die für die Forschungsfragestellung interessant sind, werden Zahlenwerte zugeordnet. Die bereits angedeuteten formalen und inhaltlichen Kriterien, anhand derer das Untersuchungsmaterial analysiert wird, heißen Kategorien (Rössler 2010, S. 21 u. 184 f.). Sie sind Strukturierungsdimensionen, die unter Berücksichtigung der Forschungsfrage abgeleitet werden (Mayring 2015, S. 97). Definiert werden Kategorien als „abstrakte und theoriegeprägte Wörter bzw. Formulierungen […], welche von der auswertenden Person vergeben werden und sich aus theoretischen Annahmen […] ableiten" (Beywl et al. 2007, S. 55; nach K. Kaune 2010, S. 145). Die

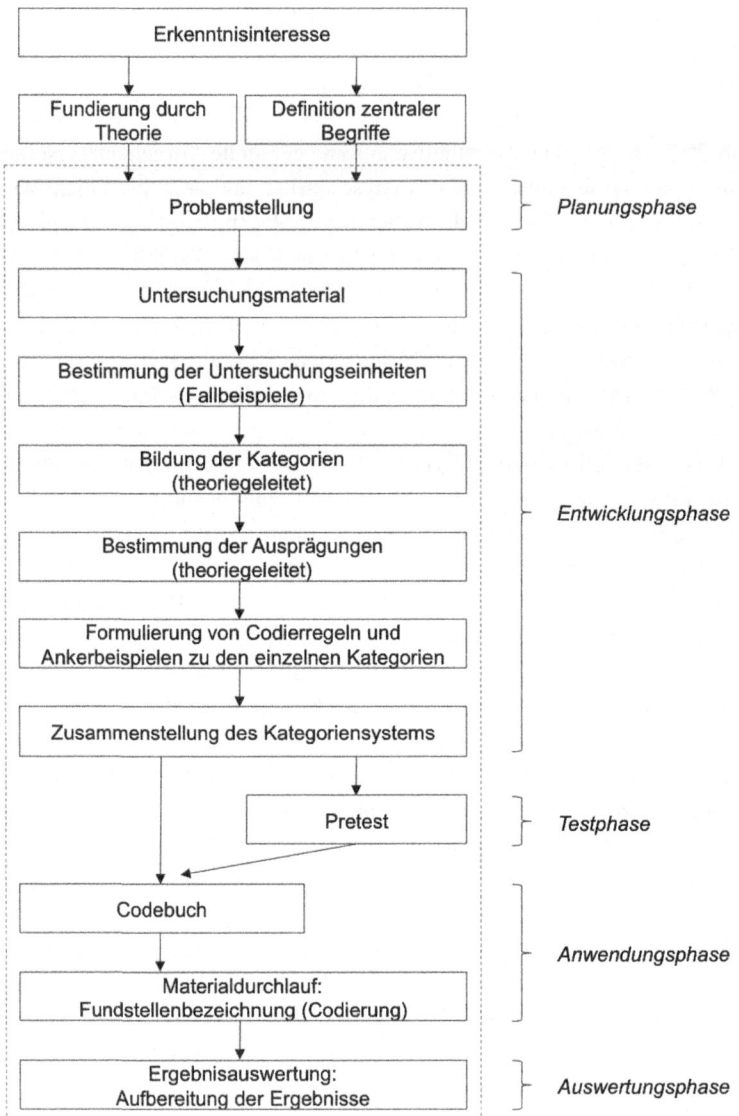

Abb. 7.3 Ablaufmodell der qualitativen Inhaltsanalyse. (In Anlehnung an Mayring 2015, S. 98 und Rössler 2010, S. 38)

Kategorien fungieren damit als Variablen und sind i. d. R. in einzelne Ausprägungen bzw. Items[6] weiter differenziert (Mayring 2015, S. 97; Bortz und Döring 2006, S. 329). Die Gesamtheit aller verwendeten Kategorien und zugehöriger Items bildet das

---

[6]Die Begriffe „Ausprägung" und „Item" werden im Folgenden synonym verwendet.

Kategoriensystem, welches im Codebuch zusammengefasst wird (Rössler 2010, S. 21). Alles in allem legt das Kategoriensystem „diejenigen Aspekte fest [...], die aus dem Material herausgefiltert werden sollen" (Mayring 2002, S. 114). Dabei ist es wichtig, das Kategoriensystem genau zu definieren. Nur so ist „eine eindeutige Zuordnung von Textmaterial zu den Kategorien immer möglich" (Mayring 2002, S. 118). Dieses Ziel wird erreicht, indem der von Mayring (2015, S. 97 u. 2002, S. 119) vorgeschlagenen, dreistufigen Schrittfolge nachgegangen wird: Zuerst müssen die Kategorien definiert werden; d. h. die allgemeine Festlegung der Textbestandteile, die unter eine Kategorie fallen. Dann hilft die Definition von Ankerbeispielen, also konkreten Textstellen. Jene prototypischen Textfragmente stehen beispielhaft für die Items einer Kategorie und unterstützen deren Konkretisierung. Schließlich erleichtern exakte Codierregeln eine eindeutige Zuordnung von Textteilen. Sie vermindern Abgrenzungsprobleme zwischen den Kategorien.

Die Abb. 7.3 veranschaulicht das konkrete Ablaufmodell der qualitativen Inhaltsanalyse im Rahmen dieser Studie. Ausgehend von den theoretischen Vorbetrachtungen und der Forschungsfragestellung (Planungsphase) werden zunächst aus der Gesamtheit des potenziellen Untersuchungsmaterials (alle Reden Obamas) die Untersuchungseinheiten der Einzelfallstudie (u. a. die Fallbeispiele) bestimmt. Im Anschluss geschieht die Entwicklung des notwendigen Instrumentariums einer qualitativen Inhaltsanalyse. Theoriegeleitet werden Kategorien mit zugehörigen Ausprägungen sowie Codierregeln und Ankerbeispiele zu den einzelnen Kategorien festgelegt. Das Codebuch fasst diese Inhalte zu einem Kategoriensystem zusammen; es dient „als Handanweisung für die Einschätzungen" (Mayring 2015, S. 108). Ein Pre-Test bzw. eine Probecodierung wird vorgenommen. In diesem Zusammenhang kann es notwendig werden, das Kategoriensystem zu überarbeiten bzw. anzupassen. Danach kann das Untersuchungsmaterial anhand des ggf. adaptierten Codebuches durchlaufen werden. Fundstellen werden bezeichnet und codiert. Der letzte Schritt ist die Ergebnisauswertung. Im Kern der Ergebnisauswertung steht eine qualitative Analyse, welche die Grobstruktur des Analysematerials theoriegeleitet beschreiben bzw. interpretieren soll.

7.3.2 Untersuchungseinheiten

Der erste wichtige Schritt innerhalb der Entwicklungsphase einer qualitativen Inhaltsanalyse ist die Festlegung der zu analysierenden Untersuchungseinheiten (Rössler 2010, S. 41). Dabei gilt es zunächst, anhand der determinierten Zielstellung die Auswahleinheit zu bestimmen. Diese „legt systematisch fest, welches Medienmaterial inhaltsanalytisch zu untersuchen ist" (Rössler 2010, S. 42). In dieser Studie bieten sich hierzu grundsätzlich alle der von Obama im Wahlkampf und in der Präsidentschaft gehaltenen Reden an. D. h., alle Ansprachen ab dem 10. Februar 2007 können in Frage kommen (Rössler 2010, S. 42; Weibler 2010a, S. 9).

Diese Studie nutzt zur Evaluation der Veränderungskommunikation die am 4. November 2008 von Obama in Chicago gehaltene Siegesrede (erster Wahlkampf), die am 22. März 2010 vorgetragene Rede zur Gesundheitsreform (erste Präsidentschaft) und die am 7. November 2012 in Chicago dargelegte Siegesrede (zweiter Wahlkampf) (Knape 2010, S. 77; Wikipedia 2010a). Es handelt sich um eine bewusste Auswahl der Fallbeispiele. Eine Stichprobenziehung entfällt. Weitere Reden werden aufgrund des qualitativen Studiencharakters der Untersuchung nicht analysiert. Die Fallbeispiele stehen sinnbildlich für die zahlreichen Reden, die Obama in der Zeit des Wahlkampfes und in der Präsidentschaft gehalten hat (Seaside Software Inc. DBA askSam Systems 2008b).

Nach Knape (2010, S. 77) nutzt die Siegesrede in 2008 ähnliche Bilder wie die Ansprachen Obamas im ersten Wahlkampf und beendete den Wahlprozess zugleich. Daher und aufgrund der Tatsache, dass sie als offizielle Siegesrede des Präsidentschaftskandidaten politisch eine besondere Rolle spielt, nämlich als Höhepunkt jener Wahlkampfphase, soll sie stellvertretend zur Analyse der Veränderungskommunikation Obamas im ersten Wahlkampf herangezogen werden. Anlass der knapp 17-minütigen Siegesrede Obamas war, dass sich der demokratische Präsidentschaftskandidat in der Wahl um das amerikanische Präsidentenamt gegen den republikanischen Kontrahenten John McCain durchgesetzt hat. Nach gewonnener Präsidentschaftswahl trat er im Grant Park zu Chicago um 23 Uhr Ortszeit vor die Bürger Amerikas, um ihnen zu danken (insbesondere auch Mitarbeitern und Freunden) und abschließende Worte zu seinem Wahlkampf zu formulieren. Das Umfeld der Rede war geprägt von nächtlicher Mondstimmung und der Skyline der Stadt Chicago. Auf dem Redepodium befanden sich zahlreiche amerikanische Flaggen. Obama wirkte ruhig und konzentriert. Er stellte seinen Wahlsieg als Antwort auf lange vorgebrachte Wünsche und Argumente dar, sah sich durch den Sieg seiner Vision von Wandel und einer neuartigen Führung ganz nahe gekommen. Obama berichtete von einer beispielhaften Geschichte, welche die Kraft des amerikanischen Traumes belegen soll. Dabei riss er das Leben der 106-jährigen afroamerikanischen Ann Nixon Cooper an und durchlief von der Sklaverei zur Freiheit, über die erste Mondlandung bis hin zum Mauerfall in Berlin Geschehnisse des vergangenen Jahrhunderts. Mehrmals benutzte er sein Markenzeichen und, wie Knape (2010, S. 77) es nennt, „typischen Schlachtruf" *Yes we can* (Geldner 2012; Knape 2010, S. 77; Gloger 2008; YouTube 2008). Vor allem aus diesem Grund wird die Rede als „emotional hochbewegt, aufgeladen und aus ganzem Herzen" beschrieben (Knape 2010, S. 77).

Die Veränderungskommunikation Obamas in seiner ersten Präsidentschaft wird exemplarisch an einer Rede zur Gesundheitsreform untersucht, da diese Reform als einer der bedeutendsten Veränderungsprozesse in der Geschichte der USA bezeichnet werden kann. Nach Waldschmidt-Nelson (2009, S. 451) stellte die Gesundheitsreform eine der größten innenpolitischen Herausforderungen in der ersten Präsidentschaftsphase von Obama dar. Dabei polarisierten jenes Veränderungsvorhaben und der Umgang Obamas mit dieser Veränderung die Politik sowie die Bevölkerung der USA wie kaum ein anderes politisches Vorhaben der letzten Jahrzehnte. Die Rede zur Gesundheitsreform vom 22. März 2010 kann als Siegesrede Obamas in Bezug auf den von ihm angestrebten Veränderungsprozess, die Durchsetzung einer Reformierung des amerikanischen Gesundheitswesens, bezeichnet werden. Dieses schon im ersten Wahlkampf von Obama angekündigte Ziel wurde mit dem Beschluss zur Reform des Gesundheitswesens am 22. März 2010 erreicht. In diesem Sinne lässt sich das von Obama verfolgte Veränderungsvorhaben als erfolgreich realisiert beschreiben. Darüber hinaus geht Obama mit jener Rede, in welcher er nach zähen und langwierigen Verhandlungen, Debatten und Diskussionen den Beschluss der Gesundheitsreform verkündete, in die amerikanische Geschichte ein, da der von ihm errungene Ansatz einer Jahrhundertreform in den USA gleichkommt. Seit Jahrzehnten gelang es keinem Präsidenten der USA eine solche Sozialreform durchzusetzen. Mit der Verkündung des Beschlusses zur Umsetzung dieser Reform wurde amerikanische Geschichte geschrieben.

Die Siegesrede 2012 ermöglicht nicht nur einen Vergleich, sondern auch eine Untersuchung der Bedeutung des veränderten Kontextes, in welchem Obama am Ende des zweiten Wahlkampfes redete. So kann analysiert werden, wie die Veränderungskommunikation von Obama auf die spezielle Situation abgestimmt ist (Kaczmarzyk 2013, S. 46). Obama hielt die ca. 20-minütige Siegesrede 2012 in einer Chicagoer Kongresshalle kurz nach Mitternacht vor ein paar zehntausend Menschen. Ein blauer Hintergrund prägte die Halle. Das Publikum jubelte, schwenkte amerikanische Fähnchen und rief: „Four more years, four more years!" Wie eine Zunge ragte die Bühne in den Raum, sodass Obama ganz nah an seinen Zuhörern stehend schien. Durch Musik untermalt betrat er gemeinsam mit seiner Frau und seinen beiden Töchtern die Bühne. Die Familie umarmte sich und winkte dem Publikum zu. Dann verließen seine Gattin und die Mädchen die Bühne, Obama trat an das Rednerpult. Zuletzt unterbrach er den anhaltenden Jubel dadurch, dass er sich immer wieder bei den US-Amerikanern bedankte (Kaczmarzyk 2013, S. 53; Geldner 2012; YouTube 2012a).

Zudem müssen im Vorfeld einer qualitativen Inhaltsanalyse die Analyseeinheiten innerhalb der Auswahleinheit bestimmt werden. Als Analyseeinheit werden diejenigen Elemente definiert, die codiert, klassifiziert und damit ausgewertet werden sollen (Rössler 2010, S. 43). Im Rahmen dieser Studie werden hierunter aufgrund des beschränkten Umfangs der Auswahleinheiten die einzelnen Absätze der beiden Siegesreden (je 36 Abschnitte) und der Rede zur Gesundheitsreform (15 Abschnitte) definiert.

Im Sinne der in Kap. 4 dargestellten Überlegungen zum Kommunikationscontrolling wird in dieser Studie lediglich ein Aspekt der Input-Ebene analysiert: die Mitteilung (vgl. hierzu die in Abschn. 7.3.1 dargestellte Lasswell-Formel). Die positiven Wirkungen der Reden auf den Output (Botschaften erreichen die Zielgruppen) und den Outcome (Sensibilisierung der Meinungen und des Verhaltens der Zielgruppen für anstehende und zu stabilisierende Veränderungen) werden aufgrund diverser Indikatoren (z. B. Wahlverhalten) unterstellt. Die positive Wirkung auf den Outflow (nachhaltige Stabilisierung der Wahl bzw. Wiederwahl Obamas sowie Verankerung der Gesundheitsreform im politisch-rechtlichen Gefüge der USA) kann nur vermutet werden. Somit bedient die Studie bestenfalls den operativen Ansatz des Kommunikationscontrolling.

7.3.3   Kategoriensystem

Mayring (2015, S. 29) betont, dass „eine qualitative Inhaltsanalyse [...] ihr Material nicht isoliert [...] verstehen [darf]. Sie muss es in ein Kommunikationsmodell einordnen." Daher erfolgt auch in dieser Studie die Kategorienbildung deduktiv auf Grundlage theoretischer Überlegungen (Mayring 2015, S. 85).[7] Hierzu wird das Kommunikationsmodell der vier Seiten einer Nachricht ausgewählt. Doch es wären auch andere Modelle wie bspw. die Transaktionsanalyse (Schmidt 2012; Berne 2002; Berne 1999) oder die fünf Axiome der Kommunikation nach Watzlawick et al. (2011) als Analysegrundlage geeignet. Ergänzend dazu werden ausgewählte Elemente der nonverbalen Kommunikation in das Kategoriensystem integriert.

Das Kategoriensystem wird ferner unter Berücksichtigung der vor allem von Knape (2010), Thunert (2010), Weibler (2010b) und Gössler (2009) aufgeführten Ergebnisse quantitativer sprach- und kommunikationswissenschaftlicher Redeanalysen Obamas entwickelt. Diese dienen vorrangig zur Festlegung einzelner Inhaltsitems und zugehöriger Ankerbeispiele für das Codebuch. Es ist außerdem zu beachten, dass nach Schulz von Thun (1998, S. 33) die Botschaft einer Nachricht oft nonverbal kommuniziert wird. Argyle (2013, S. 136) ergänzt, dass diese nonverbalen Signale beim Reden und damit auch bei (politischen) Ansprachen „mit dem, was [... ein Mensch] sagt, eng verbunden [sind] und [...] es betonen oder eindeutig machen [können]". Sekundäranalysen am Beispiel Obamas zeigen, wie essentiell die nonverbale Kommunikation zur Unterstützung des Gesagten ist. Bei Reden (wie denen Obamas) werden sowohl vokal-auditive (z. B. Tonhöhe, zeitliche Abstimmung etc.) als auch kinetische Signale versendet. Letztere setzen sich zusammen aus Handbewegungen, Kopfbewegungen, Blickrichtung und Mimik. Aus diesem Grund integriert diese Studie neben der verbalen Botschaft die nonverbale Kommunikation in das Evaluationsvorhaben (Argyle 2013, S. 136 ff.). Es wird dem Vorschlag Kepplingers (2009, S. 400) gefolgt, auch nonverbale Darstellungscharakteristika bzw. Kommunikation mithilfe intersubjektiver Klassifikationen wie der Inhaltsanalyse zu ermitteln. Grundlage hierfür bilden die bereits beschriebenen Analyseergebnisse von Warstat (2010) und Gössler (2009).

Insgesamt werden für diese Studie drei Codebücher entwickelt, d. h. je eines für die qualitative Inhaltsanalyse der verschiedenen Phasen des Veränderungsprozesses repräsentiert durch die Siegesrede 2008, die Rede zur Gesundheitsreform und die Siegesrede 2012. Jene fassen alle Kategorien und zugehörige Items mit Ankerbeispielen (also das Kategoriensystem) zusammen, anhand derer in der Folge die Datenerhebung stattfindet. Sie beinhalten auch Codierregeln und gliedern sich, wie Rössler (2010, S. 44) vorschlägt, in formale und inhaltliche Kategorien. Im Anhang ist exemplarisch für die Siegesrede 2008 das detaillierte Codebuch (inkl. Codierregeln) aufgeführt. Die

---

[7]Zur Differenzierung der Vorgehensweisen deduktiver und induktiver empirischer Forschung vgl. u. a.: Kuckartz (2014); Bortz und Döring (2006).

nachfolgenden Ausführungen dienen lediglich der überblicksartigen Darstellung des Kategoriensystems der Codebücher. Um Vergleichbarkeit der Analysen zu erreichen, sind die Kategoriensysteme möglichst gleich aufgebaut. Die Codebücher unterscheiden sich jedoch in den vom jeweiligen Redethema abhängigen Items bzw. Ankerbeispielen. Aufgrund der hohen Entsprechung der Codebücher wird fortfolgend global der Terminus Codebuch (Singular) verwendet, in der inhaltlichen (Ergebnis-)Darstellung aber differenziert auf die spezifischen Bestandteile (z. B. jeweilige Items) zurückgegriffen.

Formale Kategorien

Formale Kategorien dienen der Erhebung „physisch manifeste[r] Sachverhalte, die sich meist durch messen, zählen oder Transkription erheben lassen und keine [Schlussfolgerungen …] des Codierers erfordern" (Rössler 2010, S. 113). In dieser Einzelfallstudie wird für jeden Absatz der jeweiligen Rede eine fortlaufende Nummer vergeben, um die Absätze später genau identifizieren und um die Gesamtanzahl aller Absätze ermitteln zu können (Absatznummer). Zusätzlich wird der Umfang eines jeden Absatzes in Form der tatsächlichen Anzahl an Sätzen und Wörtern festgehalten.

Inhaltliche Kategorien

Inhaltliche Kategorien „sind die vom Erkenntnisinteresse abhängigen Bedeutungsdimensionen, zu deren Klassifikation der Codierer Schlussfolgerungen ziehen muss" (Rössler 2010, S. 44). Im Bereich der inhaltlichen Kategorien erfasst das Codebuch zunächst den inhaltlichen Schwerpunkt des jeweiligen Absatzes. Es wird codiert, welche Grundstimmung der Absatz hat. Es soll die Frage geklärt werden, ob der Absatz eher die Inhalts- oder die Beziehungsebene anspricht. Es wird dabei der Eindruck zugrunde gelegt, den ein durchschnittlicher Rezipient der Rede bzw. des jeweiligen Absatzes gewinnen muss (fünfstufige Skala von 1 = eindeutig Inhaltsebene bis 5 = eindeutig Beziehungsebene; 6 = nicht entscheidbar). Die Kategorie geht in Anlehnung an Bühler (1934; nach Schulz von Thun 1998, S. 30) und Watzlawick (1969; nach Schulz von Thun 1998, S. 30) davon aus, dass Kommunikation einen Inhalts- und einen Beziehungsaspekt hat. Diese Annahme ist Grundlage für die Entwicklung des Modells der vier Seiten einer Nachricht nach Schulz von Thun (1998, S. 30). Erst in einem weiteren Schritt postuliert Schulz von Thun (1998), dass sich der Beziehungsaspekt noch in drei weitere Teilaspekte gliedert: Beziehungshinweis, Selbstkundgabe und Appell. Es soll mit der Codierung dieser Kategorie ein dichotomes Kontinuum geschaffen werden, welches das Modell nach Schulz von Thun (1998) zwar um eine Ebene verallgemeinert, aber dennoch erlaubt, die Absätze wertend einer der zwei übergeordneten Seiten der Nachricht zu zuordnen. Welche Seite der Nachricht dann vor allem im Bereich des Beziehungsaspekts genau angesprochen wird, klären bzw. konkretisieren die nachfolgenden inhaltlichen Kategorien.

So bilden weiterhin alle vier Seiten einer Nachricht nach Schulz von Thun (1998) je eine eigene Kategorie bestehend aus verschiedenen Items. In jeder sollen Ankerbeispiele die Codierung erleichtern. Sie beschreiben die zur Kategorie gehörigen Items indes nicht erschöpfend, sondern dienen als Prototypen. Für jedes der aufgeführten

Items ist zu prüfen, ob es im Absatz vorkommt oder nicht (Code 0 = wird nicht genannt; Code 1 = wird genannt). Die Intensität der Abhandlung der einzelnen Items ist dabei unmaßgeblich.

Im Bereich *Sachinhalt* werden sämtliche sachliche Informationen und Beschreibungen codiert. Dazu zählen die auf den jeweiligen Einzelfall ausgerichteten Themen wie Wahlkampf, (erneuter) Wahlsieg, Gesundheitsreform, Sachinformationen über die amerikanische Bevölkerung oder politische Kontrahenten.

Die Kategorie *Beziehungshinweis* codiert sämtliche Äußerungen, mit denen Obama zu erkennen gibt, wie er zu den Redeempfängern steht, was er von ihnen hält und wie er die Beziehung zwischen sich und ihnen definiert. Es wird z. B. erfasst, ob Obama Du- und Wir-Botschaften versendet, ob er aktives Zuhören signalisiert oder ob er über die Art und Weise der Zusammenarbeit mit der amerikanischen Bevölkerung spricht.

In der Kategorie *Selbstkundgabe* werden grundsätzlich sämtliche Textstellen codiert, in denen Obama etwas über sich selbst mitteilt. Dabei wird z. B. festgehalten, ob im Absatz Ich-Botschaften, Schilderungen von persönlichen Befindlichkeiten bzw. Gefühlen oder Beschreibungen von persönlichen Erlebnissen mit Wählern vorzufinden sind. Ermittelt wird auch, ob Obama über die eigenen Veränderungsziele und -visionen oder über seine Familie spricht.

Im Punkt *Appell* werden grundsätzlich sämtliche der Versuche Obamas codiert, in bestimmter Richtung auf die Rezipienten Einfluss zu nehmen, d. h. Aufforderungen, in bestimmter Weise zu denken, zu fühlen oder zu handeln. Dabei gilt, dass zur Vermeidung subjektiver Verzerrungen durch Interpretation nur offene Appelle bzw. Aufforderungen Obamas codiert werden. Verdeckte oder gar paradoxe Appelle und damit verbundene Manipulationsversuche werden nicht erfasst.

Die letzte inhaltliche Kategorie des Codebuches hat einen stark explorativen Charakter und erhebt die *nonverbale Kommunikation* Obamas. Es gilt allgemein zu erfassen, ob und welche Art der kinetisch nonverbalen Kommunikation Obama nutzt (Code 0 = ist nicht vorhanden; Code 1 = ist vorhanden). Im Fokus stehen aufgrund des vermutlich nur sparsamen Einsatzes von Gesten die Körperhaltung, die Kopf- sowie die Handbewegungen Obamas. D. h., es werden nur die nonverbalen Elemente codiert, die offensichtlich und eineindeutig feststellbar sind. Auf die Codierung der Mimik wird verzichtet, um stark subjektive Verzerrungen bei der Erhebung zu vermeiden. Ebenso bleiben vokalauditive Signale unberücksichtigt.

7.4   Pre-Test, Modifikation Kategoriensystem und Datenerhebung

Nach Abschluss der konzeptionellen Planungs- und Entwicklungsschritte einer qualitativen Inhaltsanalyse erfolgt deren Test- und Anwendungsphase. Prinzipiell wären hierzu zunächst umfangreiche Codiererschulungen notwendig, um eine „Übereinstimmung zwischen den Codierern als auch [... eine] Übereinstimmung mit der Intention des

Forschers" herzustellen (Rössler 2010, S. 176). Da der Pre-Test als auch die Datenerhebung aufgrund des beschränkten Untersuchungsmaterials (jeweils nur eine Rede aus
dem ersten sowie zweiten Wahlkampf und der ersten Präsidentschaft von Obama), dem
überschaubaren Kategorienschema und der daraus resultierenden sehr kurzen Feldphase
durch den Forscher selbst durchgeführt werden kann, entfällt dieser Schritt.

Pre-Test und Modifikation Kategoriensystem

Das Codebuch wird zunächst mit Hilfe eines Pre-Tests getestet. Unter Realbedingungen
gilt es, das entwickelte Instrumentarium erstmals durch eine Probecodierung zu prüfen
und Erfahrungen hieraus in ein verbessertes Analyseinstrument einfließen zu lassen, welches später in der tatsächlichen Phase der Datenerhebung genutzt wird (Rössler 2010,
S. 40). Rössler (2010, S. 178) weist darauf hin, dass für diesen Schritt möglichst immer
ein anderes Material als das tatsächlich zu codierende Untersuchungsmaterial verwendet
werden sollte. Daher wird der Pre-Test jeweils anhand einer anderen Rede aus der Phase
des ersten und zweiten Wahlkampfes sowie der ersten Präsidentschaft durchgeführt.

Aus dem ersten Wahlkampf wird die Rede Obamas vom 3. November 2008 in Virginia gewählt. Der demokratische Präsidentschaftskandidat hielt diese Ansprache in
der letzten Nacht vor den amerikanischen Wahlen (Seaside Software Inc. DBA askSam
Systems, 2008a). Sie scheint vor allem aufgrund ihrer hochgradigen terminlichen Nähe
zum eigentlichen Untersuchungsmaterial (der Siegesrede 2008) sowie eines ähnlichen
Umfangs (28 Absätze) für einen Probelauf gut geeignet. Der Redetext entstammt entsprechend einer Verlinkung auf der Webseite der New York Times Company (2010) den
Seaside Software Inc. DBA askSam Systems (2008a).

Hinsichtlich der ersten Präsidentschaft wird die Rede zur Gesundheitsreform vom
9. September 2009, die Obama vor dem amerikanischen Kongress darlegte, herangezogen. Die Auswahl lässt sich argumentativ damit untermauern, dass sich diese bedeutende
Rede ausschließlich auf das Thema Gesundheitsreform bezieht (The White House 2009).

Der zweite Wahlkampf wird durch die Rede vom 4. November 2012 abgebildet, die
Obama in der McArthur High School in Hollywood/Florida vortrug. Mit 59 Absätzen
ist sie zwar deutlich länger als die Siegesreden 2008 und 2012, aber wiederum aufgrund
der zeitlichen Nähe zum Tag des Wahlsieges für den Pre-Test gut geeignet (Kaczmarzyk
2013, S. 51; Peters und Woolley 2012).

Aufgrund des Pre-Tests wird eine Modifikation bzw. Konkretisierung des Codebuches vorgenommen. Grundsätzlich funktionieren die Abgrenzung und die Identifikation
der einzelnen Analyseeinheiten. Lediglich kleine Ergänzungen der Codierregeln werden
im Bereich formaler Inhalte notwendig (z. B. Erweiterung der Abgrenzungsregeln zwischen Wörtern hinsichtlich sprachbedingter Abkürzungen wie „we've" oder allgemei-
ner Abkürzungen wie „CEO" und Konkretisierung der Codierregeln bei eingebundenen
Zitaten Dritter). Trotzdem sind nicht alle Items der inhaltlichen Kategorien überschnei-
dungsfrei gewählt. Diese Problematik fußt auf der engen Verwobenheit der vier Seiten
einer Nachricht im Kommunikationsmodell nach Schulz von Thun (1998). Die Annahmen des Modells erlauben es, z. B. Äußerungen zur Familie Obamas sowohl im Bereich

Sachinhalt als auch im Bereich Selbstkundgabe zu codieren. Die ursprüngliche Forschungshaltung, das Kommunikationsmodell Schulz von Thuns (1998) durch solche
oder ähnliche Doppelungen im Codebuch adäquat zu erfassen, wird verworfen. Vielmehr
indiziert der Pre-Test, dass eine eindeutige Zuordnung der Inhalte zur jeweiligen Seite
einer Nachricht eine klarere und verlässlichere Codierung der Rede Obamas ermöglicht.
Es bleibt allerdings dabei, dass Signalwörter wie „change", „hope" etc. eine Codierung
innerhalb mehrerer inhaltlicher Kategorien auslösen können. Einzelne Items der jeweiligen Kategorie müssen indes eindeutig zuordenbar sein. Darüber hinaus müssen einige
Items ergänzt werden, die im Pre-Test im Bereich Sonstiges codiert werden (z. B. neue
Themen durch den Ablauf der ersten Amtsperiode). Items, die im Probelauf keine Codierung erfahren, werden dennoch beibehalten, um eine Vollständigkeit des Kategoriensystems zu gewährleisten. Im Allgemeinen werden Ergänzungen von Ankerbeispielen
vorgenommen, um die Codierung weiter zu präzisieren und zu erleichtern bzw. Entscheidungen noch eindeutiger zu gestalten.

Die Kategorie nonverbale Kommunikation kann trotz umfangreicher Internet-Recher-
che aufgrund fehlenden Bildmaterials zur Vorwahlnachtrede Obamas in Virginia (3.
November 2008) keinem Pre-Test unterzogen werden. Die Rede Obamas zur Gesundheitsreform (9. September 2009) liegt hingegen als Videoaufzeichnung vor, sodass nonverbale Elemente untersucht werden (in fünf Teilen: YouTube 2009a, b, c, d, e). Gleiches
gilt für die Rede vom 4. November 2012, für die Bildaufzeichnungen der Internet-Platt-
form YouTube (2012b) vorliegen und der Pre-Test damit vorgenommen werden kann
(Kaczmarzyk 2013, S. 51). Die Datenerhebung jener Kategorie lässt sich hier grundlegend als problemlos beschreiben. Insgesamt gilt die Vollständigkeit des Kategoriensystems im nonverbalen Bereich als relativ sicher. Die Kategorie ist sehr minimalistisch
gestaltet und erhebt nur offensichtliche bzw. eindeutig feststellbare Gesten. Damit
scheint auch der Umstand vernachlässigbar, dass zur Phase des ersten Wahlkampfes
nicht probecodiert wird.

Grundsätzlich hat es sich im Rahmen dieser qualitativen Inhaltsanalyse in Bezug auf
den Codebogen als wichtig erwiesen, die zusätzliche Spalte Anmerkungen zu integrieren. Die Spalte Anmerkungen kann bei Bedarf konkrete Inhalte der einzelnen Items auf-
nehmen. So lässt sich u. a. die exaktere Ausgestaltung der Appell-Items festhalten. Diese
Vorgehensweise erlaubt es z. B. zu erfassen, zu welcher speziellen Handlung Obama die
Rezipienten aufruft.

Datenerhebung
Um die drei Reden Obamas analysieren zu können, ist eine adäquate Verschriftlichung
bzw. Transkription des zu untersuchenden Materials essentiell.

Der niedergeschriebene Redetext der Siegesrede in 2008 ist im Internet, auf mehreren
Webseiten zu finden, allerdings nicht auf einem der offiziellen Internet-Auftritte Obamas. Die einzelnen Sekundärquellen unterscheiden sich neben kleineren sprachlichen
Abweichungen vor allem in der verschiedenartigen Aufteilung des Redetextes in einzelne Sätze und Absätze. In dieser Studie wird die Transkription der New York Times

Company (2008) als adäquat und vertrauenswürdig eingestuft, da es sich um eine der angesehensten US-Zeitungen handelt. Der qualitativen Inhaltsanalyse liegt daher die Gliederung der Rede in einzelne Absätze bzw. Sätze der New York Times Company (2008) zu Grunde. Der zugehörige Videomitschnitt der Siegesrede 2008 entstammt dem Internet-Portal YouTube. Der ausgewählte Beitrag wurde im Rahmen der Kampagne *Obama for America* vom Wahlkampfteam eingestellt und gilt daher ebenfalls als zuverlässig (YouTube 2008). Die Verschriftlichung der New York Times (2008) und die verbale Äußerungen im YouTube-Video (2008) stimmen überein.

Der niedergeschriebene Text der Rede zur Gesundheitsreform vom 22. März 2010 ist dem offiziellen Internet-Auftritt des Präsidenten entnommen (The White House 2010). Es handelt es sich dabei um eine Primärquelle, die als adäquat und vertrauenswürdig in Bezug auf die Verschriftlichung der Rede einzuschätzen ist. Sie bildet die Grundlage der qualitativen Inhaltsanalyse. Der zugehörige Videomitschnitt entstammt dem Internet-Portal YouTube (2010). Die Ausführungen im niedergeschriebenen Redetext und die verbalen Äußerungen Obamas im Video sind identisch.

Zur Siegesrede in 2012 gibt es wiederum zahlreiche Verschriftlichungen, insbesondere weil der erneute Wahlsieg Obamas ein Ereignis weltweiten Interesses darstellte. Für die qualitative Inhaltsanalyse wird ebenfalls die Transkription der New York Times Company (2012) verwendet. Zur Erhebung der Daten für die Kategorie nonverbale Kommunikation wird eine Videoaufzeichnung der New York Times ausgewählt, die auf dem Internet-Portal YouTube (2012a) hochgeladen wurde. Sie gilt daher ebenso als zuverlässig. Die Transkription als auch das Video korrespondieren im geschriebenen Wort und den verbalen Äußerungen (Kaczmarzyk 2013, S. 54).

Auf dieser Basis findet im Anschluss an die Pre-Testphase die eigentliche Datenerhebung statt. Aus Zeitgründen werden die Verschlüsselungsergebnisse nicht auf Papier, sondern gleich digital via Codebogen in einer Excel-Tabelle erfasst. Damit liegen die Daten fertig zur weiteren Analyse vor und „können ohne eine erneute, fehleranfällige Dateneingabe unmittelbar analysiert werden" (Rössler 2010, S. 184).

7.5 Ergebnisse

Nach der Codierung des Analysematerials in der Anwendungsphase der qualitativen Inhaltsanalyse können die gesammelten Daten für die Analyse aufbereitet und ausgewertet werden (Rössler 2010, S. 40). Damit wird die Auswertungsphase erreicht. Die nachfolgenden Auswertungen der Analyseergebnisse orientieren sich an der grundsätzlichen Gliederung des Codebuches in formale und inhaltliche Kategorien. Erfolgsfaktoren des Redestils Obamas werden sichtbar.

7.5.1 Siegesrede 2008

Formale Kategorien

Die Siegesrede 2008 besteht in Anlehnung an die Transkription der New York Times Company (2008) aus 36 Absätzen. Die Absätze bestehen aus einem bis sieben Sätzen bzw. sind zwei bis 171 Wörter lang. Interessanter für weitere Ableitungen ist indes das Wort-Satz-Verhältnis je Absatz der Rede. Im Schnitt nutzt Obama 25,7 Wörter je Satz. D. h., er bedient sich relativ langer Sätze.[8] Die Abb. 7.4 stellt die Ergebnisse des Wort-Satz-Verhältnisses je Absatz dar. Es fällt auf, dass der Redeablauf insgesamt einer wellenartigen Bewegung gleicht, bei der kürzere längeren Sätzen folgen. Gelegentlich ist der Übergang dabei nicht fließend sondern abrupt. In Zahlen bedeutet dies, dass Obama im ersten Rededrittel im Schnitt 37,3 Wörter pro Satz nutzt – ein Verhältnis, das deutlich über dem der gesamten Rede liegt. Hier finden sich mehrfach sehr lange Sätze mit zwischen 45 und 79 Wörtern. Im zweiten Rededrittel findet sich ein verknapptes Verhältnis von 21,2 Wörtern pro Satz. Es liegt nur noch eine maximale Satzlänge von rund 33 Wörtern vor. Der letzte Redeabschnitt erreicht im Schnitt nur noch 18,6 Wörter pro Satz.

Im Ergebnis zeigen die Codierungen in den formalen Kategorien, dass Obama im Verlauf der Siegesrede 2008 immer kürzere Sätze verwendet (gemessen an der Wortanzahl). Dieses Vorgehen trägt der langen Rededauer von knapp 17 min Rechnung (YouTube 2008). Obama kann nicht davon ausgehen, dass seine Rezipienten am Ende der Ansprache über die gleiche Aufmerksamkeit und Verarbeitungsleistung verfügen wie zu Redebeginn. Daher nutzt er die

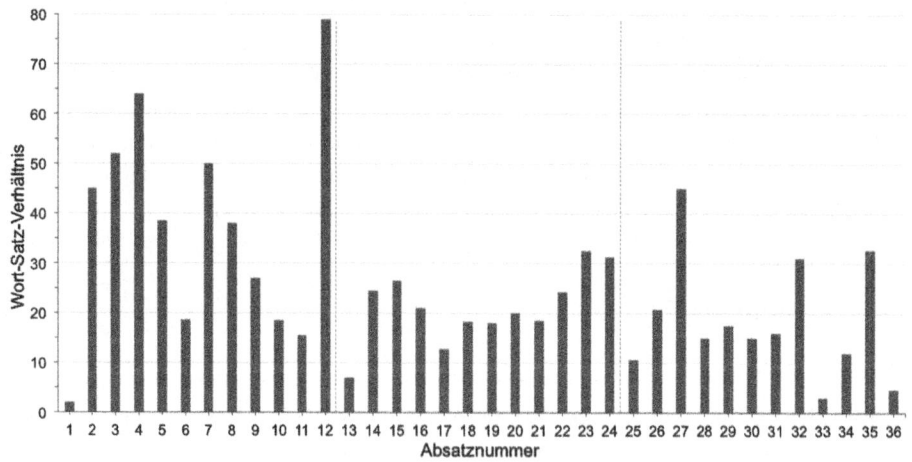

Abb. 7.4 Wort-Satz-Verhältnis je Absatz im Verlauf der Siegesrede 2008. (Eigene Darstellung)

---

[8]Dabei ist allerdings zu beachten, dass das Codebuch nur einen Punkt als Satzende definiert. Ein Semikolon, ein Gedankenstrich oder ein Doppelpunkt haben diese Funktion nicht inne. Die Verschriftlichung der New York Times Company (2008) nutzt diese Satzzeichen indes häufig, weshalb die Sinneinheiten mit bis zu 79 Wörtern pro Satz z. T. sehr lang ausfallen.

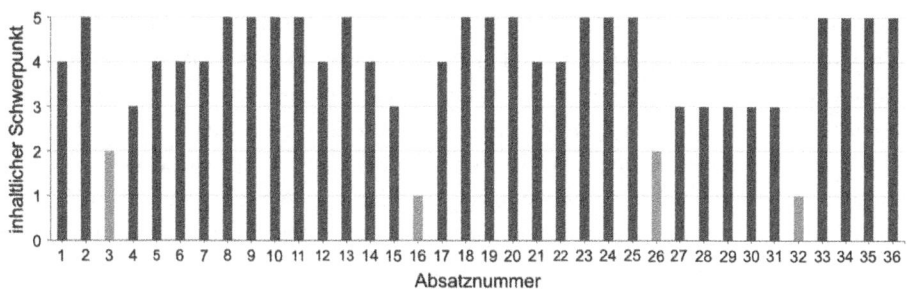

Abb. 7.5 Inhaltlicher Schwerpunkt je Absatz im Verlauf der Siegesrede 2008. (Eigene Darstellung)

gesteigerte kognitive Leistungsfähigkeit seiner Zuhörer zu Beginn und präsentiert umfassende Sinneinheiten. Im weiteren Verlauf passt sich die Rede an die vermutlich sinkende Aufnahmefähigkeit an und offeriert kürzere bzw. leichter erfassbare Aussagen (Felser 2015, S. 79; Schmohr 2003, S. 441).

Inhaltliche Kategorien

Der erste Schritt bei der Auswertung der Codierungen in den inhaltlichen Kategorien ist die Analyse des inhaltlichen Schwerpunktes der Siegesrede 2008. Alle Absätze lassen sich klar auf der Codierungsskala von eindeutig Beziehungsebene (5) bis eindeutig Inhaltsebene (1) einordnen. In keinem Fall muss nicht entscheidbar codiert werden. Die Abb. 7.5 zeigt die Codierungsergebnisse in der Übersicht. Erneut fällt eine wellenartige Struktur auf. Dabei liegt die Bewegung vorrangig im oberen Bereich der Skala zwischen eindeutig Beziehungsebene und gleichgewichtig/ambivalent (3). In rund zwei Dritteln der Absätze der Siegesrede 2008 kommuniziert Obama eindeutig oder eher auf der Beziehungsebene (Emotionalisierungsstrategie). Knapp ein Fünftel der Absätze dient sowohl der Vermittlung der Inhalts- als auch der Beziehungsebene. Nur gut ein Zehntel aller Redeabsätze dient der alleinigen Ansprache der Inhaltsebene. Damit findet eine eher oder eindeutig auf der Inhaltsebene fokussierte Kommunikation kaum statt. Allerdings sind die Redeabsätze, in denen Obama einzig auf der Inhaltsebene spricht, breitflächig über die Siegesrede verteilt (hellgraue Markierung in Abb. 7.5). D. h., Obama bindet in die dominierende Ansprache der Beziehungsebene (Kommunikation von Gefühlen, Wünschen etc.) kontinuierlich sachliche Informationen, Ziele, Fakten oder Maßnahmen ein.

Von besonderem Erkenntnisinteresse ist, wie und welche der vier Seiten einer Nachricht nach Schulz von Thun (1998) Obama im Verlauf der Siegesrede 2008 nutzt. Die Codierung in den vier Kategorien Sachinhalt, Beziehungshinweis, Selbstkundgabe und Appell ergibt, dass er in knapp zwei Drittel aller Redeabsätze mindestens einen Sachinhalt zusammen mit einem Beziehungshinweis ergänzt um eine Selbstkundgabe oder einen Appell kommuniziert. Obama bedient sich also i. d. R. drei Seiten der Nachricht gleichzeitig. Ab der zweiten Redehälfte verwendet er gelegentlich sogar alle vier Seiten der Nachricht parallel. Ist dies der Fall, spricht Obama die amerikanische Bevölkerung direkt an und verweist auf seine Vorstellung der Zusammenarbeit mit den Bürgern im Change-Prozess (Beziehungshinweis). Er erinnert an die Geschichte der USA, den Kampf von Minderheiten, den Einheitsgedanken des Landes und weist auf die bevorstehenden Veränderungen in der Zukunft hin, welche u. a. den amerikanischen Kindern zugute kommen (Sachinhalt). Besonders den Change-Aspekt knüpft er an emotionale Selbstkundgaben wie „I will always be honest with you", „I will listen to you" oder „I will hear your voices" (The New York Times Company 2008). Im gleichen Atemzug fordert Obama die Rezipienten mit Aussagen wie „There's so much more to do" oder „Yes we can" (The New York Times Company 2008) auf, zu handeln (Appell). Insgesamt sprechen knapp drei Viertel aller Absätze der Siegesrede drei oder vier Seiten der Nachricht nach Schulz von Thun (1998) an. Nur in gut einem Viertel der Absätze kommuniziert Obama lediglich über eine oder zwei Seiten der Nachricht. Liegt die Verwendung von zwei Nachrichtenseiten vor, handelt es sich immer um einen Sachinhalt ergänzt um einen Beziehungsaspekt (Beziehungshinweis, Selbstkundgabe oder Appell).

Detaillierte Analysen zu den Codierungen in der Kategorie *Sachinhalt* belegen, dass mindestens eines der zugehörigen Items in nahezu jedem Absatz der Siegesrede 2008 integriert ist. Obama spricht zumeist über den von ihm für die USA angestrebten Veränderungsprozess (vgl. Abb. 7.6). Er weist die Zuhörer darauf hin, dass die Zukunft viele Herausforderungen mit sich bringt. „The road ahead will be long. Our climb will be steep. […] There are many who won't agree with every decision or policy I make as president, and we know the government can't solve every problem" (nach The New York Times Company 2008). Gleichwohl betont er, dass Amerika sich besonders mit Hilfe seines neuartigen Führungsstils ändern kann. Daneben stehen vor allem die Geschichte, der

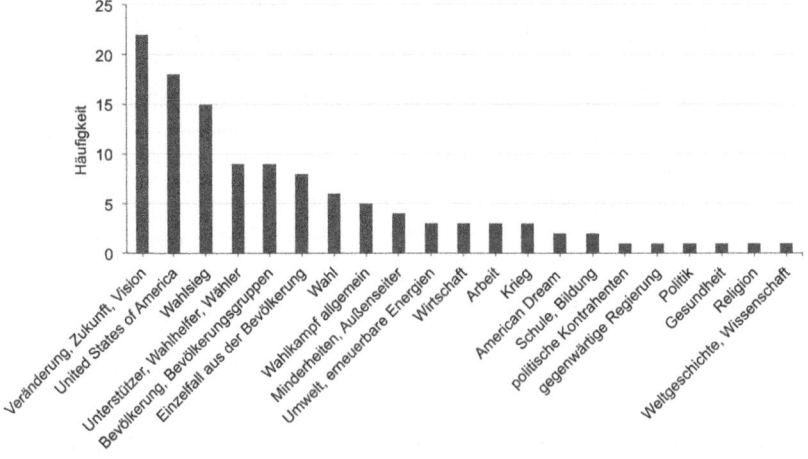

Abb. 7.6 Item-Häufigkeit der Kategorie Sachinhalt in der Siegesrede 2008. (Eigene Darstellung)

Einheitsgedanke und die Bevölkerung der USA sowie der aktuelle Sieg Obamas in der Präsidentenwahl (also der erste Schritt im Veränderungsprozess) im Vordergrund. Die Abb. 7.6 verdeutlicht ferner, dass Obama in der Siegesrede 2008 neben diesen inhaltlichen Schwerpunkten eine breite Palette an Sachinhalten kommuniziert. Es ist anzumerken, dass er zur Vermittlung von Sachinhalten gelegentlich auf Zitate ehemaliger US-Präsidenten zurückgreift. Beispielsweise nutzt er Lincolns Worte „a government of the people, by the people and for the people" (nach The New York Times Company 2008) aus der bekannten Gettysburg-Rede (Wikipedia 2010b).

Die Codierungen in der Kategorie *Beziehungshinweis* zeigen ferner, dass vier von fünf Absätzen der Siegesrede 2008 mindestens eins der zugehörigen Items verwenden. Dabei sendet Obama nahezu doppelt so oft Wir-Botschaften im Vergleich zu Du-Botschaften (u. a. immer wieder integriert in den Ausruf *Yes we can*). Nach Schulz von Thun (1998) bringt er damit verstärkt seine Vorstellungen von der Beziehung zwischen sich und den Rezipienten bzw. US-Bürgern zum Ausdruck. Seine Sicht bzw. Meinung über den Empfänger spielt nur eine untergeordnete Rolle. Es ist daher kaum verwunderlich, dass Obama in der Hälfte aller Redeabsätze die amerikanische Bevölkerung insgesamt oder Bevölkerungsteile wie seine Wahlunterstützer, seine Familie oder auch seine Kritiker direkt anspricht. Ebenso häufig finden sich Äußerungen über Obamas Vision von der (zukünftigen) Zusammenarbeit und dem Zusammenhalt mit den US-Bürgern. (nach The New York Times Company 2008) akzentuiert: „This victory alone is not the change we seek; it is only the chance for us to make that change. […] It can't happen without you. […] We rise or fall as one nation; as one people."

Werden in diesem Zusammenhang die Codierungen in der Kategorie *Selbstkundgabe* betrachtet, fällt auf, dass Obama in der Siegesrede 2008 nahezu ähnlich viele Ich-Botschaften wie Du-Botschaften verwendet. D. h., es besteht ein relativ ausgewogenes Verhältnis zwischen Kundgaben über die eigene Person und über die Rezipienten. Es ist ferner bemerkenswert, dass Obama in knapp der Hälfte aller Absätze der Rede einen Ich-Bezug integriert (mindestens ein beigeordnetes Item), wobei Selbstkundgaben seinerseits vorrangig in der ersten Redehälfte zu finden sind. Wenn Obama etwas über sich mitteilt, sind es meistens seine Gefühle in der aktuellen Siegessituation. Er richtet Dankesworte und emotionale Ausrufe an seine Anhänger. Daneben berichtet Obama von der Unterstützung, die er durch seine Frau und seine Kinder sowie weiteren Familienmitgliedern in der Wahlkampfphase erfahren hat. Seine Vision von Change und die Hoffnung, die er daran für ganz Amerika knüpft, stehen (obgleich stark abstrahiert) ebenso im Vordergrund. Zusätzlich finden sich selbstbezogene Reflektionen zu seinem Wahlkampf und Werdegang: „I was never the likeliest candidate for this office" (nach The New York Times Company 2008). In der Abb. 7.7 werden die Codierungsergebnisse zur Kategorie Selbstkundgabe zusammengefasst.

In gut der Hälfte aller Absätze der Siegesrede 2008 ist mindestens ein Item der Kategorie *Appell* integriert. Die Mehrheit dieser Appellabsätze befindet sich in der zweiten Redehälfte. Liegt ein Appell an die Rezipienten vor, ist es, wie in der Abb. 7.8 gezeigt, häufig eine Aufforderung, zu handeln. Dies kommt besonders durch die mehrfache

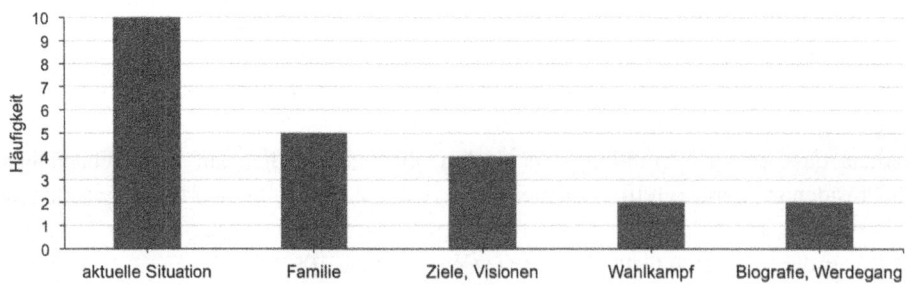

Abb. 7.7 Item-Häufigkeiten der Kategorie Selbstkundgabe in der Siegesrede 2008. (Eigene Darstellung)

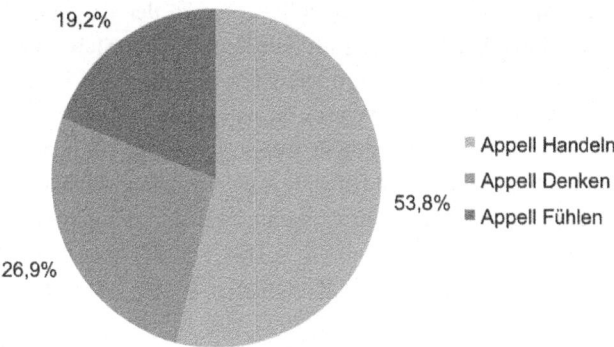

Abb. 7.8 Item-Anteile der Kategorie Appell in der Siegesrede 2008. (Eigene Darstellung)

Verwendung der Slogans *Yes we can* oder *Change* zum Ausdruck. Daneben fordert Obama zum Umdenken und zum Überwinden von Zweifeln auf. Geht es um Appelle auf der Gefühlsebene, integriert der Demokrat mehrfach das amerikanische Wertesystem, den amerikanischen Patriotismus und die Hoffnung im Allgemeinen.

Die letzte mit Hilfe des Codebuches erhobene Kategorie ist die *nonverbale Kommunikation* Obamas. Wie bereits erwähnt hat die Evaluation von Körperhaltung, Kopfbewegung und Handbewegung einen besonders ausgeprägten explorativen Charakter (vgl. Abschn. 7.3.3). Grundsätzlich können die Forschungsergebnisse zur nonverbalen Kommunikation Obamas aus der Sekundärliteratur bestätigt und z. T. erweitert werden. In allen Absätzen der Siegesrede 2008 wahrt Obama seine aufrechte Haltung. Hiervon weicht er nur in Ausnahmefällen ab und beugt sich leicht in Richtung Mikrofon. Tut er dies, liegen häufig sehr persönliche Selbstkundgaben z. B. über seine Familie oder besondere Dankesworte an sein Wahlkampfteam vor. Obamas Blick schwenkt während der gesamten Rede ständig über das Publikum, von links nach rechts und wieder zurück. Er symbolisiert also nicht nur mit Worten, dass seine Aufmerksamkeit allen Rezipienten bzw. Anhängern gehört.[9] Zudem reckt Obama Kinn und Kopf mehrfach in Zusammenhang mit familiären Selbstkundgaben und Äußerungen über den bevorstehenden Veränderungsprozess nach oben. Gelegentlich senkt er bei gehobenem Blick den Kopf. Diese Geste kommt einem bestätigenden Nicken gleich. Werden seine Handbewegungen näher analysiert, sind die einzelnen Absätze zumeist durch auf dem Rednerpult ruhende Hände gekennzeichnet. In gut der Hälfte aller Redeabsätze hebt Obama beide Hände entspannt zur Unterstreichung seiner Worte. Ein akzentuierender Gebrauch der Hände (z. B. beidseitige Punktierung mit Daumen und Zeigefinger) findet sich nur in knapp einem Fünftel der Absätze. In ca. zwei Drittel der codierten Sinneinheiten und damit wesentlich öfter nutzt er indes bevorzugt die linke Hand akzentuierend. Dieser Umstand ist wohl durch seine Linkshändigkeit bedingt. Im Vergleich verwendet er die rechte Hand nur in einem Viertel der Absätze akzentuierend. Sowohl entspannte als auch akzentuierende Handbewegungen unterstreichen besonders Äußerungen zum Thema Change (u. a. Visionen, Zusammenarbeit mit der Bevölkerung, Appelle).

Schließlich fällt im Rahmen der Analyse der nonverbalen Kommunikation auf, dass Obama im ersten Rededrittel ständig und schnell das Standbein wechselt. Zeitlich korrespondiert diese Art der Gestik mit der gehäuften verbalen Vermittlung von Selbstkundgaben. Es scheint sich damit um eine Art nonverbale Selbstkundgabe der eigenen Emotionen zu handeln. Vermutlich ist diese vermeintliche Unruhe jedoch auch auf die ohnehin hohe emotionale Ladung der Redesituation zurückzuführen. Im weiteren Redeverlauf findet Obama (obgleich er weiterhin gelegentlich das Standbein tauscht) einen festeren Stand. Dies scheint ebenfalls sehr passend zum erhöhten Appellcharakter der Absätze im Redeverlauf. Hierbei muss Obama verstärkt Standhaftigkeit und Durchsetzungsvermögen symbolisieren. Diese Art nonverbal zu kommunizieren lässt Obama äußerst authentisch bzw. menschlich wirken.

7.5.2 Rede zur Gesundheitsreform 2010

Formale Kategorien

Es lässt sich feststellen, dass die Rede zur Gesundheitsreform aus 15 Absätzen mit insgesamt 56 Sätzen und 1141 Wörtern besteht. Die Anzahl der Sätze und der Wörter variiert dabei innerhalb der Absätze. Im ersten und letzten Drittel der Rede liegt eine höhere Anzahl von Sätzen pro Absatz vor (4,2 bzw. 4,4 Sätze). In den Absätzen des zweiten Drittels gibt es deutlich weniger Sätze je Absatz (2,6 Sätze). Prinzipiell ist erkennbar, dass sowohl die Anzahl der Sätze als auch der Wörter innerhalb der Absätze bei einer

---

[9]Gössler (2009, S. 39) formuliert die Hypothese, dass Obama kaum Augenkontakt mit den Rezipienten hält und sich sein Blick regelmäßig zwischen den Projektoren hin- und herbewegt, auf welchen sein Redetext steht. Auch diese Annahme könnte zutreffen. Anhand einer Videoaufzeichnung ist allerdings nicht erkennbar, ob sich Obamas Kopfbewegung tatsächlich allein auf die Projektoren bezieht (Kaczmarzyk 2013, S. 62).

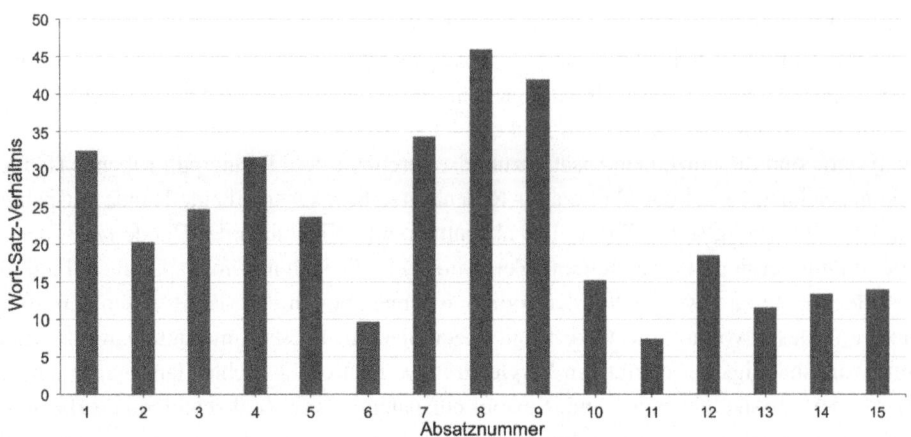

Abb. 7.9 Wort-Satz-Verhältnis je Absatz im Verlauf der Rede zur Gesundheitsreform 2010. (Eigene Darstellung)

ganzheitlichen Betrachtung der Analyseeinheiten einen gewissen wellenartigen Verlauf abbilden. Weiterhin wird aus dem Verhältnis zwischen der Wort- und der Satzanzahl je Absatz (vgl. Abb. 7.9) deutlich, dass Obama in der ersten Hälfte seiner Rede im Mittel längere Sätze (im Schnitt 27,8 Wörter pro Satz) verwendet und kürzere Sätze in der zweiten Redehälfte (im Schnitt 17,5 Wörter je Satz). Das durchschnittliche Wort-Satz-Verhältnis der Rede insgesamt beträgt 23,0.

Inhaltliche Kategorien
Im Hinblick auf den inhaltlichen Schwerpunkt im Sinne der Grundstimmung ist darzulegen, dass sich in der Rede zur Gesundheitsreform sowohl Absätze mit einer sachorientierten Ausrichtung erfassen lassen als auch Absätze, in denen der Beziehungsaspekt überwiegt (vgl. Abb. 7.10). Dabei besteht in der Rede annähernd ein Gleichgewicht zwischen den Absätzen mit Sachorientierung und denen mit Beziehungsorientierung

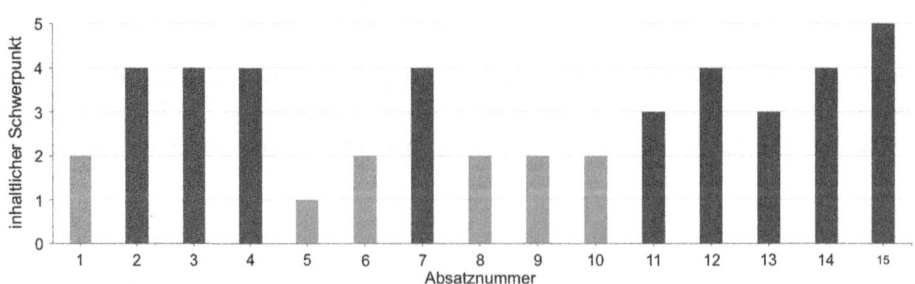

Abb. 7.10 Inhaltlicher Schwerpunkt je Absatz im Verlauf der Rede zur Gesundheitsreform 2010. (Eigene Darstellung)

bezüglich der Häufigkeiten. Von den insgesamt 15 betrachteten Absätzen können sechs der Sachebene und sieben der Beziehungsebene zugeordnet werden. Die verbleibenden zwei Absätze werden als gleichgewichtig erfasst. Es ist weiterhin festzustellen, dass die Absätze im ersten Drittel der Rede überwiegend der Beziehungsebene zuzurechnen sind. Im Gegensatz dazu liegt der inhaltliche Schwerpunkt der Absätze des zweiten Drittels auf der Sachebene (hellgraue Markierung in der Abb. 7.10). In den letzten Absätzen der Rede ist jedoch wieder auf die Betonung der Beziehungsebene hinzuweisen.

In Verbindung mit den Ergebnissen der formalen Kategorien lässt sich ableiten, dass womöglich eine Verbindung zwischen der Anzahl von Sätzen innerhalb eines Absatzes und dem inhaltlichen Schwerpunkt existiert. Tendenziell sind die Absätze im ersten und letzten Teil der Rede durch eine höhere Anzahl an Sätzen und einen inhaltlichen Schwerpunkt auf der Beziehungsebene gekennzeichnet. Im Unterschied dazu besteht der mittlere Teil der Rede überwiegend aus Absätzen, welche wenige Sätze aufweisen und deren inhaltlicher Schwerpunkt eher der Sachebene zuzuordnen ist.

Im Zusammenspiel von Sachinhalt, Beziehungshinweis, Selbstkundgabe und Appell nach Schulz von Thun (1998) manifestiert sich (wie schon bei der Siegesrede 2008), dass die Kommunikation je Absatz vorrangig über drei Seiten einer Nachricht stattfindet: Beziehungshinweis und Sachinhalt bilden das Fundament, ergänzt um Appell oder Selbstkundgabe.

Hinsichtlich der Kategorie Sachinhalt ist anzumerken, dass die Themenschwerpunkte Bevölkerung der USA und Gesundheit/Gesundheitsreform in je neun von 15 Absätzen genannt werden. Des Weiteren thematisiert Obama in etwa jedem zweiten Absatz den Aspekt Veränderung/Wandel, in jedem dritten Absatz den American Dream. Somit werden in der Rede zur Gesundheitsreform schwerpunktmäßig drei Themen angesprochen,

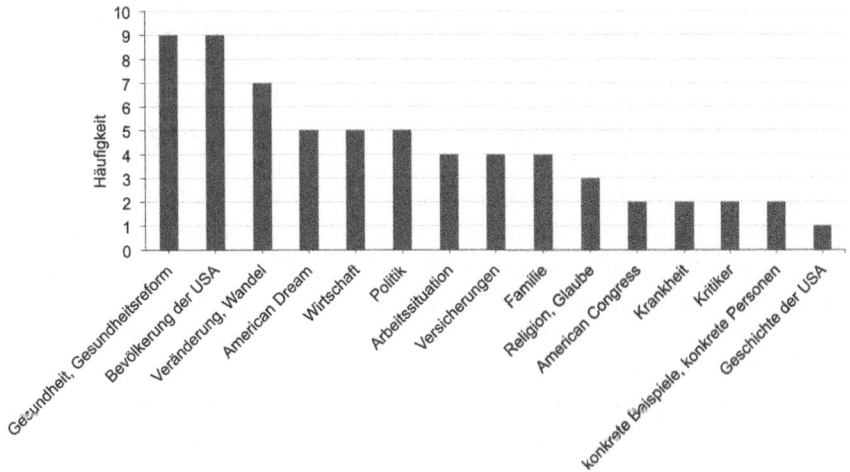

Abb. 7.11 Item-Häufigkeiten der Kategorie Sachinhalt in der Rede zur Gesundheitsreform 2010. (Eigene Darstellung)

die miteinander in Verbindung stehen: Obama legt vorwiegend die Gesundheitsreform dar und bezieht dabei die Bevölkerung der USA als Betroffene dieser Reform sehr stark mit ein. Ergänzend dazu betont er den Veränderungsaspekt, der mit der Umsetzung der Reform für die Betroffenen verbunden ist (vgl. Abb. 7.11).

In Bezug auf die Kategorie Beziehungshinweis ist grundsätzlich festzustellen, dass sich in elf von 15 Absätzen der Rede zur Gesundheitsreform Beziehungshinweise in Form von Du- und Wir-Botschaften finden. Davon sind vier Absätze durch Du-Botschaften gekennzeichnet (direkte Ansprache der Empfänger), in weiteren sieben Absätzen finden sich entsprechende Wir-Botschaften. Das Verhältnis des Wortgebrauches illustriert, dass in der Rede Wir-Botschaften im Vergleich zu Du-Botschaften fast doppelt so häufig vorkommen. Inhaltlich bleibt anzuführen, dass sich in zwei Redeabsätzen Hinweise auf die Zusammenarbeit mit der amerikanischen Bevölkerung finden. Besonders zu betonen ist in diesem Kontext, dass in ca. jedem zweiten Absatz der Gemeinschaftsgedanke angesprochen wird. Diese Tatsache kann zusammen mit den Befunden zu den verwendeten Wir-Botschaften als ein Indikator für die Betonung der Zusammengehörigkeit bzw. des Gemeinschaftsgedankens Obamas mit der amerikanischen Bevölkerung interpretiert werden.

Zur Kategorie Selbstkundgabe lassen sich, analog zur vorangegangenen Ergebnisdarstellung, wiederum der Wortgebrauch wie auch inhaltliche Aspekte beschreiben: In der Rede zur Gesundheitsreform kommen Ich-Botschaften in drei der 15 Absätze vor (konkret in Absatz drei, sieben und zwölf). Hierbei sei angemerkt, dass sich u. U. ein Zusammenhang zu den formalen Kategorien herstellen lässt, da speziell die Absätze drei und zwölf im Hinblick auf Satz- und Wortanzahl zu den umfassendsten Absätzen gehören. Weiterhin herrscht, mit vergleichendem Blick zum Beziehungshinweis, in etwa ein Gleichgewicht der verwendeten Ich- und Du-Botschaften, womit Obama gleichermaßen sowohl sich selbst als auch die Informationsempfänger in den Vordergrund des Gesagten stellt. Des Weiteren geht inhaltlich hervor, dass Obama vor allem Informationen zu seinen Zielen und Visionen offenbart. In fast einem Drittel der Absätze existieren Hinweise dafür. Auch zeichnet sich die Rede durch die Kundgabe aktueller Befindlichkeiten im Sinne von Gefühlen aus. Prinzipiell findet sich dieser Themenschwerpunkt in drei Absätzen der Rede. Dabei gilt es aufzuzeigen, dass Dankesworte ein zentrales Element der Selbstkundgabe in der Rede darstellen. Obama setzt Ich-Botschaften (speziell in Form von Dankesworten) vornehmlich zu Beginn und zum Abschluss der Rede ein.

Was die Kategorie Appell betrifft, ist zu konstatieren, dass Obama insgesamt sieben Appelle in sechs Absätzen der Rede zur Gesundheitsreform ausspricht. Inhaltlich lässt sich im Detail feststellen, dass fünf dieser Aufforderungen dem Thema Fühlen zuzuordnen sind. Die beiden weiteren Ausprägungen des Appells in Bezug auf das Handeln und das Denken finden sich jeweils in einem Redeabsatz. Weiterhin bleibt anzumerken, dass fünf von den sieben identifizierten Appellen im letzten Rededrittel platziert sind. Unter Berücksichtigung der eingangs dargelegten Ergebnisse der formalen Kategorien, konkret dem Verhältnis zwischen Wort- und Satzanzahl innerhalb eines Absatzes, lässt sich zusammenfassend ableiten, dass Obama zum einen Appelle überwiegend am Ende der

Rede einsetzt und diese zum anderen mit einem geringen Wort-Satz-Verhältnis innerhalb eines Absatzes einhergehen.

Abschließend sei die nonverbale Kommunikation Obamas in der Rede zur Gesundheitsreform erläutert. Im Allgemeinen setzt Obama seine Körpersprache sehr kontrolliert ein. Bezüglich seiner allgemeinen Körperhaltung ist festzustellen, dass er während der gesamten Rede aufrecht steht. Diese aufrechte Haltung könnte bspw. als Signal für selbstsicheres Auftreten, Aufrichtigkeit und Stärke zu interpretieren sein. In allen Redeabsätzen sind Kopfbewegungen nach rechts, links und geradeaus blickend erkennbar. Daraus lässt sich ableiten, dass Obama mit der Bewegung des Kopfes versucht, die Informationsempfänger durch Blickkontakt anzusprechen und diese somit im Sinne der Partizipation in die Veränderungskommunikation einzubinden. Weiterhin werden verbal formulierte Beziehungshinweise (z. B. der thematisierte Gemeinschaftsgedanke) mit den genannten Kopfbewegungen nonverbal betont. Zu den Handbewegungen ergibt sich generell, dass Obama seine Hände stellenweise gar nicht, entspannt oder akzentuierend einsetzt. Besonders hervorzuheben ist die Tatsache, dass er in 14 Absätzen die linke Hand akzentuierend verwendet. Die rechte Hand setzt er jedoch nur in einem Absatz betonend ein. Als Begründung hierfür ist wiederum seine Linkshändigkeit zu nennen. Zusätzlich ist anzuführen, dass Obama in zwei Dritteln der Absätze beide Hände sowohl entspannt als auch akzentuierend benutzt. Zu Beginn der Rede existiert eine etwas größere Vielfalt in Bezug auf die Ausprägungen der Handbewegung. Unter Berücksichtigung der Satz- und Wortanzahl ist in diesem Kontext darauf hinzuweisen, dass in Absätzen, die im Vergleich zu anderen aus relativ vielen Sätzen und/oder Wörtern bestehen, auch tendenziell mehr Ausprägungen der Handbewegung vorkommen. Exemplarisch sind hierbei Absatz drei und fünf zu nennen.

7.5.3 Siegesrede 2012

Die folgenden Darstellungen fußen maßgeblich auf Kaczmarzyk (2013). Die Untersuchung erfolgte zeitversetzt, aber stringent im Forschungsansatz der anderen beiden Reden und kann daher eher als integraler, erweiternder Bestandteil dieser Studie und weniger als unabhängige, weiterführende Arbeit verstanden werden. Um Redundanzen zu vermeiden, werden die Darstellungen von Kaczmarzyk (2013) daher an dieser Stelle nicht vollumfänglich wiedergegeben, sondern auf die wesentlichen Forschungsdaten bzw. Ergebnisse reduziert. Der interessierte Leser sei für die Gesamtdarstellung an Kaczmarzyk (2013) verwiesen.

Formale Kategorien

In Anlehnung an die Transkription der New York Times (2012) unterteilt sich die Siegesrede 2012 in 36 Abschnitte und ist damit ebenso lang wie die Siegesrede 2008. Durchschnittlich bestehen die Abschnitte aus drei Sätzen. Die längsten Absätze umfassen zwölf bzw. acht Sätze, alle anderen einen bis maximal fünf Sätze. Zu Redebeginn finden sich eher wenige Sätze pro Absatz. Die meisten Sätze pro Absatz nutzt Obama für den mittleren Redeteil. Die Absätze im Anschluss enthalten jeweils nur einen Satz, bevor in der zweiten Redehälfte die Absätze erneut mehrere Sätze haben. Allem Anschein nach verwendet Obama vor allem dann wenige Sätze pro Absatz, wenn er darauf zielt, das Gesagte in den Köpfen der Rezipienten festzusetzen. Zu viele ohne Pausen aneinandergereihte Sätze prägen sich schlecht ein. Somit ist dies eine logische Konsequenz (Kaczmarzyk 2013, S. 55).

Der längste Abschnitt umfasst 129 Wörter, während die kürzesten Absätze jeweils nur aus acht Wörtern bestehen. Durchschnittlich ist ein Satz aus 20 Wörtern und ein Absatz aus 60 Wörtern zusammengesetzt. In der Tendenz nutzt Obama damit längere Sätze. Als Erklärungsgrund hierfür kann seine Neigung zum Ausschmücken seiner Botschaften mit Geschichten und Beispielen herangezogen werden. Die Wortanzahl je Absatz zeichnet einen gleichmäßigen wellenartigen Verlauf ab. Durch den Wechsel von langen und kurzen Absätzen räumt Obama seinen Zuhörern immer wieder die Chance ein, das Gesagte zu reflektieren. Damit bleibt es eher in den Köpfen (Kaczmarzyk 2013, S. 55 f.).

Im Hinblick auf das Wort-Satz-Verhältnis je Absatz zeigt sich, dass zu Redebeginn kürzere Sätze verwendet werden, wie zu vermuten ist, um zu Beginn die Aufmerksamkeit der Zuhörer zu gewinnen. Das Wort-Satz-Verhältnis wird im zweiten Drittel der Rede länger. Diesem Redeteil kommt eine besondere Bedeutung zu, weil Obama hier einen Großteil seiner Botschaften vermittelt. Im letzten Rededrittel werden die Sätze nach und nach kürzer. Wahrscheinlich versucht Obama so, die im Verlauf der ca. 20-minütigen Rede abnehmende Aufmerksamkeit der Rezipienten bis zum Ende zu erhalten (Kaczmarzyk 2013, S. 56; vgl. Abb. 7.12).

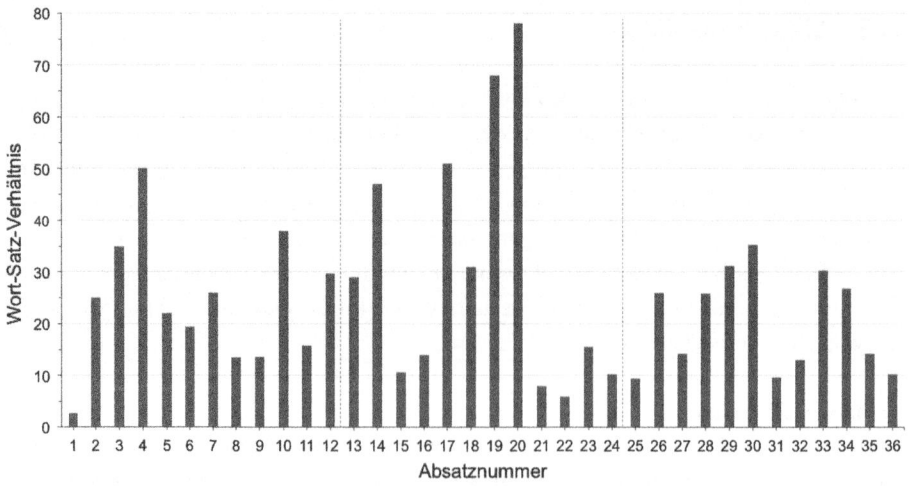

Abb. 7.12 Wort-Satz-Verhältnis je Absatz im Verlauf der Siegesrede 2012. (Kaczmarzyk 2013, S. 56)

Inhaltliche Kategorien

Die Abb. 7.13 zeigt die Auswertung des inhaltlichen Schwerpunktes der einzelnen Absätze der Siegesrede 2012. Alle Abschnitte sind klar einer Stufe der Codierungsskala zuordenbar. Es wird im Bereich von eher Inhaltsebene (2) bis eindeutig Beziehungsebene (5) codiert. In keinem Fall wird nicht entscheidbar codiert. Insgesamt kommuniziert Obama überwiegend auf der Beziehungsebene. 69,5 % der Absätze weisen eine Kommunikation eindeutig oder eher auf der Beziehungsebene auf. In 22,2 % der Absätze findet die Kommunikation gleichgewichtig (3) auf Beziehungs- und Inhaltsebene statt. Nur 8,3 % der Absätze sind eher der Inhaltsebene zuzuordnen (hellgraue Markierung in Abb. 7.13). In keinem Absatz kommuniziert Obama eindeutig auf der Inhaltsebene (1). Der Fokus auf die Beziehungsebene intendiert die Öffnung der Zuhörer für die Botschaft. Es scheint so, dass sich Obama i. W. auf die Beziehung zum Publikum konzentriert. Dennoch verbindet er in vielen Absätzen eigene Gefühle, Einstellungen und Wünsche mit objektiven Informationen, Maßnahmen und Zielen. Es entsteht der Anschein, als versuche Obama, Sachinformationen auf der Beziehungsebene in einer Form zu verpacken, die den Zuhörer für sie empfänglicher macht (Kaczmarzyk 2013, S. 57).

Offen ist, welche der vier Seiten einer Nachricht nach Schulz von Thun (1998) konkret in den Absätzen der Siegesrede 2012 verwendet werden. Rund 64 % der Abschnitte sprechen alle vier Seiten an, ungefähr 31 % der Absätze drei Seiten. Die Auswertungsdaten ergeben weiterhin, dass Obama bei jeweils ca. 3 % der Abschnitte eine oder zwei Seiten der Nachricht nutzt. Es gilt nun, die Ergebnisse der Codierung der hinsichtlich des Kommunikationsquadrats abgeleiteten Kategorien im Einzelnen zu betrachten (Kaczmarzyk 2013, S. 58).

In fast jedem Absatz der Siegesrede 2012 sind ein oder mehrere Item(s) der Kategorie Sachinhalt inkludiert. Allein zwei Absätze vermitteln keinen Sachinhalt. Dies erhärtet die Annahme, dass für das Publikum Sachinformationen in eine stark beziehungsorientierte Kommunikation verpackt werden. In der Rede bezieht sich Obama am häufigsten auf die USA und Veränderung (vgl. Abb. 7.14). Mit diesen Themen zielt er auf das Gemeinschaftsgefühl der Rezipienten und den Erhalt der Bereitschaft als auch des Glaubens an die angestrebte, noch nicht abgeschlossene Veränderung. Der Gegenstand des

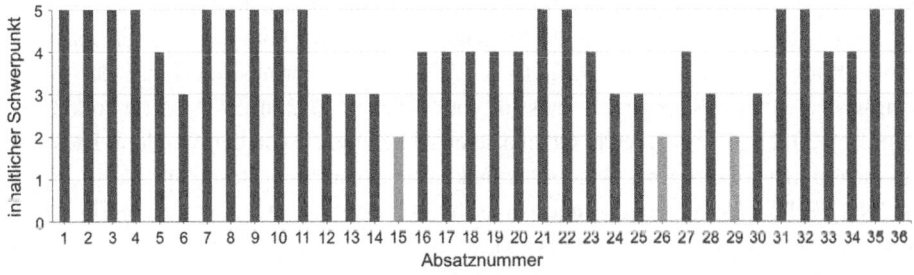

Abb. 7.13 Inhaltlicher Schwerpunkt je Absatz im Verlauf der Siegesrede 2012. (Kaczmarzyk 2013, S. 57)

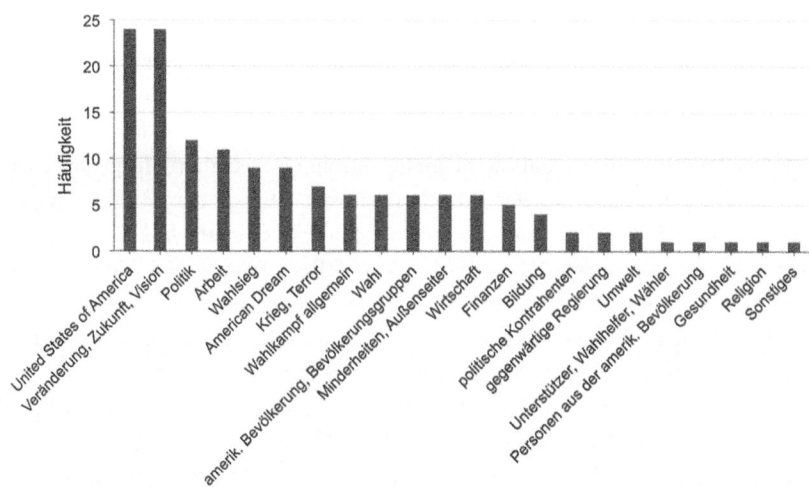

Abb. 7.14 Item-Häufigkeiten der Kategorie Sachinhalt in der Siegesrede 2012. (Kaczmarzyk 2013, S. 58)

Wahlkampfes, der Wahl, des Wahlsieges sowie der Unterstützer hat an Bedeutung verloren, wohingegen Punkte wie Finanzen, Krieg und Arbeit an Gewicht gewinnen. Diese Themenverschiebung ist wohl auf den Umstand zurückzuführen, dass der erste Wahlsieg Obamas als Meilenstein gesehen wurde für eine neue Ära der Veränderung und ergo im Fokus stand. Beim zweiten Wahlsieg blickt Obama nun auf eine Amtsperiode zurück, in welcher Themen wie die Finanzkrise, die Rettung der amerikanischen Automobilindustrie und der Irakkrieg dominierten (Knobbe 2013, S. 42 f.; Wolffe 2013). In der Folge verschieben sich teilweise die fokussierten Sachinhalte. Trotzdem integriert Obama wenig konkrete Informationen über Erfolge der ersten präsidialen Amtszeit (Kaczmarzyk 2013, S. 58 f.).

In 35 von 36 Absätzen wird die Kategorie *Beziehungshinweis* codiert. Es ist auffällig, dass Obama speziell das Zusammengehörigkeitsgefühl pointiert. In ca. der Hälfte aller Absätze kommt das Thema Zusammenhalt zum Tragen. Zusätzlich gebraucht Obama doppelt so oft Wir-Botschaften wie Du-Botschaften. Indem er betont, dass es ausschließlich durch die Unterstützung seiner Anhänger voran geht, kommuniziert er außerdem seinen Kampagnen-Slogan *Forward* (o. V. 2012, S. 430) professionell auf der Beziehungsebene: „It moves forward because of you" (Obama 2012; nach The New York Times Company 2012). So unterstreicht Obama seine Abhängigkeit von den Wählern. Dies lässt ihn menschlich wirken. Eher beigeordnet bekundet Obama sein Bestreben, aktiv zuzuhören. Noch seltener spricht er die amerikanische Bevölkerung direkt an. Er integriert kaum Aussagen über Dritte und zum Weg der Mitte (Kaczmarzyk 2013, S. 59 f.).

In der Kategorie *Selbstkundgabe* erzählt Obama über sich, seine Persönlichkeit und seine Familie. An erster Stelle kommuniziert er Dank gegenüber seinen Unterstützern und seiner Familie wie auch Gefühle, die er in bestimmten Situationen erlebt. Hierzu

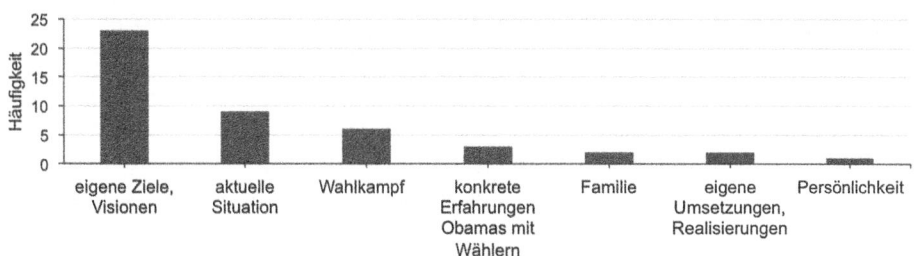

Abb. 7.15 Item-Häufigkeiten der Kategorie Selbstkundgabe in der Siegesrede 2012. (Kaczmarzyk 2013, S. 60)

nutzt Obama in knapp der Hälfte aller Abschnitte Ich-Botschaften. In Relation gesetzt, besteht damit ein ausgeglichenes Verhältnis zwischen Du- und Ich-Botschaften. Äußerungen bezüglich eigener Ziele und Visionen kommen in ca. zwei Drittel aller Absätze vor und haben damit eine besondere Bedeutung: „Something better awaits us" (Obama 2012; nach The New York Times Company 2012). In der Siegesrede 2012 scheint Obama dieses Thema stärker betonen zu wollen. In ca. 25 % aller Absätze wird Obamas Sicht der aktuellen Situation codiert (Kaczmarzyk 2013, S. 60; vgl. Abb. 7.15).

Die Kategorie *Appell* findet sich in ca. 70 % der Absätze wieder. Davon entfallen jeweils 20 % auf die Appelle zum Handeln und zum Denken. Mit 60 % zielt der Großteil auf den Appell des Fühlens. Insgesamt sind die Appelle äußerst vielfältig ausgestaltet, ausnahmslos aber deutlich als Appelle zu identifizieren: „You made your voice heard and you made a difference" (Obama 2012; nach The New York Times Company 2012). Speziell die Appelle, welche die Gedanken und Gefühle der Rezipienten ansprechen, verwendet Obama dazu, das Gemeinschaftsgefühl zu kräftigen. Des Weiteren macht er mittels der Appelle, welche das Handeln der Zuhörer bewirken sollen, deutlich, dass auch künftig die Mithilfe und Unterstützung der Bevölkerung nötig ist, um die Vision der Veränderung in ihrem ganzen Umfang zu verwirklichen. Schließlich setzt er Appelle vor allem ein, um Nähe zum Publikum zu unterstreichen, was eine seiner rhetorischen Stärken ist (Gössler 2009, S. 75 ff.). Es scheint dabei weniger bedeutsam zu sein, welches Item letztendlich erwähnt wird (Kaczmarzyk 2013, S. 61).

In der Kategorie, welche die Thematik der *nonverbalen Kommunikation* behandelt, wird für fast alle Absätze codiert, dass Obama während der Rede aufrecht steht. Darüber hinaus steht er in etwa einem Drittel der Abschnitte gebeugt, wobei er sich auf das Rednerpult lehnt und in Richtung Mikrofon neigt. Dies tut Obama vornehmlich dann, wenn er seine Zuhörer direkt anspricht oder zum Handeln, Denken bzw. Fühlen auffordert. Das Gesagte erhält auf diese Weise zusätzlich Nachdruck. Ferner ist beinahe kontinuierlich eine Kopfbewegung von links nach rechts (und umgekehrt) zu verzeichnen. Diese Bewegung dominiert und wird in beinahe allen Absätzen codiert. Erklärt werden kann das dadurch, dass Obama allen seinen Rezipienten den Eindruck vermitteln will, sie direkt anzusprechen. Kopfbewegungen nach unten bzw. oben finden sich deutlich seltener. Eine

Bewegung nach unten ist in ca. 39 %, eine Bewegung nach oben in ca. 17 % der Absätze festzustellen. In ihrer Bedeutung lassen sich diese Kopfbewegungen indes kaum interpretieren. Regelmäßig blickt Obama geradeaus, doch sein Kopf bleibt nie längere Zeit unbewegt nach vorn gerichtet. Hinsichtlich der Handbewegungen gestikuliert Obama „kameragerecht" (Gössler 2009, S. 163), aber relativ intensiv. Die Bewegungen der Hände werden aus dem Ellenbogen heraus ausgeführt. In vier von fünf Absätzen kommuniziert Obama mit einer entspannten rechten Hand, die linke Hand verwendet er in rund der Hälfte der Absätze. Im Übrigen verleiht er seiner Botschaft Nachdruck, indem er wiederkehrend mit einer oder beiden Händen akzentuiert (Kaczmarzyk 2013, S. 62).

7.6   Zusammenfassung wesentlicher Untersuchungsergebnisse

Subsumierend lassen sich Gemeinsamkeiten und Unterschiede der untersuchten Reden festhalten. Dies gibt einen Überblick, welche Erfolgsparameter Obama in seinen Reden einsetzt, um Sensibilität für Veränderung zu schaffen und im Kontext der Konsolidierung eingeleiteter Veränderungen zu erhalten (Forschungsfrage 1).

7.6.1   Gemeinsamkeiten der Reden

Die Untersuchungsergebnisse für alle drei Reden stimmen in vielen Punkten überein. Es wird deutlich, dass Obama in den beiden Siegesreden als auch in der Rede zur Gesundheitsreform ähnlich kommuniziert. Parallelen finden sich in der verbalen, insbesondere aber auch in der nonverbalen Kommunikation.

Im verbalen Bereich ist den Reden zunächst die Tatsache gemein, dass Obama die sinkende Verarbeitungs- und Aufnahmefähigkeit der Rezipienten berücksichtigt, indem er längere und damit kognitiv fordernde Sätze zu Redebeginn und immer kürzere Sätze im Redeverlauf verwendet, auch wenn im Detail Unterschiede erkennbar sind (vgl. Abschn. 7.6.2). Schwerpunktmäßig spricht er auf der Beziehungsebene oder verwendet Beziehungs- und Inhaltsebene gleichgewichtig. Je Redeabsatz nutzt er vorrangig drei Seiten einer Nachricht (in Anlehnung an Schulz von Thun 1998). Der Beziehungshinweis und der Sachinhalt bilden das Fundament ergänzt um den Appell oder die Selbstkundgabe.

Den inhaltlichen Fokus seiner Kommunikation in der Siegesrede 2008 und der Rede zur Gesundheitsreform legt Obama vor allem auf den Veränderungsprozess selbst und die Bevölkerung der USA. Im Bereich der Beziehung spricht er hier primär über sein Verhältnis zu den Rezipienten und weniger über das Bild, das er von seinen Zuhörern hat. Wir-Botschaften verwendet er im Vergleich zu Du-Botschaften fast doppelt so häufig. Daneben nutzt Obama in jenen beiden Reden Ich- und Du-Botschaften ausgewogen, um gleichermaßen sowohl sich selbst als auch seine Rezipienten in den Vordergrund des

Gesagten zu stellen. Kommuniziert er Selbstkundgaben, dann tut er dies vor allem in der ersten Redehälfte. Dabei vermittelt Obama den Zuhörern meist eigene Gefühle und Befindlichkeiten. Zudem äußert er oftmals eine selbstbezogene Version des jeweiligen Veränderungsprozesses. Appelle richtet er besonders in der zweiten Redehälfte (Siegesrede 2008) bzw. im letzten Rededrittel (Rede zur Gesundheitsreform) an die Rezipienten.

Hinsichtlich der nonverbalen Kommunikation im Redeverlauf gleichen sich alle Reden. Obama wahrt stets eine aufrechte Rednerhaltung und lässt seinen Blick zum Einbezug aller Rezipienten wiederholt über das Publikum schwenken. Seine Hände ruhen i. d. R. auf dem Pult. Nur ab und an hebt er sie auf Brusthöhe zur Unterstreichung des Gesagten. Setzt er akzentuierende Gesten ein, dann nutzt er hierzu eher eine Hand als beide Hände.

In weiten Teilen ist Obama den Mustern seiner Redegestaltung treu geblieben. Auch im veränderten Kontext (Siegesrede 2012) lassen sich dessen Merkmale wiederfinden (Kaczmarzyk 2013, S. 76). Dies Ergebnis stützt die Aussage von Bazil (2014, S. 761 ff.; vgl. Kap. 5), dass jeder Redner ein eigenes Selbstkonzept hat, welches als Grundsubstanz durchgängig in allen Reden dieser Person erkennbar ist. Der Vergleich der drei Reden zeigt allerdings auch, dass situationsbezogen im Detail Unterschiede erkennbar sind, auf die in den folgenden Ausführungen eingegangen werden soll.

7.6.2   Unterschiede zwischen den Reden

Zu Beginn ist anzumerken, dass bei der Evaluation der drei Reden unterschiedliche, an die jeweilige Thematik angepasste Codebücher verwendet werden (vgl. Abschn. 7.3.3). Daraus lässt sich ableiten, dass die Untersuchungsergebnisse teilweise nur eingeschränkt vergleichbar sind (speziell im Bereich inhaltlicher Kriterien der verbalen Kommunikation).

In Bezug auf die formalen Kategorien lassen sich im Vergleich der ersten beiden Untersuchungseinheiten keine Unterschiede erkennen, wohl aber zur Siegesrede 2012, in der sich das Wort-Satz-Verhältnis anders darstellt (d. h. lange Sätze mit inhaltlichen Botschaften insbesondere in der Mitte der Rede; Kaczmarzyk 2013, S. 76).

Aus der vergleichenden Betrachtung inhaltlicher Kriterien der verbalen Kommunikation (speziell der Grundstimmung der Absätze) ist ersichtlich, dass in der Siegesrede 2008 die alleinige Kommunikation auf der Inhaltsebene sehr sparsam und mit einer breiten Streuung über den gesamten Redeverlauf eingesetzt wird. Hingegen wird in der Rede zur Gesundheitsreform im zweiten Drittel schwerpunktmäßig auf der Sachebene kommuniziert. Hierin besteht ein zentraler Unterschied beider Reden. Hinsichtlich des Zusammenspiels von Sachinhalt, Beziehungshinweis, Selbstkundgabe und Appell nach Schulz von Thun (1998) ist erkennbar, dass in der Siegesrede 2008 ein punktueller Einsatz der Kommunikation über alle vier Seiten einer Nachricht erfolgt, besonders wenn Obama die übergeordnete Veränderungsvision bzw. den Veränderungsprozess thematisiert. Dies kann in der Rede zur Gesundheitsreform nicht nachgewiesen werden. Der

Gegenüberstellung hinsichtlich des Beziehungshinweises ist zu entnehmen, dass in der Siegesrede 2008 explizit kommuniziert wird, wie der Zusammenhalt und die Zusammenarbeit im Veränderungsprozess aussehen soll. Jene präzisen Aussagen finden sich jedoch nicht in der Rede zur Gesundheitsreform. Bezogen auf die emotionale Ladung der Beziehungshinweise fällt auf, dass diese in den Siegesreden 2008 und 2012 relativ stark ausgeprägt, in der Rede zur Gesundheitsreform jedoch kaum erkennbar ist.

Grundsätzlich können die aufgezeigten Unterschiede ein Hinweis darauf sein, dass in Phasen zu- oder abnehmender Euphorie eine stärkere Betonung der Beziehungsebene notwendig ist. So lässt sich ggf. auch das (oben genannte) geänderte Wort-Satz-Verhältnis in der Siegesrede 2012 erklären, denn mit beziehungsorientiertem Bezug sind längere Sätze auch in der Mitte der Rede gut verkraftbar. D. h., eine emotionale Ladung der Beziehungsbotschaften ist hauptsächlich in den beiden Siegesreden erkennbar, wobei Sachinhalte gerade in der Siegesrede 2012 emotional verpackt werden. Prinzipiell kann jene Tendenz damit zusammenhängen, dass bei (eindeutigen) Erfolgen emotionale Aussagen authentischer sind und Freude leichter gezeigt werden kann als bei harten Kompromissen, welche z. B. bei der Durchsetzung der Gesundheitsreform von Obama eingegangen wurden. Die noch stärkere Emotionalisierung von Sachinhalten in der Siegesrede 2012 geht zudem wahrscheinlich daraus hervor, dass nach diversen Enttäuschungen zu einzelnen früheren Wahlversprechen nur noch der emotionale Bezug zu bestimmten Inhalten eine motivationale Wirkung erzeugen kann.

Ein weiterer Unterschied der Reden besteht in der Ausrichtung der Appelle. Während der inhaltliche Schwerpunkt der verwendeten Appelle in der Siegesrede 2008 in der Aufforderung zum Handeln besteht, zeichnen sich Obamas Appelle in der Rede zur Gesundheitsreform und in der Siegesrede 2012 mehrheitlich dadurch aus, dass sie den Informationsempfänger zum Fühlen anregen. Hierdurch wird ebenfalls das Gemeinschaftsgefühl gestärkt. Wie gerade schon dargestellt, soll die Siegesrede 2012 trotz erlebter Enttäuschungen die Wählerschaft und Anhänger motivieren. Damit einhergehend will Obama das Selbstvertrauen dieser Zielgruppe stärken und somit Unterstützung für die Integrationsphase des gesellschaftlichen Veränderungsprozesses bis zum Ende der Präsidentschaft einholen.[10] Bei der Siegesrede 2008 nach dem ersten Wahlsieg ging es hingegen vorrangig darum, Unterstützung für die Umsetzung der ersten Schritte des gesellschaftlichen Wandels und damit des eigentlichen Aufbruchs einzuholen.

Hinsichtlich der nonverbalen Kommunikation gilt es anzumerken, dass aus den Untersuchungsergebnissen aller drei Reden keine zentralen Unterschiede abgeleitet werden können. Die Reden sind im nonverbalen Bereich sehr homogen gestaltet. Dies lässt auch vermuten, dass das unter Abschn. 7.6.1 bereits angesprochene Selbstkonzept eines Redners gerade im nonverbalen Bereich am stabilsten ist.

---

[10]Das US-amerikanische Wahlsystem erlaubt maximal zwei Wahlperioden für einen Präsidenten.

7.7 Methodendiskussion

Gütekriterien helfen, diese qualitative Studie und ihre Ergebnisse aus der Metaperspektive methodisch kritisch zu hinterfragen. Sie determinieren, ob ein Untersuchungs-
instrument und die damit durchgeführte Messung tatsächlich geeignet sind, Antworten
auf die Forschungsfrage zu geben (Lamnek 2005, S. 142). In der Literatur finden sich
sowohl der Ansatz der flexiblen Übertragung konventioneller quantitativer Gütekriterien auf qualitative Inhaltsanalysen als auch die Entwicklung eigenständiger Güterkri-
terien für die qualitative Forschung (Mayring 2015, S. 123 ff.; K. Kaune 2010, S. 148).
Die nachfolgenden Ausführungen beleuchten die Studie basierend auf beiden Haltungen
und geben darüber hinaus methodische und inhaltliche Anregungen für weitergehende
Untersuchungen.

7.7.1 Konventionelle Gütekriterien

Objektivität, Reliabilität und Validität sind im Kontext der klassischen Testtheorie die
zentralen Gütekriterien quantitativer Studien. Nach Bortz und Döring (2006, S. 326) lassen sich diese in modifizierter Form auch für qualitative Forschung verwenden. Dabei
spielt das Kriterium der Objektivität nur eine untergeordnete Rolle. Nach Brosius
et al. (2016, S. 51 ff.) sind Reliabilität und Validität die zentralen Gütekriterien einer
Inhaltsanalyse.

Im Bereich der *Objektivität* kann im Rahmen dieser Studie von einem interpersona-
len Konsens ausgegangen werden. Wie Bortz und Döring (2006, S. 326) fordern, können
vor allem durch die genaue Beschreibung der methodischen Vorgehensweise und anhand
des zugehörigen Codebuches auch andere Forscher die Untersuchung desselben Sachver-
haltes mit derselben Methode nachvollziehen. Das entwickelte Instrument ist damit vom
Testanwender unabhängig (Bortz und Döring 2006, S. 195).

Die *Reliabilität* beschreibt den Grad der Genauigkeit der vorgenommenen Messung (Bortz und Döring 2006, S. 196). „Die Ergebnisse des Reliabilitätstests sagen
sowohl etwas über die Güte des methodischen Instrumentariums als auch über die Sorg-
falt der Codierer aus" (Früh 2015, S. 181). Im Fall einer Inhaltsanalyse weist Rössler
(2010, S. 197) auf drei Typen der Reliabilitätsmessung hin: Intercoder-, Intracoder- und
Forscher-Codierer-Reliabilität. In dieser Einzelfallstudie entfällt die Betrachtung der
Intercoder- und der Forscher-Codierer-Reliabilität, da die Verschlüsselung pro Untersu-
chungseinheit nur durch einen Forscher und nicht mit mehreren Codierern durchgeführt
wurde. Hinsichtlich der Intracoder-Reliabilität, welche die Übereinstimmung der Codierung eines Codierers zu Beginn und am Ende der Feldphase bewertet, kann aufgrund des
überschaubaren Codebuches und der damit verbundenen relativ kurzen Feldphase von
einem Reliabilitätskoeffizient nahe eins ausgegangen werden (Rössler 2010, S. 197 ff.).

Das Gütekriterium *Validität* bestimmt die Gültigkeit einer Messung. Es wird determiniert, ob das Messinstrument tatsächlich das misst, was es messen soll (Bortz und

Döring 2006, S. 200). Damit ist Validität „ein inhaltsanalytischer Qualitätsstandard, der angibt, ob die Codierungen (also die produzierten Daten) den in der Forschungsfrage anvisierten Bedeutungsgehalt (das zu messende theoretische Konstrukt) auch tatsächlich treffen" (Früh 2015, S. 189). Rössler (2010, S. 205) weist darauf hin, dass die Validität einer inhaltsanalytischen Messung deutlich schwieriger beurteilbar ist als ihre Reliabilität, „denn hier geht es um die inhaltliche Richtigkeit und sachlogische Gültigkeit vor dem Hintergrund des gesamten Forschungsprozesses". Ähnlich wie im Bereich der Reliabilität finden sich in der Methodenliteratur für Inhaltsanalysen verschiedene einschlägige Typen der Validitätsprüfung: Die Analysevalidität ist die einzige Art von Validität, die quantifizierbar ist. Sie prüft, „wie gut der vom Forscher gemeinte Bedeutungsgehalt durch die Codierer getroffen wurde" (Rössler 2010, S. 206). Da aber (wie bereits mehrfach erwähnt) in dieser Studie Forscher und Codierer eine Personalunion bilden, bleibt diese Art der Validitätsprüfung vernachlässigbar. Der zweite Validitätstyp, die Inhaltsvalidität, bezieht sich auf die Vollständigkeit des entwickelten Messinstruments. Es geht also darum zu ermitteln, ob alle relevanten Teilaspekte im Kategoriensystem berücksichtigt und keine Dimensionen vergessen werden. Da das Kategoriensystem der Einzelfallstudie nicht nur theoriegeleitet gebildet, sondern auch einem aussagekräftigen Pre-Test unterzogen und hierdurch vervollständigt wird, ist davon auszugehen, dass das Analyseinstrument alle wichtigen Kategorien mit zugehörigen Ausprägungen beinhaltet. Dies belegt zudem die im Rahmen der eigentlichen Datenerhebung seltene Codierung des Restitems *Sonstiges*. Auftretende Codiereinheiten können sinnvoll zugeordnet werden. D. h., das Kategoriensystem ist vollständig. Da in der Literatur keine Studien mit vergleichbarem inhaltsanalytischen Ansatz oder externe Erhebungen mit einem anderen methodischen Zugriff zu finden sind, entfällt die Betrachtung der Kriteriums- und Inferenzvalidität. Diese beiden letzten Typen der Validitätsprüfung nutzen diese Art des Vergleichs, um die Plausibilität inhaltsanalytischer Ergebnisse einzuschätzen. Ein Mehrmethodendesign, um diesen Mangel auszugleichen, bleibt in der Studie unberücksichtigt (Rössler 2010, S. 178 u. 205 ff.).

7.7.2   Gütekriterien qualitativer Forschung nach Mayring

Mayring (2002, S. 140) vertritt die Ansicht, dass sich die klassischen Gütekriterien quantitativer Forschung nicht einfach für qualitative Forschung übernehmen lassen. Der Wissenschaftler entwickelte daher sechs eigenständige Gütekriterien für qualitative Forschung. Hierzu zählen die Verfahrensdokumentation, die argumentative Interpretationsabsicherung, die Regelgeleitetheit, die Nähe zum Gegenstand, die kommunikative Validierung und die Triangulation (Mayring 2002, S. 144 ff.).

Wie Mayring (2002, S. 144 ff.) empfiehlt, wird die hier durchgeführte qualitative Fallstudie ausführlich und genau dokumentiert. Es werden die Vorverständnisse, die Zusammenstellung des Analyseinstrumentes, der Pre-Test, die Durchführung der Datenerhebung und die Auswertung expliziert. Dies ermöglicht es Außenstehenden, den

Forschungsprozess nachzuvollziehen (Verfahrensdokumentation). Daneben sichert vor allem eine strukturierte empirische Konzeption nach im Vorfeld determinierten Verfahrensregeln die Güte der Untersuchung. Die Analyseschritte werden im Vorfeld bestimmt, das Analysematerial wird sinnvoll in Einheiten unterteilt und die Analyse geht systematisch von einer Einheit zur nächsten (Regelgeleitetheit). Die Interpretation der beiden Siegesreden und der Rede zur Gesundheitsreform von Obama erfolgt theoriegeleitet. Der durchgängige Bezug zum theoretischen Vorverständnis ermöglicht eine stimmige Interpretation (argumentative Interpretationsabsicherung) (Mayring 2002, S. 144 ff.).

Trotz alledem mangelt es der Fallstudie an Triangulation. Dieses Mehrmethodendesign ermöglicht es durch unterschiedliche empirische Lösungsansätze, einen breiteren Zugang zum Untersuchungsgegenstand zu erhalten. Die Verwendung von u. a. verschiedenen Theorieansätzen oder Methoden deckt Stärken und Schwächen der einzelnen Elemente auf und gleicht diese aus. So werden im Rahmen dieser Fallstudie bspw. Alternativdeutungen im Sinne anderer Kommunikationsmodelle (z. B. Transaktionsanalyse) nicht vorgenommen. Die aufgeworfene Forschungsfragestellung wird mithilfe des Kommunikationsmodells der vier Seiten einer Nachricht nach Schulz von Thun (1998) relativ einseitig betrachtet. Andere mögliche Perspektiven werden ausgeblendet. Methodisch scheint es weiterhin denkbar, die Betrachtung der Veränderungskommunikation Obamas aus der rein qualitativen Betrachtung in eine quantitativ-vergleichende Ebene zu heben (bspw. mithilfe einer quantitativen Inhaltsanalyse). Die Betrachtung der Kriterien Nähe zum Gegenstand und kommunikative Validierung bleibt indes vernachlässigbar, da Probanden an der Studie nicht beteiligt sind (Mayring 2002, S. 146 ff.).

7.7.3 Weiterführende Forschung

Diese qualitative Studie zur Veränderungskommunikation Obamas im ersten und zweiten Wahlkampf anhand seiner beiden Siegesreden sowie der ersten Präsidentschaft anhand einer Rede zur Gesundheitsreform kann zusätzlich zu den Erkenntnissen aus der Wissenschaftsliteratur essentielle Erfolgsparameter des Redestils des Präsidenten ermitteln. Grundsätzlich zeigt die Bewertung der Studie sowohl durch konventionelle als auch durch explizit qualitativ-orientierte Gütekriterien, dass die Ausgestaltung der Evaluation prinzipiell geeignet ist, Muster der Art und Weise, wie Obama als Kommunikator Mitteilungen an Rezipienten verfasst und versendet, aufzuzeigen (also die postulierte Forschungsfrage zu beantworten). Strukturen hinsichtlich der Verwendung der vier Seiten einer Nachricht nach Schulz von Thun (1998) und der Unterlegung der Redeworte mit nonverbalen Elementen werden beschrieben. Gleichermaßen gibt es inhaltliche und methodische Ansatzpunkte für weiterführende Untersuchungen.

Obwohl die Methode der qualitativen Inhaltsanalyse als sehr stringent in ihren Vorgaben gilt und eigentlich eindeutig vorgibt, wann codiert wird und wann nicht, bleibt generell anzumerken, dass jene Technik im vorliegenden Fall eine Art Zweckentfremdung erfahren hat. Anders als im Bereich ihrer eigentlichen Herkunft, den

Kommunikationswissenschaften, wo eine Inhaltsanalyse häufig für den Vergleich unterschiedlicher medialer Quellen, die Analyse von Veränderungen in der Berichterstattung im Zeitverlauf und die Evaluation medialer Diskurse Verwendung findet (Rössler 2010, S. 28), dient die Untersuchungsart hier der Analyse einer Rede. Sie muss daher wesentlich weicher gebraucht werden als eigentlich angedacht. Dies zeigt sich z. B. in der zusätzlichen Erfassung von Anmerkungen zur konkreteren inhaltlichen Beschreibung der Analyse-Items (vgl. Abschn. 7.4). Ein solches Vorgehen trägt der Empfehlung Mayrings (2015, S. 131) Rechnung, Inhaltsanalysen nicht zu starr bzw. unflexibel durchzuführen, sondern vielmehr stetig auf den konkreten Forschungsgegenstand auszurichten. Es macht die Methode also nicht weniger brauchbar, aber wahrscheinlich (in der vorgelegten Form) für die Codierung mittels mehrerer Codierer kaum geeignet. In der Folge ist eine Überprüfung der Ergebnisse oder eine Fortführung der Studie nur durch Forscher möglich, welche die Codierung i. d. R. selbst übernehmen. Umfangreiche Codiererschulungen könnten sonst zur Unwirtschaftlichkeit angestrebter wissenschaftlicher Untersuchungen führen. Ein erhöhter Zeitaufwand durch die Personalunion von Forscher und Codierer ist indes nicht zu unterschätzen und muss in der Planungsphase der qualitativen Evaluation Berücksichtigung finden.

In einer Erweiterung der Studie scheint es lohnenswert, mehrere Reden quantitativ zu analysieren. Durch dieses Vorgehen würde der allgemeinen Wissenschaftskritik Rechnung getragen, stets verallgemeinerbare Studienergebnisse zu produzieren. Dennoch sei wiederum auf die Pilotstudienfunktion dieser qualitativen Evaluation der Redegestaltung Obamas anhand der beiden Siegesreden und der Rede zur Gesundheitsreform zu potentiell nachfolgenden quantitativen Analysen hingewiesen.

So bietet auch der qualitative Ansatz Fortführungspotenzial. Eine Ausdehnung des Codebuches im aktuell nur sehr breitflächig erfassten nonverbalen Bereich bezüglich der Erhebung von z. B. Stimmung, Mimik, Tonfall bzw. -lage und der damit vermittelten Emotionen ist denkbar (vokal-auditive Signale; vgl. Abschn. 7.3.3). Für die adäquate Codierung dieser Items scheint indes Expertenwissen bzw. eine intensive Schulung notwendig. Ein zusätzlicher Erkenntnisgewinn zu Strukturen der nonverbalen Kommunikation wäre auch durch kleinere Analyseeinheiten (z. B. Sätze) möglich. So könnte die genaue Reihenfolge der einzelnen Gesten detaillierter festgehalten werden. In Verbindung mit einem quantitativen Forschungsansatz wären ebenso gehobene, multivariate statistische Testungen denkbar, um näher zu untersuchen, welche Art der nonverbalen Kommunikation Obama zu welchen Redeinhalten einsetzt. Dieser Beitrag vermag hierzu lediglich Indizien zu sammeln. In diesem Zusammenhang ließe sich auch ermitteln, wann und warum Obama ggf. von seinem nonverbalen Kommunikationsschema abweicht.

Methodisch scheint außerdem der vermehrte Einsatz von Skalen zur Bewertung bzw. Codierung der inhaltlichen Kategorien mit einem zusätzlichen Erkenntnisgewinn verbunden. Detaillierte Tendenzen könnten zu Tage treten, ähnlich wie bei der summarischen Erfassung der Grundstimmung der Redeabsätze (vgl. Anhang, Codebuch Item 2.1). Ein umfassendes und kaum eingeschränktes Theorieverständnis wäre ebenfalls erstrebenswert. Im vorliegenden Fall werden der Evaluierung theoretische Grundlagen z. T. in nur verknappter Form zugrunde gelegt (z. B. Einschränkung zum Begriff Appell; vgl. Abschn. 7.2).

In diesem Zusammenhang ist wahrscheinlich die Ausweitung der Studie von der reinen Sender- auch auf die Empfängerperspektive zur Feststellung weiterer erfolgversprechender Redestrukturen der interessanteste fortführende Empirieansatz. Kommunikation ist i. d. R. ein Kreislauf (also zweiseitig) und dient nicht allein der einseitigen Informationsübermittlung vom Kommunikator an den Rezipienten. Das gegenseitige Senden und Empfangen von Botschaften und der damit verbundene fortwährende Rollenwechsel der am Kommunikationsprozess beteiligten Personen ist besonders für Veränderungsprozesse essentiell (vgl. Kap. 3). Daher gilt es für die Ableitung von Handlungsempfehlungen für Wirtschaftsorganisationen, nicht nur zu analysieren, wie Obama kommuniziert, sondern auch wie genau diese Kommunikation bei den Empfängern ankommt. Einen groben Schluss über den Erfolg der Veränderungskommunikation Obamas lässt momentan allein der zweifache Wahlsieg bzw. die Realisierung der Gesundheitsreform zu. Eine detaillierte Analyse der Frage „with what effect", also der Wirkung beim Rezipienten allgemein, wäre in Anlehnung an die bereits erwähnte Lasswell-Formel (1948; nach Schulz 2009, S. 173; vgl. Abschn. 7.3.1) durch Methoden der kommunikativen Wirkungsforschung denkbar. So wären u. U. auch Misserfolgsfaktoren der Veränderungskommunikation Obamas identifizierbar.

Ebenso ist unter Berücksichtigung der multimedialen Orientierung der Kommunikation Obamas und des gegenwärtig zunehmenden Einsatzes multimedialer Kommunikation in Wirtschaftsorganisationen im Sinne der Lasswell-Formel (1948; nach Schulz 2009, S. 173; vgl. Abschn. 7.3.1) die Frage bedeutsam, ob die Art des Kommunikationskanales („in which channel") eine Bedeutung bei der Wirkung der Reden Obamas hat. Inwiefern wirken z. B. Face-to-face vorgetragene Ansprachen beim Rezipienten anders als medial vermittelte? Gibt es überhaupt Unterschiede? Antworten sind mit Hilfe adäquater Medienkunde ermittelbar. Schließlich sind nähere Analysen zum Kommunikator Obama selbst essentiell. Als wichtiger Bestandteil der Lasswell-Formel (1948; nach Schulz 2009, S. 173; vgl. Abschn. 7.3.1) können Untersuchungen zum „who" bspw. Auskunft darüber geben, ob Obama tatsächlich eine charismatische Persönlichkeit ist oder ob er mit Hilfe seiner Art zu kommunizieren, einen geschickten Weg gefunden hat, sich diesen Persönlichkeitszug in der öffentlichen Wahrnehmung anzueignen.[11] Wäre dies der Fall, würde das wahrscheinlich nicht nur in der Praxis, sondern auch in der Wissenschaft zu einem veränderten (im Sinne von breiteren) Verständnis des Charismabegriffes führen (Bligh et al. 2004). Derartige und andere Untersuchungen sind dem Feld der

---

[11]Diesen Anspruch untersetzt auch Weibler (2010b, S. 33), der (jedoch mit allgemeinerem Bezug zur transformationalen Führung Obamas) schreibt: „Wer verstehen möchte, wie man einen Führungsanspruch artikuliert und wie man dann eine Zuschreibung von Führung auf die eigene Person provoziert, kann sich einiges abschauen, beispielsweise [...] als Manager [...]. Blind kopieren sollte er oder sie jedoch nicht. Neben dem ‚Was' kommt es auch auf das ‚Wie' an."

Kommunikatorforschung zuzuordnen und können zusätzliche praxisorientierte Handlungs- sowie theorieorientierte Erweiterungsoptionen generieren.

Alles in allem weisen besonders die letzten Ausführungen darauf hin, dass ein detailliertes Verständnis der Redegestaltung Obamas sowie zugehöriger Muster und Wirkungsweisen mit entsprechenden Praxis- und Theorieimplikationen vor allem durch den Einsatz eines Mehrmethodendesigns erreichbar ist. Der Einsatz von qualitativen oder quantitativen Inhaltsanalysen allein genügt diesem Ziel nicht. Das sollte in zukünftiger Forschung berücksichtigt werden. Perspektivisch sei ergänzt, dass auch die vergleichende Analyse mit veränderungsbezogenen Reden anderer Politiker sowie Manager aus der Wirtschaft oder dem Sport (Jenewein 2008) weiteren Erkenntnisgewinn verspricht. Dies böte insbesondere die Möglichkeit, noch konkretere und multidimensionale Aussagen zur Kontextrelevanz zu treffen (Kaczmarzyk 2013, S. 67).

Literatur

Argyle, M. (2013). *Körpersprache und Kommunikation. Nonverbaler Ausdruck und soziale Interaktion.* Paderborn: Junfermann.

Bazil, V. (2014). Redemanagement: Worte schaffen Werte. In A. Zerfaß & M. Piwinger (Hrsg.), *Handbuch Unternehmenskommunikation. Strategie – Management – Wertschöpfung* (S. 755–766). Wiesbaden: Springer Fachmedien.

Berne, E. (1999). *Transaktionsanalyse der Intuition: ein Beitrag zur Ich-Psychologie.* Pderborn: Junfermann.

Berne, E. (2002). *Spiele der Erwachsenen. Psychologie der menschlichen Beziehungen.* Reinbek: Rowohlt.

Bligh, M. C., Kohles, J. C., & Meindl, J. R. (2004). Charting the language of leadership: A methodological investigation of president Bush and the crisis of 9/11. *Journal of Applied Psychology, 89*(3), 562–574.

Bortz, J., & Döring, N. (2006). *Forschungsmethoden und Evaluation für Human- und Sozialwissenschaftler.* Heidelberg: Springer Medizin.

Brosius, H.-B., Haas, A., & Koschel, F. (2016). *Methoden der empirischen Kommunikationsforschung. Eine Einführung.* Wiesbaden: Springer Fachmedien.

Diekmann, A. (2014). *Empirische Sozialforschung. Grundlagen, Methoden, Anwendungen.* Reinbek bei Hamburg: Rowohlt.

Felser, G. (2015). *Werbe- und Konsumentenpsychologie.* Berlin: Springer.

Früh, W. (2015). *Inhaltsanalyse. Theorie und Praxis.* Konstanz: UVK.

Geldner, A. (2012). US-Wahl. Die Gräben bleiben. http://m.stuttgarter-zeitung.de/inhalt.us-wahl-die-graeben-bleiben.b809833c-dfeb-45a6-b509-6e858fb260c0.html. Zugegriffen: 21. Okt. 2015

Gloger, K. (2008). Analyse zur US-Wahl. Obamas Chance auf einen „New Deal". http://www.stern.de/politik/ausland/analyse-zur-us-wahl-obamas-chance-auf-einen-new-deal-644554.html. Zugegriffen: 13. Juli 2015.

Gössler, S. (2009). *Barack Obama. Seine Sprache, seine Stärke, sein Charisma. Rhetorik einer Erfolgsgeschichte.* Norderstedt: Books on Demand.

Jenewein, W. (2008). Das Klinsmann-Projekt. *Harvard Business Manager, 30*(6), 16–28.

Kaczmarzyk, J. (2013). *Untersuchung der Relevanz von Kontextbedingungen für eine erfolgreiche Veränderungskommunikation am Beispiel des US-amerikanischen Präsidenten Barack Obama.* Unveröffentlichte Masterarbeit an der Hochschule Harz, Wernigerode.

Kaune, A. (2010). Moderne Organisationsentwicklung – ein Konzept zur mitarbeiterorientierten Gestaltung von Veränderungsprozessen. In: A. Kaune (Hrsg.), *Change Management mit Organisationsentwicklung. Veränderungen erfolgreich durchsetzen* (S. 11–65). Berlin: Erich Schmidt Verlag.

Kaune, K. (2010). Qualitative Techniken – Leitfadeninterview und Inhaltsanalyse. In A. Kaune (Hrsg.), *Change Management mit Organisationsentwicklung. Veränderungen erfolgreich durchsetzen* (S. 134–152). Berlin: Schmidt.

Kepplinger, H. M. (2009). Nonverbale Kommunikation und Darstellungseffekte. In E. Noelle-Neumann, W. Schulz, & J. Wilke (Hrsg.), *Fischer Lexikon. Publizistik, Massenkommunikation* (S. 397–425). Frankfurt a. M.: Fischer Taschenbuch Verlag.

Knape, J. (2010). Lincoln und Obama als Redner: Rhetorische Profile zweier amerikanischer Präsidenten. In J. Weibler (Hrsg.), *Barack Obama und die Macht der Worte* (S. 39–80). Wiesbaden: VS Verlag.

Knobbe, M. (2013). Der entzauberte Präsident. *Stern, 25,* 38–46.

Kuckartz, U. (2014). *Qualitative Inhaltsanalyse. Methoden, Praxis, Computerunterstützung.* Weinheim: Beltz Juventa.

Lamnek, S. (2005). *Qualitative Sozialforschung. Lehrbuch.* Weinheim: Beltz.

Mayring, P. (2002). *Einführung in die qualitative Sozialforschung. Eine Anleitung zum qualitativem Denken.* Weinheim: Beltz.

Mayring, P. (2015). *Qualitative Inhaltsanalyse. Grundlagen und Techniken.* Weinheim: Beltz.

Müller, J. (2010). Kommunikationstechniken. In A. Kaune (Hrsg.), *Change Management mit Organisationsentwicklung. Veränderungen erfolgreich durchsetzen* (S. 67–96). Berlin: Schmidt.

o. V. (2012). 6. November 2012: Der Tag, an dem Barack Obama wieder zum Versöhner wurde. In S. Kornelius & J. Kelnberger (Hrsg.). *Barack Obama. Aufstieg, Krise, zweite Chance* (S. 426–452). München: Süddeutsche Zeitung.

Peters, G., & Woolley, J. T. (2012). Remarks at a Campaign Rally in Hollywood, Florida. http://www.presidency.ucsb.edu/ws/?pid=102615. Zugegriffen: 16. Okt. 2015.

Rosner, S. (2012). *Gelingende Kommunikation revisited. Ein Leitfaden für partnerorientierte Gesprächsführung, wertschöpfende Verhandlungsführung und lösungsfokussierte Konfliktbearbeitung.* München: Hampp.

Rössler, P. (2010). *Inhaltsanalyse.* Konstanz: UVK.

Schmidt, R. (2012). *Immer richtig miteinander reden. Transaktionsanalyse in Beruf und Alltag.* Paderborn: Junfermann.

Schmohr, M. (2003). Werbung. In A. E. Auhagen & H.-W. Bierhoff (Hrsg.), *Angewandte Sozialpsychologie. Das Praxishandbuch* (S. 434–448). Weinheim: Beltz.

Schulz, W. (2009). Kommunikationsprozess. In E. Noelle-Neumann, W. Schulz, & J. Wilke (Hrsg.), *Fischer Lexikon. Publizistik, Massenkommunikation* (S. 169–199). Frankfurt a. M.: Fischer Taschenbuch Verlag.

Schulz von Thun, F. (1998). *Miteinander Reden 1. Störungen und Klärungen. Allgemeine Psychologie der Kommunikation.* Reinbek bei Hamburg: Rowohlt Taschenbuch Verlag.

Schulz von Thun, F. (1999). *Miteinander Reden 2. Stile, Werte und Persönlichkeitsentwicklung. Differenzielle Psychologie der Kommunikation.* Reinbek bei Hamburg: Rowohlt Taschenbuch Verlag.

Schulz von Thun, F. (2004). Das Kommunikationsquadrat. http://www.schulz-von-thun.de/mod-komquad.html. Zugegriffen: 14. Febr. 2011

Seaside Software Inc. DBA askSam Systems. (2008a). Night before the election. http://www.ask-sam.com/ebooks/releases.asp?file=Obama-Speeches.ask&dn=Night%20Before%20the%20 Election. Zugegriffen: 08. Okt. 2010.

Seaside Software Inc. DBA askSam Systems. (2008b). The Speeches of Barack Obama. The full text transcripts of over 200 speeches from 2002–2009. http://www.asksam.com/ebooks/relea-ses.asp?file=Obama-Speeches.ask. Zugegriffen: 28. Sept. 2010.

The New York Times Company. (2008). Obama: Victory Speech. http://elections.nytimes.com/2008/ results/president/speeches/obama-victory-speech.html. Zugegriffen: 08. Okt. 2010.

The New York Times Company. (2010). Barack Obama. http://topics.nytimes.com/top/reference/ timestopics/people/o/barack_obama/index.html. Zugegriffen: 08. Okt. 2010.

The New York Times Company. (2012). Transcript of president Obama's election night speech. http://www.nytimes.com/2012/11/07/us/politics/transcript-of-president-obamas-election-night-speech.html?pagewanted=all. Zugegriffen: 04. Febr. 2013.

The White House. (2009). Remarks by the president to a joint session of congress on health care. https://www.whitehouse.gov/the-press-office/remarks-president-a-joint-session-congress-health-care. Zugegriffen: 15. Okt. 2015.

The White House. (2010). This is what change looks like. https://www.whitehouse.gov/ blog/2010/03/22/what-change-looks. Zugegriffen: 15. Okt. 2015.

Thunert, M. (2010). Obamas Redekunst: Instrument zum Machterwerb, aber nicht zum Machterhalt? In J. Weibler (Hrsg.), *Barack Obama und die Macht der Worte* (S. 81–99). Wiesbaden: VS Verlag.

Waldschmidt-Nelson, B. (2009). Barack Obama (2009). Der erste afroamerikanische Präsident: A dream come true? In C. Mauch (Hrsg.), *Die amerikanischen Präsidenten. 44 historische Portraits von George Washington bis Barack Obama* (S. 439–455). München: Beck.

Warstat, M. (2010). Obamas Körper: Performative Aspekte politischer Rhetorik. In J. Weibler (Hrsg.), *Barack Obama und die Macht der Worte* (S. 173–189). Wiesbaden: VS Verlag.

Watzlawick, P., Beavin, J. H., & Jackson, D. D. (2011). *Menschliche Kommunikation. Formen, Störungen, Paradoxien.*. Bern: Huber.

Weibler, J. (2010a). Das Obama-Projekt. Einführung. In J. Weibler (Hrsg.), *Barack Obama und die Macht der Worte* (S. 9–11). Wiesbaden: VS Verlag.

Weibler, J. (2010b). Obama kam, sprach und siegte: Oder wie Reden Führung begründen. In J. Weibler (Hrsg.), *Barack Obama und die Macht der Worte* (S. 12–38). Wiesbaden: VS Verlag.

Wikipedia. (2010a). Barack Obama. http://www.spiegel.de/wikipedia/Barack_Obama.html. Zuge-griffen: 29. Okt. 2010.

Wikipedia. (2010b). Gettysburg Address. http://de.wikipedia.org/wiki/Gettysburg_Address. Zuge-griffen: 07. Nov. 2010.

Wolffe, R. (2013). President Obama's first four years have been defined by a less-than-fruitful struggle for the unity he aspired to as a candidate and by bold, risky decisions. http://www. nydailynews.com/news/national/high-hopes-political-realities-obama-term-retrospect-article-1.1243468. Zugegriffen: 17.Okt. 2015.

YouTube. (2008). President-elect Barack Obama in Chicago. http://www.youtube.com/ watch?v=Jll5baCAaQU. Zugegriffen: 23. Okt. 2010.

YouTube. (2009a). President Obama speech about health care to congress 9/9/09 Part 1. http:// www.youtube.com/watch?v=oM5QVf9og0w. Zugegriffen: 15. Okt. 2015.

YouTube. (2009b). President Obama speech about health care to congress 9/9/09 Part 2. http:// www.youtube.com/watch?v=tc582-AGB1g&feature=related. Zugegriffen: 15. Okt. 2015.

YouTube. (2009c). President Obama speech about health care to congress 9/9/09 Part 3. http:// www.youtube.com/watch?v=e6i8AqoVvbQ&feature=related. Zugegriffen: 15. Okt. 2015.

YouTube. (2009d). President Obama speech about health care to congress Part 4 9/9/09. http://www.youtube.com/watch?v=vseA34nCB6I. Zugegriffen: 15. Okt. 2015.

YouTube. (2009e). President Obama speech about health care to congress Part 5 9/9/09. http://www.youtube.com/watch?v=ISIEjN68WZw. Zugegriffen: 15. Okt. 2015.

YouTube. (2010). Obama: This is what change looks like. Health care reform. http://www.youtube.com/watch?v=XyrO6l3P9FA. Zugegriffen: 15. Okt. 2015.

YouTube. (2012a). Election 2012. Obama's complete victory speech. http://www.youtube.com/watch?v=nv9NwKAjmt0. Zugegriffen: 16. Okt. 2015.

YouTube. (2012b). President Obama full speech in Hollywood, Florida – 11/4/12. http://www.youtube.com/watch?v=Ax41LrFjljE. Zugegriffen: 17. Juni 2013.

Transferansätze aus der Politik für Wirtschaftsunternehmen

8

Wie in der Einleitung dieses Buches beschrieben (vgl. Kap. 1), gilt das wissenschaftliche Erkenntnisinteresse der Studie auch dahingehend, Optionen der Übertragbarkeit ausgewählter Aspekte der bisherigen Ergebnisse auf Wirtschaftsorganisationen zu diskutieren und entsprechende Handlungsempfehlungen bzw. Optimierungspotenziale hinsichtlich der Veränderungskommunikation in Unternehmen abzuleiten. Die damit verbundene zweite Forschungsfrage lautet: *Wie lassen sich die ermittelten Erfolgsparameter auf Wirtschaftsorganisationen übertragen und welche Implikationen können für die Veränderungskommunikation in Unternehmen abgeleitet werden?*

Wesentlicher Ansatzpunkt der folgenden Diskussion sind die Erkenntnisse der qualitativen Inhaltsanalyse der drei ausgewählten Reden Obamas (vgl. Kap. 7). Darüber hinaus sollen im Sinne ergänzender Ausführungen die (insbesondere im ersten Wahlkampf) genutzten neuen Medien betrachtet und hinsichtlich möglicher Potenziale erörtert werden. Grenzen der Transferansätze werden mitbedacht (Weibler 2010b, S. 33).

8.1 Reden als Ansatzpunkt erfolgreicher Change Communication

Wie das Beispiel Obamas zeigt, ist es für Wirtschaftsorganisationen essentiell, dass die Kommunikation von und in Veränderungsprozessen unternehmensintern (und ggf. auch -extern) alle Beteiligten und Betroffenen erreicht. Dabei sollte die Kommunikation stets auf das übergeordnete Ziel Veränderung ausgerichtet sein. Eine konsistente Kommunikation sowie die Verwendung konkreter Ziele und Visionen steigert nicht nur die Motivation der Betroffenen, den Prozess zu akzeptieren und mitzugestalten, sondern erhöht auch die Glaubwürdigkeit des Kommunikators. Ein Slogan, der den gesamten Veränderungsprozess kommunikativ begleitet, ist auch für Wirtschaftsorganisationen von Vorteil. Er kann zu einer stärkeren Identifikation der Betroffenen mit dem Wandel führen.

© Springer Fachmedien Wiesbaden 2016   131
A. Kaune und A.-S. Wagner, *Change Communication*,
DOI 10.1007/978-3-658-11611-8_8

Innerhalb des komplexen Systems der Veränderungskommunikation müssen Reden einen festen und wichtigen Baustein darstellen. Sie sollten in Wirtschaftsorganisationen i. d. R. situationsbezogen und punktuell eingesetzt werden. Dabei scheint es im Einzelfall angebracht, wenn sich Führungskräfte in ihren Reden explizit auf bekannte Persönlichkeiten der Unternehmensgeschichte und ihre Erfolge im Zusammenhang mit Veränderungen beziehen. Hierzu können gleichwohl direkte Zitationen genutzt werden. Es sollte allerdings darauf geachtet werden, dass diese den Rezipienten tatsächlich bekannt sind. Die Integration geachteter und bedeutender Bezugsgrößen des Unternehmens in die Kommunikation schafft zusätzliches Vertrauen in den Veränderungsprozess. Eine unternehmensinterne Verbreitung von Reden (sofern sie nicht Face-to-face gehalten werden) kann mit Hilfe von Web-2.0-Instrumenten stattfinden.[1] Dieser Ansatz hilft vor allem in international agierenden Unternehmen den Veränderungsprozess schnell und weitläufig zu kommunizieren. Aufgrund einer wahrscheinlich äußerst heterogenen Zielgruppen- bzw. Rezipientenzusammensetzung bei medialer Vermittlung zieht jenes Vorgehen allerdings nach sich, dass Redeinhalte bzw. -appelle möglichst allgemein gehalten sein müssen.

Noch konkretere Handlungsempfehlungen für Veränderungsprozesse in Wirtschaftsorganisationen in Bezug auf die einseitige Kommunikation (speziell für das Halten von Reden) lassen sich auf der Grundlage der durchgeführten inhaltsanalytischen Untersuchung der Reden Obamas ableiten. Hierbei ist zunächst feststellbar, dass Obama die Reden mit zentralen Inhalten im Zuge des Veränderungsprozesses stets persönlich hält, um einerseits die Bedeutung der Veränderung und andererseits seinen persönlichen Einsatz für das Veränderungsvorhaben zu unterstreichen. In Bezug auf Veränderungsprozesse in Wirtschaftsorganisationen empfiehlt es sich daher, dass wichtige Reden zu zentralen Aspekten eines Veränderungsprozesses von Vertretern der oberen Führungsebene zu halten sind. Begründen lässt sich dies mit einer erhöhten Glaubwürdigkeit der Führungskraft, welche sich auf die Akzeptanz bei den Betroffenen (den Mitarbeitern) auswirkt. So wird symbolisiert, dass die Unternehmensspitze selbst hinter dem Veränderungsvorhaben steht und den Wandel befürwortet.

Die Berücksichtigung des situativ-mündlichen Kommunikations-Setting einer Rede ist wesentlich. Eine von der Führungskraft im Rahmen des Veränderungsprozesses gehaltene Rede sollte prinzipiell auf die Aufmerksamkeitskurve der Informationsempfänger abgestimmt sein. Diese ist nach Eller und Noelle (2009, S. 48) dadurch charakterisiert, dass zu Beginn der Rede das Aufmerksamkeitsniveau am höchsten ist und im Zeitverlauf kontinuierlich absinkt. Bei den Reden Obamas ist diesbezüglich feststellbar, dass im Mittel das Wort-Satz-Verhältnis im ersten Teil der Reden deutlich höher ist als im zweiten Teil. Daraus lässt sich ableiten, dass umfassende Ausführungen und die Kernbotschaften am Anfang einer Rede zu thematisieren sind, da zu Beginn einer Rede das

---

[1]In Erweiterung dieser Implikationen scheint auch der Einsatz anderer audiovisueller Medien der internen Kommunikation wie Corporate bzw. Business TV (Intranet) zielführend (Schmalstieg und Pfannenberg 2009).

Aufmerksamkeitsniveau der Informationsempfänger am höchsten ist. Sollte die Rede auch im mittleren Teil wichtige Sachbotschaften transportieren, dann ist es wichtig (wie bei Obamas Siegesrede 2012), die sachlichen Inhalte mit emotionalen Beziehungsaspekten zu kombinieren.

Des Weiteren ist in Anlehnung an Eller und Noelle (2009, S. 48) zu empfehlen, die Rede im Hinblick auf den zeitlichen Aspekt nicht zu umfassend zu gestalten, da nach etwa zehn Minuten die Aufmerksamkeit deutlich zu sinken beginnt und diese bei etwa 30 min einen Tiefpunkt erreicht. Für Reden im Kontext von Veränderungsprozessen lässt sich daraus ableiten, dass sich eine zeitlich angemessene und prägnante Redegestaltung empfiehlt. Die im zeitlichen Verlauf sinkende Verarbeitungs- und Aufnahmefähigkeit der Zuhörer ist dabei besonders zu beachten. Redner sollten längere, komplexe Sätze nur zu Redebeginn einsetzen. Im weiteren Redeverlauf sind immer kürzere Sätze der Vermittlung der Botschaft dienlicher. Sollten lange und komplexe Sätze z. B. auch im mittleren Teil einer Rede eingesetzt werden, dann ist (wie bei der Vermittlung von Sachbotschaften während dieser Phase) eine hohe Beziehungsorientierung hilfreich. Aus formaler Sicht lässt sich hieraus als Erstes eine allgemeine Regel ableiten:

> **Regel 1**
> Eine Rede sollte nicht länger als ca. 15 bis 20 min dauern. Aufgrund der Aufmerksamkeitskurve der Zuhörer ist es sinnvoll, im Redeverlauf dabei immer kürzere und einfachere Sätze zu nutzen. Sollte von diesem (Muster-)Redeverlauf abgewichen werden, kann die Aufmerksamkeitskurve durch Intensivierung der Beziehungshinweise teilweise verlängert werden.

In Anlehnung an den Redestil Obamas (im Sinne des Kommunikationsmodells nach Schulz von Thun 1998) sollten Redner in Unternehmen prinzipiell darauf achten, dass sie die Veränderungsbotschaft vorrangig auf der Beziehungsebene oder durch gleichgewichtige Verwendung von Beziehungs- und Inhaltsebene vermitteln. Konkret sollten Beziehungshinweise zum Rezipienten und Sachinhalte über den gesamten Redeverlauf stets das Fundament bilden, ergänzt um Selbstkundgaben oder Appelle des Senders. Vereinzelt sollte sich der Redner bewusst der Kommunikation über alle vier Seiten der Nachricht bedienen. Dies empfiehlt sich für den Kommunikator besonders dann, wenn es um die Vermittlung von Aussagen zu übergeordneten Veränderungsvisionen geht. Eine derartige konsistente Ansprache des Rezipienten über mehrere Kanäle erhöht abermals die Glaubwürdigkeit von Nachricht und Redner. Die Kommunikation wirkt vertrauensbildend. Bezogen auf Grundstimmung einer Rede bei betrieblichen Veränderungsprozessen ist festzuhalten:

> **Regel 2**
> Die Grundstimmung einer Rede ist so zu gestalten, dass die Beziehungs- und die Inhaltsebene kombiniert eingesetzt werden.

Werden die einzelnen Bestandteile einer Nachricht nach Schulz von Thun (1998) näher betrachtet, sollten sich Redner von Wirtschaftsorganisationen ähnlich wie Obama bei der veränderungsbedingten Kommunikation von Sachinhalten schwerpunktmäßig auf Informationen über den Change-Prozess (Visionen und Zukunftsprognosen), die bereits erreichten Meilensteine im Veränderungsvorhaben und das Unternehmen selbst (z. B. die Unternehmensgeschichte und bekannte bzw. wichtige Persönlichkeiten der Organisation) beschränken.[2] Gerade die Unternehmensgeschichte und wichtige Persönlichkeiten eines Unternehmens ermöglichen es, Informationen nachvollziehbar zu transportieren.

Von Bedeutung ist außerdem, dass die Führungskraft den allgemeinen Veränderungsgedanken und dessen Notwendigkeit bspw. in Verbindung mit den Wertvorstellungen des Unternehmens oder auch mit dem Werbeslogan des Unternehmens darstellt, um Verständnis und Akzeptanz bei den Betroffenen des Wandels (den Mitarbeitern) zu erreichen. Gerade Bezugnahmen auf das Wertesystem des Unternehmens sind wichtig (Mast 2016, S. 67 ff.; Beutmann 2015).[3] Weiterhin können zur Schaffung einer nachvollziehbaren Argumentation und zur Veranschaulichung abstrakter Redeinhalte auch Beispiele aus den täglichen Arbeitsabläufen bzw. dem Arbeitsumfeld eines durchschnittlichen Mitarbeiters eingesetzt werden. Obama bezieht sich in seinen Reden oft auf Begegnungen mit amerikanischen Bürgern und gibt die erfahrenen Sachverhalte wieder (Leanne 2009). Analog dazu ist es für Manager sinnvoll, sich auf Begegnungen mit Mitarbeitern zu beziehen („management by wandering around") und dabei deren konkrete Ängste und Probleme zu thematisieren. Gespräche bei Betriebsbegehungen, Diskussionsforen, Betriebsfesten usw. bieten eine Vielzahl an Möglichkeiten, derartige Informationen zu erhalten. Allerdings muss der Manager selbst dafür sorgen, dass diese Informationen nicht mehrfach gefiltert sind, sondern den tatsächlichen Sachverhalt und damit die reale Sichtweise der Mitarbeiter widerspiegeln. Die Erreichung bzw. Ansprache unterschiedlicher interner Zielgruppen wird so möglich. Die folgende Regel kann abgeleitet werden:

> **Regel 3**
> Die sachlichen Informationen einer Rede beziehen sich im Idealfall hauptsächlich auf den Veränderungsprozess und die Beteiligten sowie Betroffenen und können unter Nutzung verschiedener Bezugspunkte (z. B. Persönlichkeiten, Geschichte des Unternehmens, Wertesystem, …) nachvollziehbar dargestellt werden.

---

[2]Diese Empfehlungen decken sich mit den in der kommunikationswissenschaftlichen Literatur häufig aufgeführten Erfolgsfaktoren der Veränderungskommunikation (Mast 2016, S. 453 ff.; Houben und Frigge 2007).

[3]Vgl. hierzu die von Bazil (2014, S. 761 ff.; Kap. 5) geforderte inhaltliche Harmonisierung des Selbstkonzeptes des Redners z. B. mit den Kulturmerkmalen des Unternehmens. Im Sinne des MOEW-Modells, speziell des Merkmals „Interkulturelles Management" (vgl. Abschn 2.2.4), kann auch ein Bezug auf das kulturelle Wertesystem des jeweiligen Standortlandes des Unternehmens relevant sein.

Wie bereits erwähnt, ist es wichtig, dass eine Rede neben Sachinhalten auch Beziehungshinweise enthält. Diese sind bei Obama u. a. durch die direkte Ansprache der betroffenen Personen oder Personengruppen sowie den wörtlichen Gebrauch von Wir- und Du-Botschaften gekennzeichnet. Bei Veränderungsprozessen im Unternehmen kann mit Hilfe dieser Botschaften die gemeinschaftliche Zusammenarbeit im Rahmen des Veränderungsprozesses und der Gemeinschaftsgedanke besonders betont werden. Benutzt die Führungskraft Wir-Botschaften, verdeutlicht sie damit bspw., dass zur erfolgreichen und nachhaltigen Umsetzung des Veränderungsprojektes das Engagement eines jeden Mitarbeiters beiträgt und es dient weiterhin dazu, den Gemeinschaftsgedanken innerhalb des Unternehmens hervorzuheben. Es entsteht bei den Rezipienten das Gefühl, dass ihnen nicht nur Top-down-Visionen vorgegeben werden, sondern sie in den Entscheidungsprozess (button-up) integriert sind. Dies stärkt die Akzeptanz des Change-Prozesses insgesamt. Mit der Nutzung derartiger Botschaften durch die Führungskraft ist ebenso ein Motivationsaspekt in Bezug auf das Veränderungsvorhaben verbunden. Das Kommunizieren von Du-Botschaften sagt zusätzlich etwas darüber aus, wie die Führungskraft die Rolle des Mitarbeiters im Veränderungsprozess sieht. Der Wandel und seine Folgen verlieren ihre Abstraktion und werden für die Betroffenen fassbarer.

Um allerdings nicht nur die Rolle der Mitarbeiter im Veränderungsprozess in den Vordergrund der Kommunikation zu stellen, sondern auch die Rolle der Unternehmensspitze, gilt es für den jeweiligen Unternehmensmanager, Ich-Botschaften in Reden zu berücksichtigen. Die damit verbundenen Selbstkundgaben der sprechenden Führungskraft stellen stets einen Bezug zu deren Person her und wirken vertrauensbildend. Diese Offenbarungen über das eigene Wesen sind vorrangig in der ersten Redehälfte zu platzieren und müssen der gezielten sowie offenen Vermittlung persönlicher Gefühle und Befindlichkeiten dienen. Der Veränderungskommunikator sollte eindeutig selbstbezogen seine individuelle Vision des Veränderungsvorhabens kommunizieren. Referenzen zu unternehmensinternen Unterstützern des Veränderungsprozesses und deren direkte Nennung sind ebenfalls sinnvoll. Persönliche Dankesworte für im Veränderungsvorhaben engagierte Mitarbeiter können motivationserhöhend wirken.

Ergänzend dazu sind auch Appelle innerhalb einer Rede als Hinweise auf der Beziehungsebene zu verstehen, wobei jedoch bei Obama die Form des Appells vom Kontext und von der Phase des Veränderungsprozesses anhängig ist. Folglich gilt es, je nach Situation die Angemessenheit der Appelle zu prüfen. Bei Reden, in denen die Führungskraft den Mitarbeitern bereits beschlossene Themen informativ mitteilt oder Veränderungen stabilisieren möchte, sollte der Fokus auf Appellen des Fühlens liegen, um die Mitarbeiter für die beschlossene Veränderung zu sensibilisieren und den Beschluss für sie nachvollziehbar zu gestalten. Appelle, welche auf das Handeln abzielen, empfehlen sich im Gegensatz dazu in Situationen, in denen es auf die Handlungen und den Einsatz der Mitarbeiter ankommt, bspw. wenn es um die konkrete Umsetzung der Veränderungen geht. Aus dieser Studie geht außerdem hervor, dass Appelle bei Obama vor allem am Ende einer Rede Verwendung finden. Als Begründung dafür kann die Tatsache gesehen werden, dass die am Redeende formulierten Ausführungen in gewissem Maße nachwirken

und im Gedächtnis der Empfänger bleiben. Für den Kontext betrieblicher Veränderungsprozesse bedeutet dies, dass eine Führungskraft die Appelle möglichst am Ende ihrer
Rede einsetzen sollte, um damit bei den Mitarbeitern auch im Nachgang zur Redesituation eine Anregung zum Fühlen, Handeln oder Denken zu bewirken.

In Bezug auf die Beziehungsebene ist zusammenfassend aufzuzeigen, dass ein Redner
diese jeweils zu Beginn und zum Ende seiner Rede fokussiert behandeln sollte. Für die
Rede einer Führungskraft im Zuge betrieblicher Veränderungsprozesse bedeutet dies, die
Ansprache zur Einstimmung der Mitarbeiter auf die Thematik auf der Beziehungsebene zu
beginnen, um so eine Aufbruchsstimmung zu erzeugen, und sie (im Sinne eines bleibenden
Eindruckes) auf derselben auch abzuschließen. Somit ergibt sich eine weitere Regel:

Regel 4
Die Beziehungsinformationen einer Rede betreffen die Beschreibung der gemein-
samen Beziehung zwischen Redner und Zuhörern. Diese Elemente sind schwerpunktmäßig in der ersten und letzten Phase einer Rede einzusetzen, wobei in
der ersten Phase die Selbstkundgabeinformationen und in der letzten Phase die
Appelle dominieren sollten, während Beziehungshinweise (z. B. Wir-Botschaften)
auch im mittleren Teil einer Rede sinnvoll sind.

Obamas Siegesrede 2012 verdeutlicht, dass gezielt emotional gegengesteuert werden
sollte, wenn längerfristige Veränderungsprozesse mit zurückgehender Euphorie und
auch Enttäuschungen verbunden sind. Konkret bedeutet das, die Beziehungshinweise zu
verstärken. Sachinformationen sollten idealerweise in eine stark beziehungsorientierte
Kommunikation verpackt werden. So besteht eine Chance, das Gemeinschaftsgefühl der
Zuhörer zu stärken sowie die Bereitschaft für die angestrebte und noch nicht abgeschlossene Veränderung zu erhalten. Erfolge, aber auch schon Zwischenerfolge (wie in Phase
sechs des Modells von Kotter (2012) erläutert; vgl. Abschn 2.2.1) sind authentisch-emo-
tional zu kommunizieren, sodass die damit verbundene Freude klar erkennbar ist und
von allen gespürt wird. Dieses Ergebnis lässt sich folgendermaßen festhalten:

Regel 5
Wenn im Zeitablauf spätere Phasen eines Veränderungsprozesses kritisch werden,
ist in einer Rede die Intensivierung der emotional-beziehungsorientierten Redean-
teile sinnvoll, indem z. B. bei nachlassendem Engagement der Beteiligten Sachinformationen verstärkt beziehungsorientiert dargestellt werden. Erfolge (aber
auch Zwischenerfolge) sind in der Darstellung insbesondere durch die emotionale
Ebene zu unterstützen.

Neben dem verbalen Inhalt ist auch die Bedeutung nonverbaler Kommunikation
für Reden nicht zu unterschätzen. Als Handlungsempfehlung für Veränderungsprozesse in Wirtschaftsorganisationen im Hinblick auf die Elemente der nonverbalen

Kommunikation lässt sich im Allgemeinen anmerken, dass diese vom Redner kontrolliert und die verbalen Aussagen unterstreichend einzusetzen ist. Einzelne Handlungsempfehlungen (abgeleitet aus dem Redestil Obamas) werden nachfolgend bezüglich Körperhaltung, Kopfbewegung und Handbewegungen beschrieben.

Im Hinblick auf die allgemeine Körperhaltung ist zu konstatieren, dass es für die Führungskraft auf einen stabilen Stand und eine aufrechte Körperhaltung zu achten gilt, um den Mitarbeitern Selbstsicherheit und Aufrichtigkeit auch mit der Körpersprache zu vermitteln.

Hinsichtlich der Kopfbewegung ist anzumerken, dass ein Redner diese gezielt einsetzen sollte, um die Empfänger mit Hilfe des Blickkontaktes im Sinne der Partizipation in die Rede einzubinden. Für eine referierende Führungskraft bedeutet dies, nicht stur geradeaus zu blicken und einen Punkt zu fixieren, sondern während der Rede den Kopf nach links und rechts zu drehen, um Blickkontakt mit den Mitarbeitern herzustellen. Hierdurch signalisiert die Führungskraft, dass sie die Mitarbeiter direkt anspricht und somit in die Rede einbezieht.

Was die Handbewegungen anbelangt, ist aus dieser Studie abzuleiten, dass es prinzipiell verschiedene Ausprägungen gibt, deren sich eine Führungskraft im Rahmen ihrer Rede bedienen kann. Im Grundsatz sollten Handbewegungen dazu eingesetzt werden, das Gesagte zu unterstreichen. Es ist jedoch zu beachten, dass sie stets kontrolliert, bedacht und für den Empfänger gut sichtbar einzusetzen sind. Dem akzentuierenden Gebrauch einer Hand kommt in diesem Kontext besondere Bedeutung zu. Bewegungen dieser Art sollten eingesetzt werden, um die verbalen Ausführungen explizit zu betonen. Im Rahmen der Veränderungskommunikation sollte die Führungskraft akzentuierende Handbewegungen punktuell einsetzen, um wichtigen Informationen besonderen Ausdruck zu verleihen. Bei Bedarf können beide Hände auf Brusthöhe gehoben werden, um das Gesagte zu unterstreichen. Der gleichmäßige Einsatz der Hände symbolisiert Ausgewogenheit als auch Stabilität des Sprechers und weckt Vertrauen bei den Betroffenen. Das Zusammenspiel von verbalen Äußerungen und akzentuierenden Handbewegungen spricht neben dem auditiven auch den visuellen Sinneskanal bei den Empfängern an und kann so deren Aufmerksamkeit erhöhen.

Abschließend ist festzuhalten, dass eine Führungskraft in einer Rede im Sinne der Glaubhaftigkeit und Akzeptanz in Bezug auf den gesamten Veränderungsprozess sowohl auf Konsistenz innerhalb der inhaltlichen Ausführungen als auch auf die Übereinstimmung zwischen verbaler und nonverbaler Kommunikation achten sollte. Als Regel wird damit herausgearbeitet:

Regel 6

Die nonverbalen Elemente einer Rede sollten der Unterstützung des Gesagten dienen und sind hinsichtlich Körperhaltung sowie Kopf- und Handbewegungen entsprechend zu gestalten. Im Wesentlichen geht es darum, durch eine ruhige und pointierte Gestik Standfestigkeit und eigene Überzeugung zu transportieren.

Die erläuterten Handlungsempfehlungen stellen ausschließlich allgemeine Hinweise für Redner bei Veränderungsprozessen dar. Es wird an dieser Stelle explizit darauf hingewiesen, dass eine detaillierte Ausrichtung der Erfolgsparameter auf den jeweiligen Veränderungsprozess und die sprechende Person vorzunehmen ist (vgl. Kap. 5) und die vorliegenden Erläuterungen hierfür lediglich als Orientierung dienen.

Als globales Fazit aus den analysierten Reden Obamas bleibt dennoch festzuhalten, dass alles höchst professionell geplant und durchgeführt wurde. Nichts wurde dem Zufall überlassen, z. B. auch nicht die Wahl der Orte für die Reden (ein Aspekt, auf den in dieser Abhandlung nicht konkreter eingegangen wird). Möglicherweise ist der Professionalitätsanspruch die umfassendste Konsequenz für das Management von wirkungsvollen Reden hochrangiger Unternehmensvertreter bei Veränderungsprozessen und führt zu der letzten Regel:

Regel 7
Die Gestaltung und die Umsetzung wirkungsvoller Reden bei betrieblichen Veränderungsprozessen unterliegen denselben Professionalitätsansprüchen wie z. B. die Entwicklung, die Produktion und die Vermarktung eines komplexen technischen Produktes.

8.2   Neue Medien in der betrieblichen Change Communication

„Social Media ist heute eine der bedeutendsten Informations-, Orientierungs- und Entscheidungsquellen für die Menschen" (Voigt 2010). Dies trifft auch auf das Informationsbedürfnis der Mitarbeiter in Change-Prozessen zu. In diesem Zusammenhang ist Social Media als ein Sammelbegriff für Internet- oder webbasierte Kommunikationsformen zu verstehen. Bei Web-2.0-Medien handelt es sich um einen diffusen Begriff, welcher neue Technologien suggeriert, jedoch eher den Wandel der Anwendung des Webs vom Einweginformationslieferanten hin zum interaktiven Medium betrifft (Fischer und Hofer 2008). Dabei bringt die Nutzung dieser Web-2.0-Medien nach Reiß und Steffens (2010a,b; vgl. Reiß et al. 2010) folgende Vorteile mit sich: eine verbesserte Zusammenarbeit und Vernetzung (bspw. durch das Verschwimmen der Grenzen zwischen Beteiligten und Betroffenen) als auch eine erhöhte Akzeptanz des Veränderungsvorhabens infolge verbesserter Information. Es ist zu berücksichtigen, dass auch klassische Reden über Web-2.0-Medien verbreitet und zur Diskussion gestellt werden können.

Die Eignung ausgewählter Instrumente der neuen Medien in Veränderungsprojekten wird im Folgenden näher betrachtet (Borchert 2011; Schmidt 2009; Selbach 2009; Fischer und Hofer 2008; Matthes 2008; Euler 2007; Berner 2001).

Personalisierte E-Mails
Analog zur Art und Weise der Verwendung personalisierter E-Mails im US-Wahlkampf können diese in Veränderungsprozessen zur kontinuierlichen Information der Mitarbeiter

im Unternehmen genutzt werden. Im Unterschied zu elektronischen Newslettern sind dabei Anrede und Adresse oder auch Inhalt auf bestimmte Mitarbeitergruppen zugeschnitten und sprechen die Empfänger direkt an. Wenn adäquate Informationen verfügbar sind, können verschiedene Unternehmensbereiche separat adressiert werden. Im Vergleich zur Erstellung anderer Medien wie z. B. Videos und Podcasts (Rundfunkinformationen als MP3-Download) ist eine derartige Eingrenzung wenig aufwendig. Die zielgruppengerechte Kommunikation wirkt einer Informationsüberlastung entgegen und befriedigt zugleich das Informationsbedürfnis der Mitarbeiter im Wandel. Weiterhin vorteilhaft sind die Schnelligkeit des Transfers und die hohe Wahrscheinlichkeit, dass die Information beim Empfänger ankommt und gelesen wird. Bei anderen Medien ist dies bedingt gegeben, bspw. sehen sich nicht alle Betroffenen das bereitgestellte Managementvideo im Intranet an. Auch in der Kunden- und Geschäftspartnerkommunikation können personalisierte E-Mails eingesetzt werden, um in Change-Prozessen z. B. auf bevorstehende Veränderungen vorzubereiten und Informationen aus sicherer Quelle zu vermitteln. Eine frühzeitige Gerüchtebildung wird umgangen, Unsicherheiten werden abgebaut.

Blogs und Wikis
Blogs sind von einer Organisation oder Person geführte Tagebücher im Internet (z. B. Meinungen, Aufzeichnungen zu Sachthemen) und stellen eine Alternative zu Massenmedien dar. Sie sind mitunter illustriert und oft verlinkt. Zumeist können die Rezipienten eigene Kommentare beisteuern, sodass ein Dialog entsteht. Die Information im Blog verläuft entlang einer Zeitachse. Blogs dienen als offene und langfristige Wissensspeicher, deren Inhalt sortiert und für Informationssuchende einfach auffindbar ist. In einigen Unternehmen werden Blogs bereits in der Unternehmenskommunikation eingesetzt. Bspw. bloggt der Autohersteller Daimler seit 2007 in einen Firmenportal über technisches Hintergrundwissen, das tägliche Arbeitsleben und soziale Projekte. Allgemein wird kritisiert, dass Blogs in der internen Kommunikation falsch eingesetzt werden, weil bspw. der Dialog nicht gepflegt wird. Dies ist der Fall, wenn etwa nur top-down kommuniziert wird und Kommentare seitens der Mitarbeiter unbeantwortet bleiben. Gleichwohl ist das Instrument gut geeignet, um in Veränderungsprozessen fortwährend aktuelle Informationen an die Beschäftigten zu übermitteln (z. B. Bericht eines Projektteams zum Stand oder zu Ergebnissen des Change-Vorhabens) und auf Fragen gezielt zu reagieren. Auch Elemente wie z. B. Videos und Podcasts, welche Hintergründe darstellen oder veranschaulichend wirken, können integriert werden. Ferner können Meinungsführer zu speziellen Themen (entsprechend der Unternehmensstrategie) bloggen und sich mit interessierten Mitarbeitern austauschen.

Ebenso ermöglicht der Einsatz von Wikis eine verbesserte Versorgung mit Informationen und einen gezielten Wissensaustausch. Hierbei handelt es sich um Seiten im Internet, welche den Rezipienten nicht nur Informationen liefern, sondern auch von den Nutzern frei bearbeitet werden können (z. B. Wikipedia). D. h., die Mitarbeiter erstellen die Themenbeiträge selbst, kommentieren und korrigieren. Informationen laufen somit entlang thematischer Achsen und können per Schlagwortsuche schneller gefunden werden als in klassischen Intranet-Datenbanken. In Veränderungsprojekten kann bspw. zur Vermeidung gleicher Fehler auf die Erkenntnisse vorhergehender Prozesse zurückgegriffen werden. Ein Nachteil von Wikis ist, dass nur ein Teil der Nutzer aktiv wird. Also ist weder sichergestellt, dass alle Betroffenen partizipieren, noch, dass die Inhalte vollständig sind.

Twitter und andere Mikroblog-Portale

Bislang verwenden Unternehmen Twitter-Accounts eher im Bereich Marketing und Vertrieb (z. B. zur Erzielung von Wettbewerbsvorteilen mittels spezieller Angebote, Kundendienst und Beschwerdemanagement). Twitter ist vor allem für das Monitoring der sozialen Medien geeignet, in welchen Meinungen, Bewertungen und Diskussionen zu Produkten wie auch Dienstleistungen zwischen zahlreichen Anwendern ausgetauscht werden. Im Zusammenhang mit Change Management kann Twitter für die Kommunikation feststehender und bezüglich der Öffentlichkeit aufbereiteter Informationen an Kunden, Zulieferer und Presse Verwendung finden. Zur Vermittlung interner Informationen eignet sich das offene Medium nicht. Die Kurzmitteilungen auf Twitter (auch Tweet genannt) können von jedem Nutzer gelesen und gleichzeitig nicht zurückgeholt werden. Entscheidend ist weiterhin, dass die Kurznachrichten maximal 140 Zeichen lang sein und folglich kaum Hintergrundinformationen vermitteln können. Da bspw. eine erhöhte Gefahr darin besteht, dass Mitarbeiter über das Unternehmen, Kollegen oder Geschäftspartner negativ twittern, sind sowohl eine Strategie als auch geschultes Personal erforderlich. Die Befürchtungen vieler Unternehmen gehen ferner dahin, dass die Beteiligten einen zu großen Anteil an Arbeitszeit im Web verbringen, die Grenze zwischen Arbeit und Freizeit zunehmend aufgehoben wird und letztlich die Produktivität leidet. Diese Probleme sind mithilfe sogenannter *Social Media Guidelines* lösbar, welche Richtlinien nicht nur für Twitter, sondern auch andere soziale Medieninhalte darstellen. Das Aufstellen von verbindlichen Richtlinien für alle Angehörigen des Unternehmens in Hinsicht auf den Umgang mit den neuen Medien empfiehlt sich, um von Anfang an zu klären, was und was nicht geschrieben werden darf. Eine alternative Lösung sind Programme, welche zwar ähnlich wie Twitter als Kurznachrichtendienst konzipiert, jedoch nicht öffentlich sind und somit allein unternehmensintern eingesetzt werden. Diese Mikroblog-Portale als Teil der internen Kommunikation können E-Mails in einigen Fällen ablösen. Sie werden indes häufig von externen Anbietern und auf externen Servern betrieben, was ein Sicherheitsrisiko darstellen kann.

Es ist ratsam, eine Testphase beim ersten Einsatz neuer Medien durchzuführen, bevor ein Instrument im gesamten Unternehmen verwendet wird. Hierbei wird es von einem festgelegten Anwenderkreis in einem bestimmten Zeitrahmen erprobt. D. h., die Mitarbeiter nehmen am Test aktiv teil und der Meinungsaustausch wird gefördert. Das Feedback der Nutzer liefert nützliche Hinweise dazu, inwiefern das Instrument zur internen Kommunikation geeignet ist, ob dessen Bedienung der Aufgabe wie auch dem Nutzer gerecht wird und welche Verbesserungen noch vorgenommen werden müssen, um eine erfolgreiche

Implementierung im Unternehmen zu realisieren. Insgesamt wird dadurch das Risiko einer Fehlinvestition wegen technischer Unausgereiftheit und Ablehnung seitens der Mitarbeiter herabgesetzt.

Zum Schluss ist anzumerken, dass Informationen via moderner Medien zwar schnell kommuniziert werden können und für die Informationssuchenden gut abrufbar sind, aber nicht in jedem Fall einen Beitrag zu einer besseren Informiertheit der Mitarbeiter leisten (z. B. aufgrund eines größeren Umfangs an Information bei E-Mails). Dies wirkt sich auf Motivation und Produktivität negativ aus – erst recht in Veränderungsprozessen, wenn Mitarbeiter verunsichert sind und relevante Informationen suchen. Daher sollte auch der Einsatz neuer Medien gut geplant und Bestandteil eines kommunikativen Strategiekonzeptes sein.

8.3 Kritische Würdigung der Transferansätze

Prinzipiell kann davon ausgegangen werden, dass die Situation der USA nach der Legislaturperiode Bushs auf eine Vielzahl von Wirtschaftsorganisationen übertragbar ist. Das Land war geprägt von eingefahrenen Strukturen und verschiedenen Krisensituationen. Die Angst vor Veränderungen existierte nicht nur in der Bevölkerung, sondern auch an der Führungsspitze. In der Phase des ersten Wahlkampfes, also zu Beginn des Veränderungsprozesses durch Obama, herrschte ein Gefühl von Unsicherheit. Obama stand damit vor Herausforderungen, die vergleichbar sind mit denen moderner Veränderungsmanager in Wirtschaftsorganisationen. Sein innovativer Change-Ansatz (basierend auf einer starken Veränderungskommunikation) war es letztendlich, mit dem er sogar die stärksten Kritiker von sich und seiner Vision eines erfolgreichen Wandels überzeugte. Komplexe Veränderungen, wie Obama sie im Politkontext anstieß, sind auch in Wirtschaftsunternehmen Alltag. Auf Grundlage der Annahme einer ähnlichen Ausgangssituation kann davon ausgegangen werden, dass die festgestellten Erfolgsparameter des (gesellschafts-)politischen Veränderungsvorhabens Obamas grundsätzlich geeignet sind, eine Basis für die Entwicklung von veränderungsorientierten Handlungsempfehlungen für ökonomisch ausgerichtete Organisationen zu sein.

Ausgehend von der Haltung Obamas, dass Kommunikation (insbesondere Reden) ein wichtiger Bestandteil von Veränderungsprozessen ist, werden handlungsorientierte Implikationen im Bereich Kommunikation herausgearbeitet. Es ist zu bedenken, dass Schlussfolgerungen nur auf Basis einer qualitativen Primärstudie zur Redegestaltung Obamas am Beispiel der Siegesrede 2008, einer Rede zur Gesundheitsreform und der Siegesrede 2012 sowie Betrachtungen aus der Literatur postuliert sind. Mehrere Reden müssen analysiert werden, um allgemeingültigere Aussagen zu erreichen. Die situativen Gegebenheiten einer Rede sollten dabei noch mehr einbezogen werden.

Dies gilt besonders unter Berücksichtigung des jeweiligen Kommunikationskontextes der analysierten Reden. Wirtschaftsorientierte Schlussfolgerungen aus dieser Einzelfallstudie können vermutlich am ehesten auf stark emotionale Veränderungssituationen übertragen werden. Wo genau der Vergleich zwischen Politik und Wirtschaft in Bezug auf die Emotionalität einer Situation am ehesten greift, bleibt allerdings offen und muss in weiterer Forschung festgestellt werden. In breiterer Abstraktion und in Anlehnung an Mayrings (2015, S. 50) Annahme, ein „Text wird […] immer innerhalb seines Kontextes interpretiert", ist es aber nicht nur die Emotionalität einer Situation, die maßgeblich ist. Eine ganze Reihe situativer Faktoren determiniert den Erfolg oder den Misserfolg eines Veränderungsredners. „Reden können heute immer noch Entscheidungen für eine Person und ihre Sache maßgeblich beeinflussen. [… Dabei ist die] Passung von Zeit, Person und Anlass […] für den großen rednerischen Erfolg unverzichtbar" (Weibler 2010a, S. 237 f.). Eine Untersuchung dieser situativen Einflüsse wird hier jedoch vernachlässigt. Allein der Hinweis, dass als Veränderungskommunikator im Idealfall Vertreter der Führungsspitze einzusetzen und bekannte Unternehmenssymbole zu nutzen sind, wird gegeben. Es wäre dessen ungeachtet für eine konkrete Beschreibung der Gültigkeitsumstände der getroffenen Ableitungen wichtig, eben jene situativen Faktoren wie z. B. die Publikumszusammensetzung oder die Person des Kommunikators genau zu untersuchen, um Gültigkeitsbereiche bzw. -einschränkungen aussprechen zu können (vgl. Kap. 5). Hinweise zur optimalen Gestaltung einer Redesituation scheinen über reine Implikationen zur Redegestaltung und zum Redestil möglich.

Im Hinblick auf die abgeleiteten Handlungsempfehlungen ist ferner anzumerken, dass diese teilweise noch über ein hohes Abstraktionsniveau verfügen bzw. wenig konkret sind. Diese mangelnde Konkretisierung liegt vermutlich an den der Primärerhebung zugrunde liegenden in mancher Hinsicht sehr abstrakten Redeinhalten Obamas. Beispielhaft hierfür sei der weitläufig verwendete Veränderungsslogan *Yes we can* im ersten Wahlkampf angeführt. Den Rezipienten ist es i. d. R. selbst überlassen, die Bedeutung zu interpretieren (Mendell 2007, S. 229). Die Strategie der Einbindung vieler in die Kommunikation bedeutet eine Vielzahl kommunikativer Kompromisse. Vielleicht ist aber auch gerade diese *Politik der Mitte* eines der wichtigsten Erfolgsrezepte Obamas und sollte von Wirtschaftsorganisationen aufgegriffen werden. So scheint es bspw. für Führungskräfte großer international agierender Unternehmen nicht immer einfach, genau zu wissen, wer konkret zu den (unternehmensinternen und/oder -externen) Rezipienten gehört. Eine Ausrichtung der Veränderungskommunikation auf heterogene Zielgruppen und ein (damit verbundenes) möglichst allgemein gehaltenes Inhalts- bzw. Appellniveau ist daher besonders bei einer medialen Redeverbreitung durchaus zielführend.

Alles in allem setzen viele der angeführten Handlungsempfehlungen für Wirtschaftsorganisationen eine professionelle Rednerschulung voraus. Ein Redner muss, um Veränderungen erfolgreich zu kommunizieren, über adäquate rhetorische Fähigkeiten verfügen. Nach Kaczmarzyk (2013, S. 78) sollten Redner z. B. durch Trainings befähigt werden, ihre Redekompetenz zu verbessern.[4] Der Redner muss sich im Klaren sein, was es heißt, die Aufmerksamkeitskurve der Rezipienten sinnvoll zu bedienen, wie auf

---

[4]Zur professionellen Redevorbereitung vgl. Trotha (2010).

Beziehungs- und wie auf Inhaltsebene kommuniziert wird oder wie nonverbale Signale bewusst und koordiniert versendet werden. Ein damit einhergehender, nicht zu vernachlässigender finanzieller wie auch zeitlicher Aufwand für die Wirtschaftsorganisation muss bereits in der Planungsphase von Veränderungsprojekten berücksichtigt werden.

Im Rahmen einer professionellen Veränderungskommunikation sollte der allgemeinen Information aller Mitarbeiter die Eröffnung eines interaktiven Dialoges folgen (A. Kaune 2010, S. 25). In dieser Studie wird jedoch ausschließlich die Seite des Senders betrachtet. Hier empfiehlt sich eine Ergänzung der einseitigen Betrachtungsweise durch zusätzliche Untersuchungen über die Wirkungen von Reden auf Rezipienten und daraus resultierende Denk- und Handlungsmuster.

Obama löst die Aufgabe des interaktiven Dialoges, indem er seinen Wählern die Rezeption seiner Reden über Web-2.0-Instrumente ermöglicht. Diese erlauben eine interaktive Rückkopplung zum Kommunikator. Der Einsatz von Web-2.0-Instrumenten in Wirtschaftsorganisationen bedarf allerdings bestimmter technischer Voraussetzungen. Bei bereits vorhandenem Internet-Anschluss ist die Nutzung dieser neuartigen Applikationen relativ einfach und kostengünstig umsetzbar. Diese Art der Veränderungskommunikation scheint bei standortübergreifenden oder internationalen Projekten in großen Wirtschaftsorganisationen gewinnbringend zu sein (Schmalstieg und Pfannenberg 2009, S. 65). Reiß und Steffens (2010a, b) berichten Studienergebnisse, wonach befragte Veränderungsmanager eine zunehmende Anwendung von Web-2.0-Instrumenten in Veränderungsprojekten beobachten. Es stellt sich allerdings die Frage, ob Web-2.0-Instrumente, wie Obama sie z. B. im ersten Wahlkampf zur Redeverbreitung nutzt, tatsächlich Perspektiven für kleine und mittlere Unternehmen, wie bspw. Handwerksbetriebe, darstellen. Hier ist vermutlich eine Beschränkung auf die klassische Face-to-face-Kommunikation sinnvoller.

Literatur

Bazil, V. (2014). Redemanagement: Worte schaffen Werte. In A. Zerfaß & M. Piwinger (Hrsg.), *Handbuch Unternehmenskommunikation. Strategie – Management – Wertschöpfung* (S. 755–766). Wiesbaden: Springer Fachmedien.

Berner, W. (2001). Mailing: Geheimtipp für Mitarbeiter- und Kundenkommunikation. http://www.umsetzungsberatung.de/methoden/mailing.php. Zugegriffen: 22. Okt. 2015.

Beutmann, C. (2015). *Werte, Unternehmen, Kommunikation. Ein transdisziplinärer Zugang zur wertorientierten Unternehmenskommunikation.* Unveröffentlichte Dissertation, Universität Hohenheim.

Borchert, S. (2011). *Change Communication. Analyse des Wahlkampfes Barack Obamas und Identifikation potentieller Anknüpfungspunkte für wirtschaftliche Change Prozesse.* Unveröffentlichte Bachelorarbeit an der Hochschule Harz, Wernigerode.

Eller, F., & Noelle, O. (2009). *Die 7 Schritte zur erfolgreichen Präsentation. Training zu Methoden und Techniken der Präsentation und Kommunikation. Mit praktischen Übungen.* Norderstedt: Books on Demand.

Euler, T. (2007). Webtools in der internen Kommunikation. http://onlymeandi.wordpress.com/2007/11/15/webtools-in-der-internen-kommunikation/. Zugegriffen: 22. Okt. 2015.

Fischer, P., & Hofer, P. (2008). *Lexikon der Informatik*. Berlin: Springer.

Houben, A., & Frigge, C. (2007). Veränderungen erfolgreich gestalten. Repräsentative Untersuchung über Erfolg und Misserfolg im Veränderungsmanagement. Die wichtigsten Ergebnisse. http://www.communicate-program.de/fileadmin/user_upload/downloads/Studie_C4_2-2007. pdf. Zugegriffen: 15. Nov. 2010.

Kaczmarzyk, J. (2013). *Untersuchung der Relevanz von Kontextbedingungen für eine erfolgreiche Veränderungskommunikation am Beispiel des US-amerikanischen Präsidenten Barack Obama*. Unveröffentlichte Masterarbeit an der Hochschule Harz, Wernigerode.

Kaune, A. (2010). Moderne Organisationsentwicklung – ein Konzept zur mitarbeiterorientierten Gestaltung von Veränderungsprozessen. In A. Kaune (Hrsg.). *Change Management mit Organisationsentwicklung. Veränderungen erfolgreich durchsetzen* (S. 11–65). Berlin: Erich Schmidt Verlag.

Kotter, J. P. (2012). *Leading Change – Wie Sie Ihr Unternehmen in acht Schritten erfolgreich verändern*. München: Vahlen.

Leanne, S. (2009). *Sag's wie Obama. Ausstrahlung, Rhetorik und Visionen des neuen US-Präsidenten*. Wien: Linde.

Mast, C. (2016). *Unternehmenskommunikation. Ein Leitfaden*. Konstanz: UVK.

Matthes, S. (2008). Yammer: Wie Twitter auch die Kommunikation in Unternehmen revolutionieren wird. http://www.wiwo.de/blogs/gruenderraum/2008/10/29/yammer-wie-twitter-auch-diekommunikation-in-unternehmen-revolutionieren-wird/?comments=all#comment-716. Zugegriffen: 28. Nov. 2010.

Mayring, P. (2015). *Qualitative Inhaltsanalyse. Grundlagen und Techniken*. Weinheim: Beltz.

Mendell, D. (2007). *Obama. From promise to power*. New York: Amistad.

Reiß, M., Ehrenmann, F., & Steffens, D. (2010). Web 2.0-Einsatz in Change-Projekten. Unterstützung der Partizipation und Kommunikation in Veränderungsvorhaben. *Industrial Engineering, 63*(4), 20–23.

Reiß, M., & Steffens, D. (2010a). Change management 2.0. *Personal, 62*(9), 26–28.

Reiß, M., & Steffens, D. (2010b). Effektiver, akzeptierter, innovativer. Changemanagement 2.0. *Wissensmanagement, 12*(7), 50–51.

Schmalstieg, D., & Pfannenberg, J. (2009). Die Medien der Veränderungskommunikation. In J. Pfannenberg (Hrsg.). *Veränderungskommunikation. So unterstützen Sie den Change-Prozess wirkungsvoll. Themen, Prozesse, Umsetzung* (S. 58–71). Frankfurt a. M.: F.A.Z.-Institut für Management-, Markt- und Medieninformationen GmbH.

Schmidt, H. (2009). Die Angst der Unternehmen vor Twitter. http://faz-community.faz.net/blogs/ netzkonom/archive/2009/05/11/twitter-fuer-unternehmen.aspx. Zugegriffen: 22. Okt. 2015.

Schulz von Thun, F. (1998). *Miteinander Reden 1. Störungen und Klärungen. Allgemeine Psychologie der Kommunikation*. Reinbek bei Hamburg: Rowohlt Taschenbuch Verlag.

Selbach, D. (2009). Sozialstation. *Prmagazin, 10*, 26–31.

Trotha, T. von (2010). *Reden professionell vorbereiten. So gewinnen Sie Ihre Zuhörer*. Regensburg: Walhalla.

Voigt, T. (2010). Das Ende der Wagenburg. Social Media als neue Herausforderung für Unternehmen. http://www.kommunikationsblog.de/web/das-ende-der-wagenburg-social-media-alsneue-herausforderung-fur-unternehmen/. Zugegriffen: 08. Okt. 2010.

Weibler, J. (2010a). Das Obama-Projekt. Nachbetrachtung. In J. Weibler (Hrsg.), *Barack Obama und die Macht der Worte* (S. 237–239). Wiesbaden: VS Verlag.

Weibler, J. (2010b). Obama kam, sprach und siegte: Oder wie Reden Führung begründen. In J. Weibler (Hrsg.), *Barack Obama und die Macht der Worte* (S. 12–38). Wiesbaden: VS Verlag.

Zusammenfassung

Dieses Buch reiht sich in die Disziplin der modernen Organisationsentwicklung (MOEW), speziell der Veränderungskommunikation, ein. Übergeordnetes Ziel ist die Überwindung des Mangels an handlungsorientierten und wissenschaftlichen Auseinandersetzungen mit Veränderungsprozessen in rein ökonomisch ausgerichteten Organisationen durch die Evaluation eines gesellschaftspolitischen Veränderungsvorhabens. Unter Umgehung der Abhängigkeit von oftmals unternehmensintern geheim gehaltenen Informationen sollen anhand eines öffentlichen Veränderungsprozesses konkrete Erfolgsfaktoren (mit wissenschaftlichen Methoden) festgestellt werden. Ökonomisch ausgerichtete Organisationen haben so die Möglichkeit, aus gesellschaftspolitischen Change-Prozessen (ohne direktes Benchmarking) Optimierungspotenziale für die Gestaltung und Umsetzung betrieblicher Veränderungsvorhaben abzuleiten. Um diese Zielsetzungen zu erreichen, widmet sich dieses Buch neben theoretischen Grundlagen und Hintergründen der Veränderungskommunikation (Teil 1) ausgewählten Change-Aktivitäten von US-Präsident Barack Obama (Teil 2).

Professionelle Change Communication ist als wesentlicher Bestandteil erfolgreicher (betrieblicher) Veränderungsprozesse zu sehen. Change Management bzw. Veränderungsmanagement als Bezugsrahmen für Change Communication umfasst die strukturierte Planung, Umsetzung und Evaluation von (betrieblichen) Veränderungen, welche sowohl revolutionär-technokratisch als auch evolutionär-mitarbeiterbezogen gestaltet werden können. Je nach Ausgangslage und Anlass ist jede Kombination zwischen diesen beiden Ausprägungen denkbar. Im Kontext einer sozial und ökonomisch nachhaltigen Wirksamkeit ist allerdings der evolutionär-partizipative Ansatz empfehlenswert, welcher insbesondere durch das Konzept der Organisationsentwicklung abgebildet wird. Als neuere, stark handlungsorientierte Variante kann das Konzept der modernen Organisationsentwicklung (MOEW) gesehen werden, welches sich aus verschiedenen Gestaltungsmerkmalen zusammensetzt. Unter dem Blickwinkel der Change Communication sind dies insbesondere das Prozess-, das Informations-, das Partizipations- und das Konfliktmanagement.

© Springer Fachmedien Wiesbaden 2016

145

A. Kaune und A.-S. Wagner, *Change Communication*,
DOI 10.1007/978-3-658-11611-8_9

In Anlehnung an dieses Grundverständnis von Change Management ist auch Change Communication in ihrer Ausrichtung nicht ausschließlich am revolutionären oder evolutionären Pol orientiert, sondern kann auf dem gesamten Kontinuum zwischen beiden Polen angesiedelt sein. In Verbindung mit den formulierten strategischen und operativen Variabilitätsoptionen wird unter Change Communication die Kommunikation in Change-Prozessen verstanden. Sie verfolgt das Ziel, kommunikative Hindernisse für Veränderungen in Unternehmen aus dem Weg zu räumen, sodass die Komplexität des Veränderungsvorhabens für die internen und externen Stakeholder reduziert wird. Zentrale Kommunikationsfelder sind damit die unternehmensinterne Veränderungskommunikation („readiness for change making") und die unternehmensexterne Veränderungskommunikation („readiness for change support"). Zu den substanziellen Erfolgsfaktoren der Veränderungskommunikation gehören eine klare Stakeholder-Orientierung, die Vernetzung der Kommunikation mit der Unternehmenspolitik, der Einsatz von Führungskräften als Kommunikatoren und die Steuerung emotionaler Aspekte. Beim Einsatz von Führungskräften als Kommunikatoren sollte darauf geachtet werden, dass sie einen transformationalen Führungsstil haben, also bspw. charismatisch sind und Mitarbeiter begeistern können.

In Anlehnung an das klassische Controlling hat sich zwischenzeitlich auch ein Kommunikationscontrolling zur Steuerung und Evaluation der Kommunikationsprozesse allgemein, aber auch der Kommunikation im Change Management etabliert. Grundsätzlich wird hierbei zwischen einem operativen und einem strategischen Ansatz unterschieden. Beide haben gemeinsam, dass neben dem Input für die Kommunikation (z. B. personelle und finanzielle Ressourcen) die Output- und die Outcome-Ebene relevant sind. Beim Output ist zu fragen, ob die Botschaften die Zielgruppe erreichen, während beim Outcome untersucht wird, ob die Botschaften vom Empfänger verstanden wurden (Outgrowth) und dessen Wissen oder Verhalten verändert haben. Hier endet das operative Controlling. Wenn ein Unternehmen jetzt auch noch beleuchtet, ob das Erreichen strategischer und/oder finanzieller Unternehmensziele positiv unterstützt wird, ist die strategische Ebene erreicht.

Prinzipiell kann Veränderungskommunikation über unterschiedlichste Instrumente erfolgen. Diese werden i. d. R. zu einem zielführenden Paket für das jeweilige Veränderungsprojekt gebündelt. Hier soll jedoch hauptsächlich die Rede im Mittelpunkt stehen. Darunter ist die formelle Ansprache einer Person an ein Publikum definiert. Reden werden zu unterschiedlichen Anlässen gehalten, sind thematisch eher breit angelegt und bedienen sich normalerweise keiner audio-visuellen Hilfsmittel. Erfolgreiche Reden zeichnen sich durch eine möglichst widerspruchsfreie Wirkung der Selbstkonzepte (des Redners und des Unternehmens) sowie der Gesamtsituation (Rahmenbedingungen und Inhalte) auf das Publikum aus. In der Unternehmenskommunikation allgemein, aber auch in der Change Communication haben Reden einen hohen Stellenwert. Gerade in Phasen der Sensibilisierung für notwendige Veränderungen und der Vermittlung von Visionen sind sie geradezu prädestiniert. Das lässt die Schlussfolgerung zu, dass Reden auch im Zeitalter digitaler Kommunikation alles andere als ein Auslaufmodell darstellen.

Die Auswahl des Beispiels Barack Obama für dieses Buch, im Vordergrund konkret dessen Reden als Kommunikationsinstrumente in Veränderungsprozessen, ergibt sich aus seinem Habitus: Der US-amerikanische Präsident stellte stets seine Motivation für Veränderungen in den Mittelpunkt, kündigte viele Veränderungen an und leitete mit der Umsetzung der Gesundheitsreform eine zentrale Veränderung der Sozialsysteme in den USA ein. Insgesamt sieht Obama hierbei seine Veränderungskommunikation als wichtigen Faktor. In diesem Zusammenhang rückt auch die Bedeutung von Kontextbedingungen (konkret die Konsolidierung eingeleiteter Veränderungen) für eine erfolgreiche Change Communication in den Fokus. Auf dieser Basis werden zwei zentrale Forschungsfragen formuliert:

1. Welche Erfolgsparameter setzt Obama in seinen Reden ein, um Sensibilität für Veränderung zu schaffen und im Kontext der Konsolidierung eingeleiteter Veränderungen zu erhalten?
2. Wie lassen sich die ermittelten Erfolgsparameter auf Wirtschaftsorganisationen übertragen und welche Implikationen können für die Veränderungskommunikation in Unternehmen abgeleitet werden?

In diesem Rahmen (d. h. insbesondere bezogen auf die zweite Forschungsfrage) werden ergänzende Ansatzpunkte wie die Nutzung elektronischer Medien mit berücksichtigt.

Um eine fundierte Analyse und gesicherte Ableitungen zu ermöglichen, werden zunächst neben Informationen zu Person und Positionen von Obama Beschreibungen zu Gestaltungsmerkmalen seiner Change Communication dargestellt. Im Mittelpunkt steht dann eine empirische Studie zum Redestil Obamas. Die Studie betrachtet ausgewählte Reden und hat Einzelfallcharakter. Einzelfallstudien als Form qualitativer Forschung tragen im Bereich der Veränderungsprozesse mehr und mehr „zu einer gegenstandsorientierten und effizienten Evaluation" bei (K. Kaune 2010, S. 135). Obgleich aus quantitativer Sicht immer wieder wegen mangelnder Verallgemeinerbarkeit kritisiert, macht sie ihr Pilotstudiencharakter zu quantitativen Untersuchungen wertvoll. Vor diesem Hintergrund dient die Studie der Beantwortung der ersten und zweiten Forschungsfrage.

Die Erhebung findet mit Hilfe einer explorativ-qualitativen Inhaltsanalyse beruhend auf dem Kommunikationsmodell der vier Seiten einer Nachricht (Schulz von Thun, 1998) sowie nonverbalen Parametern statt. Die Methodenwahl wird ausführlich beschrieben bzw. begründet und der Ablauf des Forschungsprozesses vorgestellt. Ebenso ist die Festlegung der Untersuchungseinheiten (drei Fallbeispiele bzw. Reden) detailliert begründet. Das für die Inhaltsanalyse notwendige Instrumentarium, ein Kategoriensystem bestehend aus formalen und inhaltlichen Kategorien, wird theoriegeleitet entwickelt und vor der eigentlichen Datenerhebung im Rahmen eines Pre-Tests konkretisiert bzw. überarbeitet.

Die Analyseergebnisse zeigen deutlich, dass der Redestil Obamas von bestimmten, erfolgversprechenden Gestaltungsparametern im verbalen und nonverbalen Bereich gekennzeichnet ist. So beachtet er in seinen Reden z. B. die Aufmerksamkeitskurve der

Rezipienten, kommuniziert die Veränderungsbotschaft vorrangig über die Beziehungsebene und nutzt punktuell alle vier Seiten einer Nachricht nach Schulz von Thun (1998)
zur gezielten Kommunikation. Die nonverbale Kommunikation, welche Obama verwendet, besteht u. a. aus einer durchweg aufrechten Rednerhaltung und dem sparsamen Einsatz von Gesten. An den Kontext der Konsolidierung passt Obama seinen Redestil nur
wenig an (z. B. Erwähnung von Erfolgen, stärkere Bezugnahme zur Beziehungsebene).
Dennoch gibt es Hinweise, dass eine situative Adaptation von Kommunikationsmaßnahmen für den Erfolg von Veränderungsprozessen wichtig ist (Kaczmarzyk 2013, S. 81).

Im Anschluss an die Darstellung der Evaluationsergebnisse findet sich eine metho-
denkritische Auseinandersetzung (bezogen auf die gewählten Vorgehensweisen) anhand
verschiedener Gütekriterien. Insgesamt scheint die Studie gut geeignet zu sein, die auf-
geworfenen Forschungsfragen zu beantworten. Dennoch sind Mängel in der Verallgemeinerbarkeit der Studienergebnisse oder der Mangel eines Mehrmethodendesigns nicht
von der Hand zu weisen. Weiterführende Forschung sollte versuchen, diese Defizite
auszugleichen.

Aufbauend auf den gewonnenen Erkenntnissen werden Übertragungsmöglichkeiten
der ermittelten Erfolgsparameter der Veränderungskommunikation Obamas auf Wirtschaftsorganisationen diskutiert. Die meisten der postulierten Empfehlungen beziehen
sich auf die Rede als Kommunikationsinstrument und geben grundsätzliche Anleitun-
gen zum Handeln, welche in sieben Regeln zusammenfassend festgehalten werden, wie
bspw. in Regel 1:

> Eine Rede sollte nicht länger als ca. 15 bis 20 Minuten dauern. Aufgrund der
> Aufmerksamkeitskurve der Zuhörer ist es sinnvoll, im Redeverlauf dabei immer
> kürzere und einfachere Sätze zu nutzen. Sollte von diesem (Muster-)Redeverlauf
> abgewichen werden, kann die Aufmerksamkeitskurve durch Intensivierung der
> Beziehungshinweise teilweise verlängert werden.

Am Ende werden die vorgeschlagenen Optimierungsoptionen aus der Metaperspektive
kritisch hinterfragt. So ist zu berücksichtigen, dass einige der abgeleiteten Handlungsempfehlungen weiterer Konkretisierung zur Reduzierung eines z. T. noch hohen Abstrak-
tionsniveaus (z. B. klare Redestrukturierung) bedürfen. Ferner gilt es in fortführender
Forschung spezifische situative Faktoren, die eine Rede maßgeblich beeinflussen, empirisch festzustellen. Auch scheint der Einsatz von Web-2.0-Instrumenten momentan noch
nicht für alle Unternehmensformen geeignet.

Ein abschließendes Fazit kann an dieser Stelle durchaus noch gezogen werden: Motivation und Sensibilisierung einer Stakeholder-Gruppe durch Kommunikationsmaßnahmen wie z. B. elektrisierende Reden (denn im übertragenen Sinne für Obama sind
dessen Wähler zentrale Stakeholder) reichen nicht aus, um Veränderungen erfolgreich
umzusetzen. Ergänzend sind weitere Stakeholder-Gruppen und zusätzliche Parameter
des Change Management professionell zu bedienen (vgl. z. B. die Gestaltungsparameter

des MOEW-Modells in Abschn. 2.2). Letztendlich können auch valide Kulturdiagnosen im Vorfeld der Kommunikationsmaßnahmen dazu beitragen, die Umsetzungschancen für bestimmte Veränderungen zu ermitteln, sodass die durch die Kommunikationsmaßnahmen erzeugten Erwartungen bei den einzelnen Stakeholder-Gruppen weitgehend realistisch gestaltet werden. Auch das zeigen die beiden Präsidentschaftsperioden von Obama (z. B. an der Umsetzung der Gesundheitsreform). Dies sind Erkenntnisse, die sicherlich ohne Einschränkung auf Wirtschaftsorganisationen übertragen werden können.

Literatur

Kaczmarzyk, J. (2013). *Untersuchung der Relevanz von Kontextbedingungen für eine erfolgreiche Veränderungskommunikation am Beispiel des US-amerikanischen Präsidenten Barack Obama.* Unveröffentlichte Masterarbeit an der Hochschule Harz, Wernigerode.

Kaune, K. (2010). Qualitative Techniken – Leitfadeninterview und Inhaltsanalyse. In A. Kaune (Hrsg.), *Change Management mit Organisationsentwicklung. Veränderungen erfolgreich durchsetzen* (S. 134–152). Berlin: Schmidt.

Schulz von Thun, F. (1998). *Miteinander Reden 1.* Störungen und Klärungen. Allgemeine Psychologie der Kommunikation: Rowohlt Taschenbuch Verlag, Reinbek bei Hamburg.

Anhang: Das Codebuch zur Siegesrede 2008

Das Codebuch zur Inhaltsanalyse der Siegesrede Obamas gliedert sich, wie Rössler (2010, S. 44) vorschlägt, in formale und inhaltliche Kategorien. Zusammen bilden diese das Kategoriensystem, anhand dessen die Datenerhebung stattfindet. Die formalen und inhaltlichen Kategorien des Kategoriensystems sind wie folgt zusammengesetzt.

ANMERKUNG: Da das Codebuch nur in Zusammenhang mit dieser Studie durch den Forscher Verwendung findet, der es entwickelt hat, wird darauf verzichtet zu Beginn des Codebuches eine ausführliche Stichprobenbeschreibung, eine Erläuterung von Forschungsfrage und -ziel sowie einen Definitionenkatalog im Sinn des übergeordneten Forschungsanliegens anzuführen. Diese i. d. R. grundlegenden formalen Angaben zu Beginn eines Codebuches sind Kap. 7 entnehmbar.

A Allgemeine Codieranweisungen

1 FORMALE KATEGORIEN (Analyseeinheit: Absatz)

1.1 Absatznummer

CODIERREGELN

Für jeden Absatz der Siegesrede wird eine fortlaufende Nummer vergeben, um Absätze ggf. später identifizieren zu können und um die Gesamtanzahl aller Absätze zu ermitteln.

1.2 Umfang des Absatzes (tatsächliche Anzahl)

CODIERREGELN

In dieser Kategorie wird der Umfang eines Absatzes codiert. Als Absatz wird ein solcher Textteil definiert, der im Rahmen der Transkription vom Vorgänger- bzw. Nachfolgertext durch jeweils eine Leerzeile abgetrennt ist. Sätze stellen die Subeinheiten von Absätzen

© Springer Fachmedien Wiesbaden 2016
A. Kaune und A.-S. Wagner, *Change Communication,*
DOI 10.1007/978-3-658-11611-8

dar. Sie enden mit einem Punkt. Ein Semikolon, ein Gedankenstrich oder ein Doppelpunkt wird nicht als Satzende definiert.

Die Zitation dritter Personen gilt nicht als gesonderter Satz. Vielmehr sind sie Teil des Satzes, in den das Zitat eingegliedert ist. So wird z. B. „So I turned to her and said ‚I really want your endorsement'." als ein Satz codiert.

Sprachbedingte Kürzungen wie „we've" oder „can't", Abkürzungen wie CEO und mit Gedankenstrich verbundene Worte wie „pro-America" gelten als ein Wort. Uhrzeiten wie „9 a. m." werden als zwei Wörter codiert.

1.2.1 __ Sätze

1.2.2 __ Wörter

2 INHALTLICHE KATEGORIEN (Analyseeinheit: Absatz)

ANMERKUNG: Es kann aufgrund der engen Verwobenheit der vier Seiten einer Nachricht im Kommunikationsmodell nach Schulz von Thun (1998) durchaus sein, dass Signalwörter wie „change", „hope" etc. eine Codierung innerhalb mehrerer inhaltlicher Kategorien auslösen. Einzelne Items der jeweiligen Kategorie müssen indes eineindeutig zuordenbar bleiben.

2.1 Inhaltlicher Schwerpunkt

Anmerkung: Diese Kategorie geht in Anlehnung an Bühler (1934; nach Schulz von Thun 1998, S. 30) und Watzlawick (1969; nach Schulz von Thun 1998, S. 30) davon aus, dass Kommunikation einen Inhalts- und einen Beziehungsaspekt hat. Diese Annahme ist Grundlage für die Entwicklung des Modells der vier Seiten einer Nachricht nach Schulz von Thun (1998 S. 30). Erst in einem weiteren Schritt postuliert Schulz von Thun (1998), dass sich der Beziehungsaspekt noch in drei weitere Teilaspekte gliedert: Beziehungshinweis, Selbstkundgabe und Appell. Es soll mit der Codierung dieser Kategorie ein dichotomes Kontinuum geschaffen werden, das das Modell nach Schulz von Thun (1998) zwar um eine Ebene verallgemeinert, aber dennoch erlaubt, die Absätze wertend einer der zwei übergeordneten Seiten der Nachricht zu zuordnen. Welche Seite der Nachricht dann vor allem im Bereich des Beziehungsaspekts genau angesprochen wird, klären bzw. konkretisieren die nachfolgenden inhaltlichen Kategorien.

CODIERREGELN

In dieser Kategorie wird codiert, welche Grundstimmung der Absatz hat. Es soll die Frage geklärt werden, ob der Absatz eher die Inhaltsebene oder die Beziehungsebene anspricht. Es wird dabei der Eindruck zugrunde gelegt, den ein durchschnittlicher Rezipient der Rede bzw. des jeweiligen Absatzes gewinnen muss. Auf der Inhaltsebene geht es um objektive Informationen, Ziele, Fakten, Maßnahmen. Auf der Ebene der Beziehungen geht es um subjektive Einstellungen, Wünsche, Ängste, Gefühle, Bedürfnisse.

In Grenzfällen, in denen keine klare Zuordnung im Absatz möglich ist, wird mit nicht entscheidbar codiert. Besteht ein Gleichgewicht zwischen der Ansprache der Inhalts- und der Beziehungsebene im Absatz wird gleichgewichtig/ambivalent codiert.

1. eindeutig Inhaltsebene
2. eher Inhaltsebene
3. gleichgewichtig/ambivalent
4. eher Beziehungsebene
5. eindeutig Beziehungsebene
6. nicht entscheidbar

2.2 Sachinhalt

CODIERREGELN

In dieser Kategorie wird codiert, welche Sachinhalte im Absatz genannt oder behandelt werden. Unter Sachinhalt werden grundsätzlich sämtliche sachlichen Informationen und Beschreibungen verstanden. Für jeden der aufgeführten Sachinhalte ist zu prüfen, ob er im Absatz vorkommt oder nicht. Z. T. sollen Ankerbeispiele die Codierung erleichtern. Sie beschreiben die Items indes nicht erschöpfend, sondern dienen als Prototypen bzw. Ankerbeispiele. Die Intensität der Abhandlung der einzelnen Items ist unmaßgeblich.

Lässt sich der Sachinhalt des Absatzes keiner der vorgegebenen Themenaspekte zuordnen, wird mit *Sonstiges* codiert. Hier wird zusätzlich erfasst, um welchen Sachinhalt es sich handelt.

0 wird nicht genannt
1 wird genannt

AUSPRÄGUNGEN

2.2.1 Wahlkampf allgemein
Ankerbeispiele: allgemeine Kampagnenführung; strategy, speech, participation, candidate, donation, campaign, commit, commitment

2.2.2 Wahl
Ankerbeispiele: elect, election, election night

2.2.3 Wahlsieg
Ankerbeispiele: victory, McCain, energy, thank you, today, „this is our time", now

2.2.4 Unterstützer, Wahlhelfer, Wähler Obamas
Ankerbeispiele: müssen explizit als solche benannt sein; supporters, staff, democrats.

2.2.5 amerikanische Bevölkerung, Bevölkerungsgruppen
Ankerbeispiele: black, white, Hispanic, Asian, native American, young, old, everybody, generation, citizen

2.2.6 Einzelfall, Persönlichkeit aus der amerikanischen Bevölkerung
Ankerbeispiele: es wird nicht über die Bevölkerung im Allgemeinen gesprochen, sondern über konkrete Bürger

2.2.7 Minderheiten, Außenseiter
Ankerbeispiele: gay, disabled, poor, woman, female, immigrant

2.2.8 politische Kontrahenten
Ankerbeispiele: McCain, republicans

2.2.9 gegenwärtige Regierung
Ankerbeispiele: government, current politic, George Bush

2.2.10 United States of America
Ankerbeispiele: patriots, one nation, one flag, slavery, democracy, liberty, opportunity, freedom, equality, equal, (American) story, unity, history, United States of America, Americans

2.2.11 American Dream
Ankerbeispiele: ggf. am Beispiel; belief, success, dream, American dream, simple dreams, value, small miracles

2.2.12 Veränderung, Change, Zukunft, Vision
Ankerbeispiele: change, real, „yes we can", meaningful, long-term, universal, reality, new; z. B. Phase der Präsidentschaft, Szenarien; vision, participation, participate, presidency, future, children, hope, possibility, 21st century, trust, tomorrow, destiny, difference, different

2.2.13 Wirtschaft
Ankerbeispiele: lobbyist, poverty, crisis, insolvency, factory, business, labor union, class, finance, new jobs, globalized world, globalization, renewable energy, middle class, Wall Street, tax

2.2.14 Politik
Ankerbeispiele: foreign policy, globalization, rights, domestic/internal policy, justice, law, politics

2.2.15 Arbeit
Ankerbeispiele: work, unemployment, job

2.2.16 Krieg
Ankerbeispiele: Iraq, Iran, Afghanistan, war, humanity, threat, security, terror, terrorist, soldiers, death

2.2.17 Gesundheit
Ankerbeispiele: health insurance, health, health care

2.2.18 Schule, Bildung
Ankerbeispiele: college, ecducation, research, science, fee, school

2.2.19 Religion
Ankerbeispiele: religion, belief, God, bless, blessed, pastor, spirit

2.2.20 Sonstiges

2.3 Beziehungshinweis

CODIERREGELN

In dieser Kategorie wird codiert, welche Beziehungshinweise im Absatz genannt oder behandelt werden. Unter Beziehungshinweis werden grundsätzlich sämtliche Äußerungen verstanden, mit denen Obama zu erkennen gibt, wie er zu den Redeempfängern steht, was er von ihnen hält und wie er die Beziehung zwischen sich und ihnen definiert. Für jeden der aufgeführten Beziehungshinweise ist zu prüfen, ob er im Absatz vorkommt oder nicht. Z. T. sollen Ankerbeispiele die Codierung erleichtern. Sie beschreiben die Items indes nicht erschöpfend, sondern dienen als Prototypen bzw. Ankerbeispiele. Die Intensität der Abhandlung der einzelnen Items ist unmaßgeblich.

Lässt sich der Inhalt des Beziehungshinweises des Absatzes keiner der vorgegebenen Themenaspekte zuordnen, wird mit *Sonstiges* codiert. Hier wird zusätzlich erfasst, um welchen Beziehungshinweis es sich handelt.

0 wird nicht genannt
1 wird genannt

AUSPRÄGUNGEN: WORTGEBRAUCH (muss wörtlich genannt werden)

2.3.1 Du-Botschaft
Ankerbeispiele: you, yours

2.3.2 Wir-Botschaft
Ankerbeispiele: we, us, our

AUSPRÄGUNGEN: INHALT

2.3.3 direkte Ansprache der amerikanischen Bevölkerung oder einzelner Bundesstaaten
Ankerbeispiele: z. B. allgemeine Dankesworte, Begrüßung, Verabschiedung

2.3.4 Zusammenarbeit, Zusammenhalt mit der amerikanischen Bevölkerung, Vision
Ankerbeispiele: Zusammenhalt; gemeinsame Gestaltung der Zukunft Amerikas; collaborate, collaboration, together, partnership, „this is our time", one nation, participate, participation, „yes we can", change

2.3.5 aktives Zuhören Obamas
Ankerbeispiele: listen, problems, daily life; Belange der amerikanischen Bevölkerung

2.3.6 Weg der Mitte
Ankerbeispiele: one people, union, unity, Democrats and Republicans, our union, equality, equal, everybody, across the country

2.3.7 Sonstiges

2.4 Selbstkundgabe

CODIERREGELN

In dieser Kategorie wird codiert, welche Selbstkundgabe-Aspekte im Absatz genannt oder behandelt werden. Unter Selbstkundgabe werden grundsätzlich sämtliche Textstellen verstanden, in denen Obama etwas über sich selbst mitteilt. Für jeden der aufgeführten Selbstkundgabe-Aspekte ist zu prüfen, ob er im Absatz vorkommt oder nicht. Z. T. sollen Ankerbeispiele die Codierung erleichtern. Sie beschreiben die Items indes nicht erschöpfend, sondern dienen als Prototypen bzw. Ankerbeispiele. Die Intensität der Abhandlung der einzelnen Items ist unmaßgeblich.

Lässt sich der Inhalt der Selbstkundgabe des Absatzes keiner der vorgegebenen Themenaspekte zuordnen, wird mit *Sonstiges* codiert. Hier wird zusätzlich erfasst, um welche Selbstkundgabe es sich handelt.

0 wird nicht genannt
1 wird genannt

AUSPRÄGUNGEN: WORTGEBRAUCH (muss wörtlich genannt werden)

2.4.1 Ich-Botschaft
Ankerbeispiele: I, me, mine, my

AUSPRÄGUNGEN: INHALT

2.4.2 aktuelle Situation
Ankerbeispiele: Befindlichkeit, Gefühle z. B. Dankesworte und emotionale Ausrufe

2.4.3 Wahlkampf
Ankerbeispiele: Befindlichkeit, Gefühle

2.4.4 konkrete Erfahrungen Obamas mit Wählern
Ankerbeispiele: z. B. Geschichten, die Obama mit Anhängern erlebt hat bzw. die Obama von Anhängern kennt; seine Befindlichkeiten, Gefühle in der spezifischen Situation

2.4.5 Familie
Ankerbeispiele: my family, my wife, my children, Michelle, Sasha, Malia, sister, brother, mother, father, folks

2.4.6 eigene Ziele, Visionen
Ankerbeispiele: persönlich oder politisch, change

2.4.7 Biografie, Werdegang
Ankerbeispiele: my way

2.4.8 Persönlichkeit

2.4.9 Sonstiges

2.5 Appell

CODIERREGELN

In dieser Kategorie wird codiert, welche Appelle im Absatz genannt oder behandelt werden. Unter Appell werden grundsätzlich sämtliche Versuche Obamas verstanden, in bestimmter Richtung auf die Rezipienten Einfluss zu nehmen sowie Aufforderungen seinerseits, in bestimmter Weise zu denken, zu fühlen oder zu handeln. Dabei gilt, dass zur Vermeidung subjektiver Verzerrungen durch Interpretation nur offene Appelle bzw. Aufforderungen Obamas codiert werden. Verdeckte oder gar paradoxe Appelle und damit verbundene Manipulationsversuche werden nicht codiert. Für jeden der aufgeführten Appelle ist zu prüfen, ob er im Absatz vorkommt oder nicht. Z. T. sollen Ankerbeispiele die Codierung erleichtern. Sie beschreiben die Items indes nicht erschöpfend, sondern dienen als Prototypen bzw. Ankerbeispiele. Die Intensität der Abhandlung der einzelnen Items ist unmaßgeblich.

Lässt sich der Inhalt des Appells des Absatzes keiner der vorgegebenen Themenaspekte zuordnen, wird mit *Sonstiges* codiert. Hier wird zusätzlich erfasst, um welchen Appell es sich handelt.

0 wird nicht genannt

1 wird genannt

AUSPRÄGUNGEN

2.5.1 Appell Handeln
Ankerbeispiele: participation, participate, engage, willing, able, do, go, speak out, commit, commitment, service, contribute, contribution, „yes we can", change

2.5.2 Appell Fühlen
Ankerbeispiele: hope, chance, (American) dream, vision, possible, feel, spirit, faith, pride, trust

2.5.3 Appell Denken
Ankerbeispiele: think, imagine, belief

2.5.4 Sonstiges

2.6 Nonverbale Kommunikation

CODIERREGELN

In dieser Kategorie wird codiert, inwieweit Obama im Absatz nonverbal kommuniziert. Die Codierung hat einen stark explorativen Charakter. Es gilt allgemein zu erheben, ob und welche Art der kinetisch nonverbalen Kommunikation Obama nutzt. Unter nonverbaler Kommunikation werden grundsätzlich alle Kommunikationsmodalitäten verstanden, die nicht verbal vermittelt (z. B. Gesten, Kopfbewegungen, Körperhaltung, Blickrichtung), aber zur Verstärkung verbaler Botschaften genutzt werden. Die Intensität der Abhandlung der einzelnen Items ist unmaßgeblich.

ANMERKUNG: Auf die Codierung der Mimik wird verzichtet, um stark subjektive Verzerrungen bei der Erhebung zu vermeiden. Es wird nur die Art der nonverbalen Kommunikation codiert, die offensichtlich und eineindeutig erfassbar ist. Ebenso bleiben vokal-auditive Signale unberücksichtigt.

Im Bereich Körperhaltung wird mit aufrecht stehend codiert, wenn Obama sich nicht nach vorne, hinten oder zur Seite lehnt. Andernfalls wird gebeugt stehend codiert.

Handbewegungen werden immer dann codiert, wenn Obama eine oder beide Hände mindestens auf Brusthöhe anhebt. Es geht also darum zu erfassen, ob Obama seine Hände überhaupt gebraucht. Dabei wird codiert, ob die erhobene Hand entspannt ist oder akzentuierend (z. B. geballte Faust, ausgestreckter Zeigefinger, Punktierung mit Daumen und Zeigefinger) gebraucht wird. Ist dies nicht der Fall, wird nicht codiert.

Arten der nonverbalen Kommunikation, die sich nicht mit einem der bereits definierten Items codieren lassen, werden im Item *Sonstiges* codiert. Hier wird zusätzlich erfasst, um welche Art der nonverbalen Kommunikation es sich handelt.

0 ist nicht vorhanden

1 ist vorhanden

AUSPRÄGUNGEN: KÖRPERHALTUNG

2.6.1 aufrecht stehend

2.6.2 gebeugt stehend

2.6.3 Sonstiges

AUSPRÄGUNGEN: KOPFBEWEGUNG

2.6.4 keine, geradeaus blickend

2.6.5 oben

2.6.6 unten

2.6.7 links

2.6.8 rechts

2.6.9 Sonstiges

AUSPRÄGUNGEN: HANDBEWEGUNG

2.6.10 keine Hand genutzt

2.6.11 rechte Hand, entspannt

2.6.12 linke Hand, entspannt

2.6.13 beide Hände, entspannt

2.6.14 rechte Hand, akzentuierend

2.6.15 linke Hand, akzentuierend

2.6.16 beide Hände, akzentuierend

2.6.17 Sonstiges

AUSPRÄGUNGEN: SONSTIGES

2.6.18 Sonstiges

B Codebogen

1 FORMALE KATEGORIEN	Anm.
1.1 Absatznummer	
1.2 Umfang des Absatzes	
1.2.1 Sätze	
1.2.2 Wörter	
2 INHALTLICHE KATEGORIEN	**Anm.**
2.1 Inhaltlicher Schwerpunkt	
2.2 Sachinhalt	
2.2.1 Wahlkampf allgemein	
2.2.2 Wahl	
2.2.3 Wahlsieg	
2.2.4 Unterstützer, Wahlhelfer, Wähler Obamas	
2.2.5 amerikanische Bevölkerung, Bevölkerungsgruppen	
2.2.6 Einzelfall, Persönlichkeit aus der amerikanischen Bevölkerung	
2.2.7 Minderheiten, Außenseiter	
2.2.8 politische Kontrahenten	
2.2.9 gegenwärtige Regierung	
2.2.10 United States of America	
2.2.11 American Dream	
2.2.12 Veränderung, Change, Zukunft, Vision	
2.2.13 Wirtschaft	
2.2.14 Politik	
2.2.15 Arbeit	
2.2.16 Krieg	
2.2.17 Gesundheit	
2.2.18 Schule, Bildung	
2.2.19 Religion	
2.2.20 Sonstiges	

(Fortsetzung)

(Fortsetzung)

2.3 Beziehungshinweis		
2.3.1 Du-Botschaft		
2.3.2 Wir-Botschaft		
2.3.3 direkte Ansprache der amerikanischen Bevölkerung oder einzelner Bundesstaaten		
2.3.4 Zusammenarbeit, Zusammenhalt mit der amerikanischen Bevölkerung, Vision		
2.3.5 aktives Zuhören Obamas		
2.3.6 Weg der Mitte		
2.3.7 Sonstiges		
2.4 Selbstkundgabe		
2.4.1 Ich-Botschaft		
2.4.2 aktuelle Situation		
2.4.3 Wahlkampf		
2.4.4 konkrete Erfahrungen Obamas mit Wählern		
2.4.5 Familie		
2.4.6 eigene Ziele, Visionen		
2.4.7 Biografie, Werdegang		
2.4.8 Persönlichkeit		
2.4.9 Sonstiges		
2.5 Appell		
2.5.1 Appell Handeln		
2.5.2 Appell Fühlen		
2.5.3 Appell Denken		
2.5.4 Sonstiges		
2.6 Nonverbale Kommunikation		
2.6.1 aufrecht stehend		
2.6.2 gebeugt stehend		
2.6.3 Sonstiges		
2.6.4 keine/geradeaus blickend		
2.6.5 oben		
2.6.6 unten		
2.6.7 links		
2.6.8 rechts		
2.6.9 Sonstiges		

(Fortsetzung)

(Fortsetzung)

2.6.10 keine Hand genutzt		
2.6.11 rechte Hand, entspannt		
2.6.12 linke Hand, entspannt		
2.6.13 beide Hände, entspannt		
2.6.14 rechte Hand, akzentuierend		
2.6.15 linke Hand, akzentuierend		
2.6.16 beide Hände, akzentuierend		
2.6.17 Sonstiges		
2.6.18 Sonstiges		

Literatur

Rössler, P. (2010). *Inhaltsanalyse*. Konstanz: UVK Verlagsgesellschaft.

Schulz von Thun, F. (1998). *Miteinander Reden 1*. Störungen und Klärungen. Allgemeine Psychologie der Kommunikation: Rowohlt Taschenbuch Verlag, Reinbek bei Hamburg.